乡村振兴背景下的
农村社会思想教育研究

XIANGCUN ZHENXING BEIJINGXIA DE
NONGCUN SHEHUI SIXIANG JIAOYU YANJIU

张　禧　毛　平　朱雨欣　著

中国农业出版社
北　京

内　容　提　要

党的十九届六中全会强调："始终把解决好'三农'问题作为全党工作重中之重，实施乡村振兴战略，加快推进农业农村现代化。"实施乡村振兴战略是我国从全面建成小康社会到基本实现现代化，再到全面建成社会主义现代化强国的整体战略安排中，贯彻新发展理念，建设现代化经济体系的一项重要战略安排。新的时代需要新的理论武装，新的实践更需要新的理论指导。当前，我们正处在全面建设社会主义现代化国家新征程、向第二个百年奋斗目标进军的关键时期。实施乡村振兴战略，推进农业农村现代化，必须加强农村精神文明建设。一方面，要坚持党的领导，构建新时代农村社会思想教育机制，坚持用新时代中国特色社会主义思想教育农民，牢牢把握农村社会主义思想教育的主动权。重点是抓好习近平新时代中国特色社会主义思想学习教育，抓好中国特色社会主义制度的根本制度、基本制度、经济制度、文化制度等制度的相关内容教育，增强制度认同，引导农民坚定走中国特色社会主义道路的信心。另一方面，要坚持农民主体地位，注重从思想上教育引导农民践行社会主义核心价值观，践行新发展理念。尤其是要调动和发挥好农民的积极性、主动性，在提升综合素质能力上下功夫，推进农村经济社会的绿色发展，积极参与乡村社会治理，促进乡风文明，全面推进乡村振兴，建设美丽乡村。

本书为研究阐释党的十九届六中全会精神国家社科基金重大项目《新发展阶段生产发展、生活富裕、生态良好的中国特色文明发展道路研究》（22ZDA108）阶段性成果；受四川省社会工作人才培训基地（四川农业大学）、2021年度四川农业大学专业支持计划第三层次（040－2121997777）资助。

前言

FOREWORD

乡村振兴，思想先行。实施乡村振兴战略是我国从全面建成小康社会到基本实现现代化，再到全面建成社会主义现代化强国的整体战略安排中，贯彻新发展理念，建设现代化经济体系的一项重要战略安排。2020年12月，习近平同志在中央农村工作会议讲话中强调，“全面推进乡村振兴，加快农业农村现代化，是需要全党高度重视的一个关系大局的重大问题”，要从中华民族伟大复兴战略全局看，从世界百年未有之大变局看，“全面建设社会主义现代化国家，实现中华民族伟大复兴，最艰巨最繁重的任务依然在农村，最广泛最深厚的基础依然在农村”①。从2017年10月党的十九大提出实施乡村振兴战略的重大决策以来，中共中央、国务院相继印发了《关于实施乡村振兴战略的意见》（2018年2月）、《乡村振兴战略规划（2018—2022年）》（2018年9月）、《关于全面加强生态环境保护坚决打好污染防治攻坚战的意见》（2018年6月）、《中国共产党农村基层组织工作条例》（2019年1月）、《中国共产党农村工作条例》（2019年9月）、《关于建立健全城乡融合发展体制机制和政策体系的意见》（2019年5月）、《关于加强和改进乡村治理的指导意见》（2019年6月）、《关于促进乡村产业振兴的指导意见》（2019年6月）、《关于加快推进乡村人才振兴的意见》（2021年2月）、《关于实现巩固拓展脱贫攻坚成果同乡村振兴有效衔接的意见》（2021年3月）、《中华人民共和国乡村振兴促进法》

① 新华社．习近平在中央农村工作会议上强调：坚持把解决好“三农”问题作为全党工作重中之重 促进农业高质高效乡村宜居宜业农民富裕富足．人民日报，2020-12-30：01.

（2021 年 5 月）等一系列涉及乡村产业振兴、人才振兴、文化振兴、生态振兴和组织振兴等“五大振兴”[①] 的相关文件和法规，乡村振兴战略蓝图绘就，体制机制逐步构建和完善，各项工作全面推进，成效显著。

社会存在决定社会意识。马克思指出，“人们在自己生活的社会生产中发生一定的、必然的、不以他们的意志为转移的关系，即同他们的物质生产力的一定发展阶段相适合的生产关系。这些生产关系的总和构成社会的经济结构，即有法律的和政治的上层建筑竖立其上并有一定的社会意识形态与之相适应的现实基础。物质生活的生产方式制约着整个社会生活、政治生活和精神生活的过程。不是人们的意识决定人们的存在，相反，是人们的社会存在决定人们的意识。”[②] 2021 年 2 月，中共中央、国务院印发《关于全面推进乡村振兴　加快农业农村现代化的意见》，强调实施乡村振兴战略，加快农业农村现代化，其中一项重要举措就是要加强新时代农村精神文明建设，“弘扬和践行社会主义核心价值观，以农民群众喜闻乐见的方式，深入开展习近平新时代中国特色社会主义思想学习教育。”[③] 我们党历来重视农村社会的思想教育，新中国成立以来党始终将集中开展社会主义思想教育作为农村工作的一项重要内容，开展过三次教育活动。第一次是 1957—1962 年有组织、有计划地在全国农村普遍开展了以“大鸣、大放、大字报、大辩论”为形式，以开展两条道路的斗争为主线，以反右、“三面红旗”、反右倾、整风整社为主题的社会主义教育运动；第二次是 1963—1966 年开展的以“清政治、清经济、清组织、清思想”为主要内容的“四清”农村社会主义教育运动；第三次是 1991—1992 年间针

---

① 五大振兴：2018 年 3 月 8 日，习近平总书记在参加山东代表团审议时的讲话中提出实施乡村振兴战略，要推动产业振兴、人才振兴、文化振兴、生态振兴和组织振兴。2018 年 7 月 16 日，各大媒体报道，习近平对实施乡村振兴战略作出重要指示：“要坚持乡村全面振兴，抓重点、补短板、强弱项，实现乡村产业振兴、人才振兴、文化振兴、生态振兴、组织振兴，推动农业全面升级、农村全面进步、农民全面发展”，并全面阐释了“五大振兴”的内涵。

② 中共中央马克思恩格斯列宁斯大林著作编译局．马克思恩格斯选集（第 4 卷）．北京：人民出版社，1995.

③ 新华社．中共中央国务院关于全面推进乡村振兴加快农业农村现代化的意见．人民日报，2021-02-22：01.

对农村思想政治教育工作弱化的问题，中央决定从1990年冬季开始，用两三年的时间在全国分期分批开展的社会主义思想教育活动。[①] 这一系列农村社会教育活动的开展，有力地保证了农村社会的稳定和发展。历史经验表明，农民社会主义思想意识的确立关系着社会主义建设事业的成败，要巩固社会主义制度，对农民的社会主义思想教育就要常抓不懈。

加强农村精神文明建设是新时代全面推进乡村振兴的一个重要内容。2008年10月，党的十七届三中全会召开，提出要“坚持用社会主义先进文化占领农村阵地，满足农民日益增长的精神文化需求，提高农民思想道德素质……坚持用中国特色社会主义理论体系武装农村党员、教育农民群众，引导农民牢固树立爱国主义、集体主义、社会主义思想。”[②] 党的十九大提出，“中国特色社会主义进入新时代，我国社会主要矛盾已经转化为人民日益增长的美好生活需要和不平衡不充分的发展之间的矛盾。”[③]《中华人民共和国乡村振兴促进法》则从法律角度规定，“加强农村精神文明建设，不断提高乡村社会文明程度。”[④] 2020年2月，国家统计局统计公报资料表明，2019年末全国大陆总人口140 005万人，其中城镇常住人口84 843万人，占总人口比重为60.60%，乡村人口55 162万人，占总人口比重为39.40%。[⑤] 这表明我国城镇化率已达60%。“十四五”时期将全面推进乡村振兴，完善新型城镇化战略，深入推进以人为核心的新型城镇化战略，加快农业转移人口市民化，常住人口城镇化率提高到65%[⑥]。新的时代需要新的理论武装，新的实践更需要新的理论指导。马克思、恩格

① 王东维．三次农村社会主义教育及其启示．理论探索，2012（02）．

② 中共中央．关于推进农村改革发展若干重大问题的决定．中国新闻网，http：//www.chinanews.com/gn/news/2008/10-19/1417269.shtml.

③ 习近平．决胜全面建成小康社会　夺取新时代中国特色社会主义伟大胜利——在中国共产党第十九次全国代表大会上的报告．人民日报，2017-10-28：01.

④ 中华人民共和国．乡村振兴促进法．人民日报，2021-05-20：16.

⑤ 杨曦．统计局发布2019年国民经济和社会发展统计公报．人民网，http：//finance.people.com.cn/n1/2020/0228/c1004-31609306.html.

⑥ 李克强．政府工作报告——二〇二一年三月五日在第十三届全国人民代表大会第四次会议上．人民日报，2021-03-13：01.

斯在《德意志意识形态》中指出："思想、观念、意识的生产最初是直接与人们的物质活动，与人们的物质交往，与现实生活的语言交织在一起的。观念、思维、人们的精神交往在这里还是人们物质关系的直接产物。表现在某一民族的政治、法律、道德、宗教、形而上学等的语言中的精神生产也是这样。人们是自己的观念、思想等的生产者，但这里所说的人们是现实的，从事活动的人们，他们受着自己的生产力的一定发展以及与这种发展相适应的交往（直到它的最遥远的形式）的制约。"① 当前，我们正处在全面建设社会主义现代化国家新征程、向第二个百年奋斗目标进军的关键时期，实施乡村振兴战略，核心目的是加快推进农业农村现代化，促进城乡融合发展，让乡村人民群众的生活变得好起来。因此，一方面，要坚持党对农村工作的领导，加强农村精神文明建设，构建新的农村社会思想教育机制，坚持用新时代中国特色社会主义思想教育农民，牢牢把握农村社会主义思想教育的主动权，引导农民坚定走中国特色的社会主义道路的信心；另一方面，必须始终坚持农民主体地位不动摇，注重从思想上教育引导农民，在提升综合素质能力上下功夫，调动和发挥好农民的积极性、主动性，积极参与各类职业教育、就业培训，积极参与乡村社会治理，促进乡风文明，建设美丽乡村。

实施乡村振兴战略，推进农业农村现代化，建设美丽乡村是一项系统工程。从加强农村精神文明建设入手，认真研究加强农村社会的思想教育问题，牵涉到的问题也不少。从涉及学科范畴来看，既要涉及自然科学，也要涉及社会科学。仅就社会科学就要涉及马列、科社、党史、党建、法学、社会学、教育学、管理系等诸多学科。具体而言，本项目研究及文案撰写分工如下：

四川农业大学人文学院教授、马克思主义学院硕士生导师张禧负责项目统筹、统稿，撰写第三章（坚持自治为基，深化村民自治实践），第四

① 中共中央马克思恩格斯列宁斯大林著作编译局．马克思恩格斯选集（第1卷）．北京：人民出版社，1995.

章（加强农村文化建设，焕发文明乡风）。

四川农业大学马克思主义学院副教授、硕士生导师毛平负责撰写第一章（加强中国特色社会主义制度教育，增强制度认同），第二章（坚持法治为本，建设法治乡村），第六章（坚持绿色发展，推进美丽乡村建设）。

四川农业大学党委宣传部副部长、统战部副部长、法学院副教授朱雨欣负责撰写第八章（加强农村基层党组织建设，为乡村振兴提供坚强有力的政治保障），以及图书出版事务。

四川农业大学信息工程学院教授、硕士生导师穆炯负责撰写第七章（弥合城乡“数字鸿沟”，推进数字乡村建设）。

四川农业大学马克思主义学院讲师李迪慧负责撰写第五章（弘扬社会主义核心价值观，提升乡村德治水平），以及全书文字统筹、校订。

本专著属于研究阐释党的十九届六中全会精神国家社科基金重大项目《新发展阶段生产发展、生活富裕、生态良好的中国特色文明发展道路研究》（22ZDA108）的阶段性成果，相关研究和出版得到了四川省高校重点实验室“农业信息工程”建设项目、四川省社会工作人才培训基地（四川农业大学）、四川农业大学专业支持计划第三层次（040－2121997777）的资助。四川农业大学马克思主义学院研究生邓美玉、覃自蓉、张茜、何静在本项目研究中，积极参与，承担了大量基础准备、数据采集和文献资料收集工作，在此一并致谢。

本专著适合关注农村社会发展、农村社会治理、农村思想政治教育等研究领域的各位同仁参考，尤其是对从事乡村振兴，推进农业农村现代化发展的一线基层工作人员开展相关社会教育工作参考。同时，恳请各位同行专家学者和读者对书中存在的粗疏、纰漏和不足给予海涵和批评指正。

张　禧

2022年7月

目　录

CONTENTS

第一章　加强中国特色社会主义制度教育，增强制度认同

中共中央、国务院在《关于实施乡村振兴战略的意见》中强调，“在中国特色社会主义新时代……我们有党的领导的政治优势，有社会主义的制度优势，有亿万农民的创造精神，有强大的经济实力支撑，有历史悠久的农耕文明，有旺盛的市场需求，完全有条件有能力实施乡村振兴战略。”① 2019年11月，党的十九届四中全会指出，“中国特色社会主义制度是党和人民在长期实践探索中形成的科学制度体系，我国国家治理一切工作和活动都依照中国特色社会主义制度展开，我国国家治理体系和治理能力是中国特色社会主义制度及其执行能力的集中体现。”② 习近平同志指出，“各级党组织特别是党委宣传部门要组织开展中国特色社会主义制度宣传教育，引导全党全社会充分认识中国特色社会主义制度的本质特征和优越性，充分认识中国特色社会主义制度和国家治理体系经过长期实践检验，来之不易，必须倍加珍惜。”③

我国的社会主义制度已经建立了一整套完备的政治、经济、法律等项制度体系，能够保证社会方方面面高效有序地运转，特别是能够集中力量办成大事、办好大事，这一点已经被我们七十多年来的社会主义革命和建

---

① 中共中央国务院关于实施乡村振兴战略的意见［N］. 人民日报，2018－02－05：01.

② 中共中央．关于坚持和完善中国特色社会主义制度　推进国家治理体系和治理能力现代化若干重大问题的决定［N］. 人民日报，2019－11－06：01.

③ 习近平．坚持和完善中国特色社会主义制度推进国家治理体系和治理能力现代化［J］. 求是，2020（1）.

设实践所取得的伟大成就充分证明。只要发挥好中国特色社会主义制度的优势，就能够集中人、财、物等资源进行乡村振兴建设，就能够团结和利用好一切积极因素和力量，积极作为，奋力拼搏，实施好乡村振兴战略，推动乡村经济和社会各项事业快速发展。到2050年，乡村全面振兴，农业强、农村美、农民富全面实现。实施乡村振兴战略，准确把握乡村振兴的科学内涵，坚持乡村全面振兴，统筹谋划农村经济建设、政治建设、文化建设、社会建设、生态文明建设和党的建设。同时，要坚持农民主体地位，切实发挥农民在乡村振兴中的主体作用。因此，在实施乡村振兴战略过程中，必须结合实际，加强中国特色社会主义制度教育，重点是抓好中国特色社会主义制度的内涵，抓好中国特色社会主义制度的根本制度、基本制度、经济制度、文化制度等制度教育，让广大农民群众了解中国特色社会主义制度的基本内容，增强制度认同，调动亿万农民的积极性、主动性、创造性，积极投身于乡村振兴，推进农业农村现代化的伟大实践。

一、中国特色社会主义制度概述

（一）社会主义

回溯整个社会主义的研究历史，不同的学者对社会主义有不同的理解，他们从不同的角度来定义社会主义。概括起来，对社会主义的理解和定义主要包含以下几个方面：

1. 社会主义是一种思潮

19世纪30—40年代欧洲广为流传的“社会主义”，主要含义是劳动群众的福利、社会和平与社会改造，同时也容许私有财产与社会不平等存在。当时的“共产主义”则主张建立生产资料公有制，消灭财产不平等，主张社会平等。由于是一种思潮，便有各种各样的“社会主义”，如反动的社会主义、封建的社会主义、小资产阶级的社会主义等。马克思、恩格斯在《共产党宣言》中，把19世纪中叶在欧洲流行的社会主义思潮归纳为反动的社会主义（包括封建的社会主义、小资产阶级的社会主义、德国的或“真正的”社会主义）、保守的或资产阶级的社会主义、批判的空想的社会主义和共产主义。[①] 马克思、恩格斯在1842—1843年，分别在文章中赋予了社会主义科学的内涵，并作为共产主义同义词使用。从此以后，作为思潮的名称，社会主义通常指“科学社会主义”，是关于无产阶级解放条件的学说，即关于无产阶级消灭一切阶级实现共产主义的一般规律的科学。

2. 社会主义是一种制度

作为一种社会制度，社会主义社会是共产主义社会的第一阶段，实行生产资料社会所有制。首先，社会所有制是联合的劳动者共同占有生产资料的所有制，即联合的、社会的个人所有制或个人的社会所有制。[②] 其次，在共产主义社会第一阶段实行按劳分配。因为“在经过长久阵痛刚刚从资本主义社会产生出来的共产主义社会第一阶段”，[③] 带有资本主义社会的烙印，生产力不发达，人们主要还是靠劳动谋生。因此，只能实行按劳分配的原则，多劳多得，少劳少得，以激发劳动者的积极性、主动性，促进社会生产力的发展。

3. 社会主义是一种革命运动

社会主义运动指无产阶级与广大人民群众为推翻资本主义、实现共产主义的实践活动。在历史上，资本主义的确促进了生产力的极大发展，创造了人类前所未有的物质财富，但阶级对立和私有制使得资产阶级丧失了其优越性，“资产阶级不仅锻造了置自身于死地的武器；它还产生了将要运用这种武器的人——现代的工人，即无产者。”[④] 无产阶级处在资本主义社会的最底层，是受压迫最深、受剥削最严重的阶级，同时无产阶级也是现代大工业的产物，它是随着现代生产力的发展而壮大起来的，它是新的生产方式的代表，这就决定了无产阶级是真正革命的阶级。无产阶级革命运动是为绝大多数人谋利益的运动，它要以暴力革命的方式推翻资产阶级的统治，建立自己的统治。

---

①④　中共中央马克思恩格斯列宁斯大林著作编译局．马克思恩格斯选集（第1卷）[M]．北京：人民出版社，1995.

②　龚基云．马克思的社会所有制理论及其当代价值 [J]．马克思主义与现实，2008（6）.

③　中共中央马克思恩格斯列宁斯大林著作编译局．马克思恩格斯选集（第3卷）[M]．北京：人民出版社，1995.

4. 社会主义是一种超越资本主义的社会形态

在历史上，资产阶级的确促进了社会生产力的发展，“在它的不到一百年的阶级统治中所创造的生产力，比过去一切世代创造的全部生产力还要多，还要大。”① 但资本主义的内在矛盾决定了它必然灭亡，资本主义生产方式从产生时起就包含着不可克服的矛盾，即生产的社会化和资本主义私人占有之间的矛盾。因此，资本主义发展每前进一步，都蕴藏着深刻的危机。“随着大工业的发展，资产阶级赖以生产和占有产品的基础本身也就从它的脚下被挖掉了……资产阶级的灭亡和无产阶级的胜利是同样不可避免的。”② 社会主义作为优越于并超越资本主义的社会形态，人民将掌握国家权力，并将获得各项民主权利，公有制、按劳分配的形式和原则将会解决资本主义无法解决的痼疾。

5. 社会主义是广大劳动人民追求自由、平等权利的一种政治方式

社会主义代表着广大无产阶级的意志和利益，是为无产阶级服务的，是为实现社会绝大多数成员的自由和平等权利而奋斗的。“共产主义并不剥夺任何人占有社会产品的权力，它只剥夺利用这种占有去奴役他人劳动的权力。”③ 社会主义之所以要消灭剥削和压迫，归根到底是为了消除社会的不平等，使全体人民在社会生活的各个方面享有自由、平等的权利，从而使人的个性得以充分的发展。正如牛津大学政治学家大卫·米勒所说，“社会主义者寻求报酬、地位、特权的平等分配，以便最大限度地减少社会的不满，保证人与人之间的公正，使机会均等。”④

（二）中国特色社会主义

中国特色社会主义是中国共产党对现阶段纲领的概括，包括中国特色社会主义道路、理论、制度、文化。习近平同志指出，“中国特色社会主义是社会主义而不是其他什么主义……我们党始终强调，中国特色社会主义，既坚持了科学社会主义基本原则，又根据时代条件赋予其鲜明的中国

①②③ 中共中央马克思恩格斯列宁斯大林著作编译局．马克思恩格斯选集（第1卷）[M]．北京：人民出版社，1995.

④ 俞可平．全球化时代的“社会主义”[M]．北京：中央编译出版社，1998.

特色。”①

1982年9月，邓小平同志在中共十二大开幕词中正式提出了“建设有中国特色的社会主义”这一全新的概念。他强调，“把马克思主义的普遍真理同我国的具体实际结合起来，走自己的道路，建设有中国特色的社会主义，这就是我们总结长期历史经验得出的基本结论。”② 2002年11月，江泽民同志在党的十六大报告中提出，“全面建设小康社会，加快推进社会主义现代化，为开创中国特色社会主义事业新局面而奋斗”，“在中国特色社会主义道路上实现中华民族的伟大复兴”③。2007年10月，胡锦涛同志在党的十七大报告中强调，“中国特色社会主义道路，就是在中国共产党领导下，立足基本国情，以经济建设为中心，坚持四项基本原则，坚持改革开放，解放和发展社会生产力，巩固和完善社会主义制度，建设社会主义市场经济、社会主义民主政治、社会主义先进文化、社会主义和谐社会，建设富强民主文明和谐的社会主义现代化国家”，“中国特色社会主义理论体系，就是包括邓小平理论、‘三个代表’重要思想以及科学发展观等重大战略思想在内的科学理论体系”④。

2012年11月，党的十八大召开，对中国特色社会主义道路、理论、制度、文化进行了更进一步的表述，“中国特色社会主义道路，就是在中国共产党领导下，立足基本国情，以经济建设为中心，坚持四项基本原则，坚持改革开放，解放和发展社会生产力，建设社会主义市场经济、社会主义民主政治、社会主义先进文化、社会主义和谐社会、社会主义生态文明，促进人的全面发展，逐步实现全体人民共同富裕，建设富强民主文明和谐的社会主义现代化国家。中国特色社会主义理论体系，就是包括邓小平理论、‘三个代表’重要思想、科学发展观在内的科学理论体系，是对马克思列宁主义、毛泽东思想的坚持和发展。中国特色社会主义制度，就是人民代表大会制度的根本政治制度，中国共产党领导的多党合作和政

① 习近平．关于坚持和发展中国特色社会主义的几个问题［J］．求是，2019（7）．

② 中共中央文献编辑委员会．邓小平文选（第三卷）［M］．北京：人民出版社，1993．

③ 中共中央文献编辑委员会．江泽民文选（第三卷）［M］．北京：人民出版社，2006．

④ 胡锦涛．高举中国特色社会主义伟大旗帜 为夺取全面建设小康社会新胜利而奋斗——在中国共产党第十七次全国代表大会上的报告［N］．人民日报，2007-10-25：01．

治协商制度、民族区域自治制度以及基层群众自治制度等基本政治制度，中国特色社会主义法律体系，公有制为主体、多种所有制经济共同发展的基本经济制度，以及建立在这些制度基础上的经济体制、政治体制、文化体制、社会体制等各项具体制度。”① 在此基础上，进一步强调“中国特色社会主义道路是实现途径，中国特色社会主义理论体系是行动指南，中国特色社会主义制度是根本保障，三者统一于中国特色社会主义伟大实践，这是党领导人民在建设社会主义长期实践中形成的最鲜明特色。”② 同时，提出“必须走中国特色社会主义文化发展道路，坚持为人民服务、为社会主义服务的方向，坚持百花齐放、百家争鸣的方针，坚持贴近实际、贴近生活、贴近群众的原则，推动社会主义精神文明和物质文明全面发展，建设面向现代化、面向世界、面向未来的，民族的科学的大众的社会主义文化。”③

2017 年 10 月，党的十九大提出“中国特色社会主义进入了新时代”④，强调“中国特色社会主义是改革开放以来党的全部理论和实践的主题，是党和人民历尽千辛万苦、付出巨大代价取得的根本成就。中国特色社会主义道路是实现社会主义现代化、创造人民美好生活的必由之路，中国特色社会主义理论体系是指导党和人民实现中华民族伟大复兴的正确理论，中国特色社会主义制度是当代中国发展进步的根本制度保障，中国特色社会主义文化是激励全党全国各族人民奋勇前进的强大精神力量。全党要更加自觉地增强道路自信、理论自信、制度自信、文化自信，既不走封闭僵化的老路，也不走改旗易帜的邪路，保持政治定力，坚持实干兴邦，始终坚持和发展中国特色社会主义。”⑤ 在此基础上，提出“我们党坚持以马克思列宁主义、毛泽东思想、邓小平理论、‘三个代表’重要思想、科学发展观为指导，坚持解放思想、实事求是、与时俱进、求真务实，坚持辩证唯物主义和历史唯物主义，紧密结合新的时代条件和实践要求，以全新的视野深化对共产党执政规律、社会主义建设规律、人类社会发展规律的认识，进行艰辛理论探索，取得重大理论创新成果，形成了新

①②③ 中共中央文献编辑委员会．胡锦涛文选（第三卷）[M]．北京：人民出版社，2016.

④⑤ 习近平．决胜全面建成小康社会 夺取新时代中国特色社会主义伟大胜利——在中国共产党第十九次全国代表大会上的报告 [N]．人民日报，2017-10-02：01.

时代中国特色社会主义思想。”[①] 同时，阐述了新时代中国特色社会主义思想的基本内容就是：坚持和发展中国特色社会主义，总任务是实现社会主义现代化和中华民族伟大复兴，在全面建成小康社会的基础上，分两步走，在本世纪中叶建成富强民主文明和谐美丽的社会主义现代化强国；新时代我国社会主要矛盾是人民日益增长的美好生活需要和不平衡不充分的发展之间的矛盾，必须坚持以人民为中心的发展思想，不断促进人的全面发展、全体人民共同富裕；中国特色社会主义事业总体布局是“五位一体”[②]、战略布局是“四个全面”[③]，强调坚定道路自信、理论自信、制度自信、文化自信；全面深化改革总目标是完善和发展中国特色社会主义制度、推进国家治理体系和治理能力现代化；全面推进依法治国总目标是建设中国特色社会主义法治体系、建设社会主义法治国家；党在新时代的强军目标是建设一支听党指挥、能打胜仗、作风优良的人民军队，把人民军队建设成为世界一流军队；中国特色大国外交要推动构建新型国际关系，推动构建人类命运共同体；中国特色社会主义最本质的特征是中国共产党领导，中国特色社会主义制度的最大优势是中国共产党领导，党是最高政治领导力量，提出新时代党的建设总要求，突出政治建设在党的建设中的重要地位。要求全党要深刻领会新时代中国特色社会主义思想的精神实质和丰富内涵，在各项工作中全面准确贯彻落实。

2021 年，党的十九届六中全会提出“中国特色社会主义新时代是我国发展新的历史方位”，号召全党和全国人民“开创中国特色社会主义新时代”，

---

① 习近平．决胜全面建成小康社会 夺取新时代中国特色社会主义伟大胜利——在中国共产党第十九次全国代表大会上的报告［N］．人民日报，2017-10-02：01.

② 五位一体：2012 年 11 月，党的十八大报告提出，“必须更加自觉地把全面协调可持续作为深入贯彻落实科学发展观的基本要求，全面落实经济建设、政治建设、文化建设、社会建设、生态文明建设五位一体总体布局，促进现代化建设各方面相协调，促进生产关系与生产力、上层建筑与经济基础相协调，不断开拓生产发展、生活富裕、生态良好的文明发展道路。”2012 年 11 月 17 日，习近平总书记在十八届中共中央政治局第一次集体学习中指出，党的十八大把生态文明建设纳入中国特色社会主义事业总体布局，使生态文明建设的战略地位更加明确，有利于把生态文明建设融入经济建设、政治建设、文化建设、社会建设各方面和全过程。

③ 四个全面：2014 年 12 月，习近平总书记在江苏调研时，第一次明确提出“四个全面”的总体布局。强调要主动把握和积极适应经济发展新常态，协调推进全面建成小康社会、全面深化改革、全面推进依法治国、全面从严治党，推动改革开放和社会主义现代化建设迈上新台阶。2020 年 10 月 29 日，《中国共产党第十九届中央委员会第五次全体会议公报》对“四个全面”表述更新为“协调推进全面建设社会主义现代化国家、全面深化改革、全面依法治国、全面从严治党的战略布局”。

并用“十个明确”对中国特色社会主义的内涵进行了深化阐释，具体包括：明确中国特色社会主义最本质的特征是中国共产党领导，中国特色社会主义制度的最大优势是中国共产党领导，中国共产党是最高政治领导力量，全党必须增强“四个意识”、坚定“四个自信”、做到“两个维护”；明确坚持和发展中国特色社会主义，总任务是实现社会主义现代化和中华民族伟大复兴，在全面建成小康社会的基础上，分两步走在本世纪中叶建成富强民主文明和谐美丽的社会主义现代化强国，以中国式现代化推进中华民族伟大复兴；明确新时代我国社会主要矛盾是人民日益增长的美好生活需要和不平衡不充分的发展之间的矛盾，必须坚持以人民为中心的发展思想，发展全过程人民民主，推动人的全面发展、全体人民共同富裕取得更为明显的实质性进展；明确中国特色社会主义事业总体布局是经济建设、政治建设、文化建设、社会建设、生态文明建设五位一体，战略布局是全面建设社会主义现代化国家、全面深化改革、全面依法治国、全面从严治党四个全面；明确全面深化改革总目标是完善和发展中国特色社会主义制度、推进国家治理体系和治理能力现代化；明确全面推进依法治国总目标是建设中国特色社会主义法治体系、建设社会主义法治国家；明确必须坚持和完善社会主义基本经济制度，使市场在资源配置中起决定性作用，更好发挥政府作用，把握新发展阶段，贯彻创新、协调、绿色、开放、共享的新发展理念，加快构建以国内大循环为主体、国内国际双循环相互促进的新发展格局，推动高质量发展，统筹发展和安全；明确党在新时代的强军目标是建设一支听党指挥、能打胜仗、作风优良的人民军队，把人民军队建设成为世界一流军队；明确中国特色大国外交要服务民族复兴、促进人类进步，推动建设新型国际关系，推动构建人类命运共同体；明确全面从严治党的战略方针，提出新时代党的建设总要求，全面推进党的政治建设、思想建设、组织建设、作风建设、纪律建设，把制度建设贯穿其中，深入推进反腐败斗争，落实管党治党政治责任，以伟大自我革命引领伟大社会革命。这些战略思想和创新理念，是党对中国特色社会主义建设规律认识深化和理论创新的重大成果。①

① 新华社．中共中央关于党的百年奋斗重大成就和历史经验的决议［N］．人民日报，2021-11-17.

（三）中国特色社会主义制度

中国特色社会主义不是从天上掉下来的，而是在改革开放 40 多年的伟大实践中得来的，是在中华人民共和国成立 70 多年的持续探索中得来的，是在我们党领导人民进行伟大社会革命 100 年的实践中得来的，是在近代以来中华民族由衰到盛 170 多年的历史进程中得来的，是对中华文明 5 000 多年的传承发展中得来的，是党和人民历经千辛万苦、付出各种代价取得的宝贵成果。[①] 习近平同志指出，中国特色社会主义制度具有深厚的历史底蕴。[②] 在几千年的历史演进中，中华民族创造了灿烂的古代文明，形成了关于国家制度和国家治理的丰富思想，逐步形成了一整套包括朝廷制度、郡县制度、土地制度、税赋制度、科举制度、监察制度、军事制度等各方面制度在内的国家制度和国家治理体系，为周边国家和民族所学习和模仿。进入近代以后，封建统治腐朽无能，帝国主义列强入侵，导致中国逐步成为半殖民地半封建社会，统治中国几千年的君主专制制度陷入全面危机。面对日益深重的政治危机和民族危机，无数仁人志士为改变中国前途命运，开始探寻新的国家制度和国家治理体系，尝试了君主立宪制、议会制、多党制、总统制等各种制度模式，但都以失败而告终。新中国成立后，我们党团结带领人民制定《共同纲领》[③]、1954 年宪法，确定了国体、政体、国家结构形式，建立了国家政权组织体系，进而团结带领人民进行社会主义改造，确立了社会主义基本制度，为当代中国一切发展进步奠定了根本政治前提和制度基础。改革开放以来，我们党团结带领人民开创了中国特色社会主义，不断完善中国特色社会主义制度和国家治理体系，使当代中国焕发出前所未有的生机活力。

中国特色社会主义制度从无到有、从不健全到逐渐完善，经历了长期

① 新华社．习近平在学习贯彻党的十九大精神研讨班开班式上发表重要讲话［N］．人民日报，2018－01－06：01.

② 习近平．坚持和完善中国特色社会主义制度　推进国家治理体系和治理能力现代化［J］．求是，2020（1）.

③ 1949 年 9 月 21 日，中国人民政治协商会议第一届全体会议在北平中南海怀仁堂隆重开幕，会议代行全国人民代表大会的职权，通过了具有临时宪法性质的《中国人民政治协商会议共同纲领》，选举产生了中央人民政府委员会，宣告了中华人民共和国的成立。

的艰难的探索。中国共产党团结带领人民，坚持把马克思主义基本原理同中国具体实际相结合，深刻总结国内外正反两方面经验，不断探索规律，不断改革创新，建立和完善社会主义制度，形成和发展党的领导和经济、政治、文化、社会、生态文明、军事、外事等各方面制度。

中国特色社会主义制度体现了我国国体与政体的有机统一。社会主义制度是我国的根本制度，在这一根本制度之下，有人民代表大会制度这一根本政治制度，有中国共产党领导的多党合作和政治协商制度、民族区域自治制度以及基层群众自治制度等基本政治制度；有公有制为主体、多种所有制经济共同发展这一我国社会主义初级阶段的基本经济制度和按劳分配为主体、多种分配方式并存的分配制度；有中国特色社会主义法律体系；有相应的经济体制、政治体制、文化体制、社会体制、生态文明体制等各项具体制度。①

中国特色社会主义制度是当代中国发展进步的根本制度保障。中国特色社会主义制度，是从新中国成立后开始建立和形成、改革开放时期逐步丰富和完善的崭新的社会制度体系，是当代中国发展进步的根本制度保障，集中体现了中国特色社会主义的性质、特点和优势；是在推进社会主义制度自我完善和发展过程中，在经济、政治、文化、社会、生态文明等各个领域形成的一整套相互衔接、相互联系的制度体系。中国特色社会主义制度坚持把根本政治制度、基本政治制度同基本经济制度以及各方面体制机制等具体制度有机结合起来，坚持把党的领导、人民当家作主、依法治国有机统一起来，为中国特色社会主义事业发展提供了有效制度保障。

总起来说，中国特色社会主义制度是以马克思主义为指导、植根中国大地、具有深厚中华文化根基、深得人民拥护的制度，是党和人民长期奋斗、接力探索、历尽千辛万苦、付出巨大代价取得的根本成就，我们必须倍加珍惜，毫不动摇坚持、与时俱进发展。

（四）中国特色社会主义制度体系的发展历程

2019 年 11 月，党的十九届四中全会指出，“中国特色社会主义制度

① 李慎明．牢牢把握中国特色社会主义这一主题［N］．人民日报，2018－02－08：07.

和国家治理体系是以马克思主义为指导、植根中国大地、具有深厚中华文化根基、深得人民拥护的制度和治理体系，是具有强大生命力和巨大优越性的制度和治理体系，是能够持续推动拥有近十四亿人口大国进步和发展、确保拥有五千多年文明史的中华民族实现‘两个一百年’奋斗目标[①]进而实现伟大复兴的制度和治理体系。”[②] 回顾新中国成立以来特别是改革开放以来中国共产党推进中国特色社会主义制度建立健全的发展历程，我们可以进一步认识到中国特色社会主义制度是党和人民在长期实践探索中形成的科学体系。从新中国成立到改革开放前，中国制度和治理体系初步形成。新中国成立后，在召开全国人民代表大会条件成熟后，中国共产党就领导人民讨论制定中华人民共和国宪法和选举法，并于1954年召开第一届全国人民代表大会，建立既不同于西方两院制[③]、又不同于苏维埃制度的人民代表大会制度这一根本政治制度。1956年后，随着对生产资料私有制的社会主义改造基本完成，中国共产党带领中国人民建立了社会主义制度并进行社会主义建设。

1978年12月，邓小平同志提出，“如果现在再不实行改革，我们的现代化事业和社会主义事业就会被葬送”[④]。1980年8月，他在《党和国家领导制度的改革》强调，“领导制度、组织制度问题更带有根本性、全局性、稳定性和长期性。这种制度问题，关系到党和国家是否改变颜色，

① “两个一百年”奋斗目标：1997年9月，党的十五大首次提出“两个一百年”奋斗目标：到建党一百年时，使国民经济更加发展，各项制度更加完善；到世纪中叶建国一百年时，基本实现现代化，建成富强民主文明的社会主义国家。2017年10月，党的十九大提出，从2020年到2035年，在全面建成小康社会的基础上，再奋斗十五年，基本实现社会主义现代化。从2035年到21世纪中叶，在基本实现现代化的基础上，再奋斗十五年，把我国建成富强民主文明和谐美丽的社会主义现代化强国。

② 新华社．中国共产党第十九届中央委员会第四次全体会议公报［N］．人民日报，2019-11-01：01.

③ 两院制是某些资本主义国家设上院下院并立，分担议会职能的制度。最初产生于17世纪的英国，后为其他国家所广泛采用。名称各有不同。如英国叫上议院（贵族院）和下议院（平民院）；美国、日本叫参议院和众议院等。上下两院的组成和职权，有些方面是相同的，如两院议员一般均经选举产生并定期实行改选，两院都享有立法和监督行政的权力等。但又各有若干差异。上议院通常较下议院更为保守，其议员当选资格有更多的限制，任期也较长。有的资本主义国家的法律规定：议案必须经两院分别通过才能成立，因而上议院一般都有权拖延或否决下议院通过的决议，以牵制或抵消下议院的作用（如英美等国）。

④ 中共中央文献编辑委员会．邓小平文选（第二卷）［M］．北京：人民出版社，1994.

必须引起全党的高度重视。”[①] 在邓小平的领导和支持下，我国改革从农村实行家庭联产承包责任制开始，在经济体制、政治体制、科技体制、教育体制等各个方面全面推进，取得了丰硕的成果。1992 年年初，邓小平在南方谈话中明确指出：“改革开放以来，我们立的章程并不少，而且是全方位的。经济、政治、科技、教育、文化、军事、外交等各个方面都有明确的方针和政策，而且有准确的表述语言”[②]，但要随着实践的发展进行完善，“恐怕再有三十年的时间，我们才会在各方面形成一整套更加成熟、更加定型的制度。”[③] 根据这样的战略构想，党的十四大提出，“在九十年代，我们要初步建立起新的经济体制，实现达到小康水平的第二步发展目标。再经过二十年的努力，到建党一百周年的时候，我们将在各方面形成一整套更加成熟更加定型的制度。”[④] 从党的十四大提出建立社会主义市场经济体制，形成公有制为主体、多种所有制经济共同发展的所有制结构和按劳分配为主体、其他分配方式为补充的分配制度开始，包括建立现代企业制度和改革财政管理体制、金融体制、对外贸易体制等制度改革在内的经济体制改革大踏步推进。党的十五大后，在进一步完善社会主义市场经济体制的同时，提出“依法治国”基本方略和建设社会主义法治国家的目标，在实现社会主义民主的制度化、规范化、程序化上取得了重大进展。党的十六大后，根据全面建设小康社会的要求，在推进经济和政治体制改革的同时，进一步改革和完善了党的领导方式和执政方式，以及与此相联系的党的决策机制、行政管理体制等体制机制。党的十七大后，在把社会建设纳入总体布局的同时，加强和创新社会管理制度提上了重要议事日程，医药卫生体制改革、教育体制改革、社会保障制度以及文化体制改革等制度改革进一步深化。总的来说，从党的十四大到党的十八大前，我们各个方面的制度，有的逐步成熟或定型，有的还在探索和创新，制度改革取得明显进展。

党的十八大以来，特别是党的十八届三中全会以来，以习近平同志为核心的党中央以制度建设为主线，把“完善和发展中国特色社会主义制

---

① 中共中央文献编辑委员会．邓小平文选（第二卷）[M]．北京：人民出版社，1994.

②③ 中共中央文献编辑委员会．邓小平文选（第三卷）[M]．北京：人民出版社，1993.

④ 中共中央文献编辑委员会．江泽民文选（第一卷）[M]．北京：人民出版社，2006.

度，推进国家治理体系和治理能力建设”作为全面深化改革的总目标。党的十九大在作出到本世纪中叶把我国建成富强民主文明和谐美丽的社会主义现代化强国这一战略安排的同时，还特别指出：到 2035 年，各方面制度更加完善，国家治理体系和治理能力现代化基本实现；到本世纪中叶，实现国家治理体系和治理能力现代化。党的十九届四中全会根据党的十九大确定的任务，完整提出了新时代坚持和完善中国特色社会主义制度、推进国家治理体系和治理能力现代化的总体目标：到我们党成立 100 年时，在各方面制度更加成熟更加定型上取得明显成效；到 2035 年，各方面制度更加完善，基本实现国家治理体系和治理能力现代化；到新中国成立 100 年时，全面实现国家治理体系和治理能力现代化，使中国特色社会主义制度更加巩固、优越性充分展现。①

二、党的领导制度是我国的根本领导制度

中国特色社会主义制度是一个严密完整的科学制度体系，起四梁八柱作用的是根本制度、基本制度、重要制度，其中具有统领地位的是党的领导制度。党的领导制度是我国的根本领导制度。② 中国共产党领导是中国特色社会主义最本质的特征，是中国特色社会主义制度的最大优势，党是最高政治领导力量。必须坚持党政军民学、东西南北中，党是领导一切的，坚决维护党中央权威，健全总揽全局、协调各方的党的领导制度体系，把党的领导落实到国家治理各领域各方面各环节。十九届六中全会将“坚持党的领导”作为百年奋斗历史经验的“十个坚持”之首，再次强调“中国共产党是领导我们事业的核心力量。中国人民和中华民族之所以能够扭转近代以后的历史命运、取得今天的伟大成就，最根本的是有中国共产党的坚强领导。历史和现实都证明，没有中国共产党，就没有新中国，就没有中华民族伟大复兴。治理好我们这个世界上最大的政党和人口最多的国家，必须坚持党的全面领导特别是党中央集中统一领导，坚持民主集中制，确

① 李君如．中国特色社会主义制度是怎么得来的？[J]．红旗文稿，2020（3）．

② 习近平．坚持和完善中国特色社会主义制度　推进国家治理体系和治理能力现代化［J］．求是，2020（1）．

保党始终总揽全局、协调各方。只要我们坚持党的全面领导不动摇，坚决维护党的核心和党中央权威，充分发挥党的领导政治优势，把党的领导落实到党和国家事业各领域各方面各环节，就一定能够确保全党全军全国各族人民团结一致向前进。”[①] 坚持和完善党的领导制度体系，目的是提高党科学执政、民主执政、依法执政水平，主要包含以下 6 个方面[②]。

（一）建立不忘初心、牢记使命的制度

确保全党遵守党章，恪守党的性质和宗旨，坚持用共产主义远大理想和中国特色社会主义共同理想凝聚全党、团结人民，用习近平新时代中国特色社会主义思想武装全党、教育人民、指导工作，夯实党执政的思想基础。把不忘初心、牢记使命作为加强党的建设的永恒课题和全体党员、干部的终身课题，形成长效机制，坚持不懈锤炼党员、干部忠诚干净担当的政治品格。全面贯彻党的基本理论、基本路线、基本方略，持续推进党的理论创新、实践创新、制度创新，使一切工作顺应时代潮流、符合发展规律、体现人民愿望，确保党始终走在时代前列、得到人民衷心拥护。

（二）完善坚定维护党中央权威和集中统一领导的各项制度

推动全党增强“四个意识”[③]、坚定“四个自信”[④]、做到“两个维

---

① 新华社．中共中央关于党的百年奋斗重大成就和历史经验的决议［N］. 人民日报，2021-11-17.

② 中共中央．关于坚持和完善中国特色社会主义制度 推进国家治理体系和治理能力现代化若干重大问题的决定［N］. 人民日报，2019-11-06：01.

③ 四个意识：中共中央政治局 2016 年 1 月 29 日召开会议，首次提出“四个意识”。会议认为，中国共产党领导是中国特色社会主义制度的最大优势，加强党的领导关键是坚持党中央集中统一领导。只有增强政治意识、大局意识、核心意识、看齐意识，自觉在思想上政治上行动上同以习近平同志为总书记的党中央保持高度一致，才能使我们党更加团结统一、坚强有力，始终成为中国特色社会主义事业的坚强领导核心。

④ 四个自信：2016 年 7 月 1 日，习近平同志在庆祝中国共产党成立 95 周年大会上的讲话中强调：坚持不忘初心、继续前进，就要坚持中国特色社会主义道路自信、理论自信、制度自信、文化自信，坚持党的基本路线不动摇，不断把中国特色社会主义伟大事业推向前进。这是“四个自信”的首次提出，是对党的十八大提出的中国特色社会主义“三个自信”的创造性拓展和完善。

护”①，自觉在思想上政治上行动上同以习近平同志为核心的党中央保持高度一致。健全党中央对重大工作的领导体制，强化党中央决策议事协调机构职能作用，完善推动党中央重大决策落实机制，严格执行向党中央请示报告制度，确保令行禁止。健全维护党的集中统一的组织制度，形成党的中央组织、地方组织、基层组织上下贯通、执行有力的严密体系，实现党的组织和党的工作全覆盖。

（三）健全党的全面领导制度

完善党领导人大、政府、政协、监察机关、审判机关、检察机关、武装力量、人民团体、企事业单位、基层群众自治组织、社会组织等制度，健全各级党委（党组）工作制度，确保党在各种组织中发挥领导作用。完善党领导各项事业的具体制度，把党的领导落实到统筹推进“五位一体”总体布局、协调推进“四个全面”战略布局各方面。完善党和国家机构职能体系，把党的领导贯彻到党和国家所有机构履行职责全过程，推动各方面协调行动、增强合力。

（四）健全为人民执政、靠人民执政各项制度

坚持立党为公、执政为民，保持党同人民群众的血肉联系，把尊重民意、汇集民智、凝聚民力、改善民生贯穿党治国理政全部工作之中，巩固党执政的阶级基础，厚植党执政的群众基础，通过完善制度保证人民在国家治理中的主体地位，着力防范脱离群众的危险。贯彻党的群众路线，完善党员、干部联系群众制度，创新互联网时代群众工作机制，始终做到为了群众、相信群众、依靠群众、引领群众、深入群众、深入基层。健全联系广泛、服务群众的群团工作体系，推动人民团体增强政治性、先进性、群众性，把各自联系的群众紧紧团结在党的周围。

---

① 两个维护：2017 年 10 月 18 日，党的十九大报告提出“坚决维护党中央权威和集中统一领导”。“两个维护”的基本内容就是坚决维护习近平总书记党中央的核心、全党的核心地位，坚决维护党中央权威和集中统一领导。

（五）健全提高党的执政能力和领导水平制度

坚持民主集中制，完善发展党内民主和实行正确集中的相关制度，提高党把方向、谋大局、定政策、促改革的能力。健全决策机制，加强重大决策的调查研究、科学论证、风险评估，强化决策执行、评估、监督。改进党的领导方式和执政方式，增强各级党组织政治功能和组织力。完善担当作为的激励机制，促进各级领导干部增强学习本领、政治领导本领、改革创新本领、科学发展本领、依法执政本领、群众工作本领、狠抓落实本领、驾驭风险本领，发扬斗争精神，增强斗争本领。

（六）完善全面从严治党制度

坚持党要管党、全面从严治党，增强忧患意识，不断推进党的自我革命，永葆党的先进性和纯洁性。贯彻新时代党的建设总要求，深化党的建设制度改革，坚持依规治党，建立健全以党的政治建设为统领，全面推进党的各方面建设的体制机制。坚持新时代党的组织路线，健全党管干部、选贤任能制度。规范党内政治生活，严明政治纪律和政治规矩，发展积极健康的党内政治文化，全面净化党内政治生态。完善和落实全面从严治党责任制度。坚决同一切影响党的先进性、弱化党的纯洁性的问题作斗争，大力纠治形式主义、官僚主义，不断增强党的创造力、凝聚力、战斗力，确保党始终成为中国特色社会主义事业的坚强领导核心。

三、中国特色社会主义民主政治制度

我国是工人阶级领导的、以工农联盟为基础的人民民主专政的社会主义国家，国家的一切权力属于人民。必须坚持人民主体地位，坚定不移走中国特色社会主义政治发展道路，健全民主制度，丰富民主形式，拓宽民主渠道，依法实行民主选举、民主协商、民主决策、民主管理、民主监督，使各方面制度和国家治理更好体现人民意志、保障人民权益、激发人民创造，确保人民依法通过各种途径和形式管理国家事务，管理经济文化事业，管理社会事务。坚持人民当家作主，完善和发展中国特色社会主义民主政治制度主要包含以下五项内容。[①]

（一）坚持和完善人民代表大会制度这一根本政治制度

人民代表大会制度是符合中国国情、体现社会主义国家性质、保证人民当家作主的根本制度，是支撑国家治理体系和治理能力的根本制度。作为国家政治制度体系和国家政权组织体系的根基，人民代表大会制度实现了国体与政体、民主与效率的有机统一，是坚持党的领导、人民当家作主、依法治国有机统一的根本制度安排，集中体现了我国社会主义民主政治的特点和优势。[②] 人民行使国家权力的机关是全国人民代表大会和地方各级人民代表大会。支持和保证人民通过人民代表大会行使国家权力，保证各级人大都由民主选举产生、对人民负责、受人民监督，保证各级国家机关都由人大产生、对人大负责、受人大监督。支持和保证人大及其常委会依法行使职权，健全人大对“一府一委两院”监督制度。密切人大代表同人民群众的联系，健全代表联络机制，更好发挥人大代表作用。健全人大组织制度、选举制度和议事规则，完善论证、评估、评议、听证制度。适当增加基层人大代表数量。加强地方人大及其常委会建设。

（二）坚持和完善中国共产党领导的多党合作和政治协商制度

中国共产党领导的多党合作和政治协商基本政治制度，是近代以来中国人民长期奋斗历史逻辑、理论逻辑、实践逻辑的必然结果，是我国社会主义政治制度的特有形式和独特优势，是中国共产党、中国人民和各民主党派、无党派人士的伟大政治创造。这一基本政治制度充分彰显共产党领导、多党派合作，共产党执政、多党派参政的显著特征，反映了我国人民当家作主的社会主义民主的本质。[③] 坚持和完善中国共产党领导的多党合作和政治协商制度，就是要贯彻长期共存、互相监督、肝胆相照、荣辱与共的方针，加强中国特色社会主义政党制度建设，健全相互监督特别是中国共产

---

① 中共中央．关于坚持和完善中国特色社会主义制度　推进国家治理体系和治理能力现代化若干重大问题的决定［N］．人民日报，2019－11－06：01.

②③ 何毅亭．坚持和完善中国特色社会主义基本制度［N］．学习时报，2019－12－02：01.

党自觉接受监督、对重大决策部署贯彻落实情况实施专项监督等机制，完善民主党派中央直接向中共中央提出建议制度，完善支持民主党派和无党派人士履行职能方法，展现我国新型政党制度优势。发挥人民政协作为政治组织和民主形式的效能，提高政治协商、民主监督、参政议政水平，更好凝聚共识。完善人民政协专门协商机构制度，丰富协商形式，健全协商规则，优化界别设置，健全发扬民主和增进团结相互贯通、建言资政和凝聚共识双向发力的程序机制。坚持社会主义协商民主的独特优势，统筹推进政党协商、人大协商、政府协商、政协协商、人民团体协商、基层协商以及社会组织协商，构建程序合理、环节完整的协商民主体系，完善协商于决策之前和决策实施之中的落实机制，丰富有事好商量、众人的事情由众人商量的制度化实践。

（三）巩固和发展最广泛的爱国统一战线

统一战线历来是党的总路线总政策的重要组成部分，是我们党领导人民取得革命、建设和改革事业胜利的重要法宝。我们党历来高度重视发挥统一战线凝心聚力的法宝作用。毛泽东同志曾指出，统一战线问题，武装斗争问题，党的建设问题，是我们党在中国革命中的三个基本问题，强调统一战线是我们党战胜敌人的三大法宝之一。邓小平同志强调，没有统一战线工作，任何一件事情都是办不好的。因此，必须把握时代发展大势，立足我国发展新的历史方位，巩固和发展最广泛的爱国统一战线。① 巩固和发展最广泛的爱国统一战线，就是要坚持大统战工作格局，坚持一致性和多样性统一，完善照顾同盟者利益政策，做好民族工作和宗教工作，健全党外代表人士队伍建设制度，凝聚港澳同胞、台湾同胞、海外侨胞力量，谋求最大公约数，画出最大同心圆，促进政党关系、民族关系、宗教关系、阶层关系、海内外同胞关系和谐。

（四）坚持和完善民族区域自治制度

民族区域自治基本政治制度，就是在国家统一领导下，各少数民族聚居的地方实行区域自治，设立自治机关，行使自治权的制度。这一基本政

① 尤权．坚持大统战工作格局［N］．人民日报，2019－11－26：06.

治制度是中国共产党解决我国民族问题的创造性制度安排。我国实行民族区域自治制度，始终受到宪法和法律的有力保障。1949 年，民族区域自治制度在具有临时宪法性质的《中国人民政治协商会议共同纲领》中得到确立。1954 年召开的第一届全国人民代表大会，把民族区域自治制度载入了《中华人民共和国宪法》。2001 年修正的《中华人民共和国民族区域自治法》，把民族区域自治制度明确规定为国家的一项基本政治制度。① 坚持和完善民族区域自治制度，就是要坚定不移走中国特色解决民族问题的正确道路，坚持各民族一律平等，坚持各民族共同团结奋斗、共同繁荣发展，保证民族自治地方依法行使自治权，保障少数民族合法权益，巩固和发展平等团结互助和谐的社会主义民族关系。坚持不懈开展马克思主义祖国观、民族观、文化观、历史观宣传教育，打牢中华民族共同体思想基础。全面深入持久开展民族团结进步创建，加强各民族交往交流交融。支持和帮助民族地区加快发展，不断提高各族群众生活水平。

（五）健全充满活力的基层群众自治制度

基层群众自治基本政治制度，就是人民群众在党的领导下对农村村级、城市社区公共事务和公益事业以及企事业单位实行民主管理的制度。这项制度始于新中国成立后我国城市建立的居民委员会。1982 年，城市居民委员会和农村村民委员会被一起写进宪法。1989 年、1998 年先后通过《中华人民共和国城市居民委员会组织法》《中华人民共和国村民委员会组织法》，1992 年党的十四大首次把我国基层民主制度形式确定为农村村民委员会、城市居民委员会和企业职工代表大会，此后逐步形成了以村委会、居委会和职代会为主要内容的基层群众自治基本政治制度。② 健全充满活力的基层群众自治制度，就是要健全基层党组织领导的基层群众自治机制，在城乡社区治理、基层公共事务和公益事业中广泛实行群众自我管理、自我服务、自我教育、自我监督，拓宽人民群众反映意见和建议的渠道，着力推进基层直接民主制度化、规范化、程序化。全心全意依靠工人阶级，健全以职工代表大会为基本形式的企事业单位民主管理制度，探

①② 何毅亭．坚持和完善中国特色社会主义基本制度［N］．学习时报，2019-12-02：01.

索企业职工参与管理的有效方式，保障职工群众的知情权、参与权、表达权、监督权，维护职工合法权益。

四、中国特色社会主义基本经济制度

《中华人民共和国宪法》规定，“中华人民共和国的社会主义经济制度的基础是生产资料的社会主义公有制，即全民所有制[①]和劳动群众集体所有制[②]。社会主义公有制消灭人剥削人的制度，实行各尽所能、按劳分配的原则。国家在社会主义初级阶段，坚持公有制为主体、多种所有制经济共同发展的基本经济制度，坚持按劳分配为主体、多种分配方式并存的分配制度。”[③]《中共中央关于坚持和完善中国特色社会主义制度、推进国家治理体系和治理能力现代化若干重大问题的决定》将公有制为主体、多种所有制经济共同发展，按劳分配为主体、多种分配方式并存，社会主义市场经济体制三项制度并列，都作为社会主义基本经济制度，是对社会主义基本经济制度做出的新概括，是对社会主义基本经济制度内涵做出的重要发展和深化。[④] 以公有制为主体、多种所有制经济共同发展，按劳分配为主体、多种分配方式并存，社会主义市场经济体制等为主要内容的社会主义基本经济制度，既体现了社会主义制度优越性，又同我国社会主义初级阶段社会生产力发展水平相适应，是党和人民的伟大创造。在新的时期，必须坚持社会主义基本经济制度，充分发挥市场在资源配置中的决定性作用，更好发挥政府作用，全面贯彻新发展理念，坚持以供给侧结构性改革

---

① 全民所有制，是指社会主义社会全体劳动人民共同占有生产资料的一种公有制形式。我国在现阶段全民所有制的范围包括矿藏、水流，属于全民所有的土地、森林和其他海陆资源，以及属于全民所有的工厂、农场、交通运输业、银行、邮电、商业、服务、文化教育事业等社会财产。由于全民所有制这种经济形式拥有雄厚的财力、物力和比较先进的科学技术，因而在社会主义经济占据主导地位。

② 集体所有制是社会主义社会中生产资料和劳动成果归部分劳动群众集体共同占有的一种公有制形式，是中国公有制经济的重要组成部分。在农村表现为各种形式的地区性农业合作经济组织和其他生产、供销、信用、消费、工副企业等合作经济；在城镇表现为手工业、工业、建筑业、运输业、商业、服务业、修理业等集体经济。

③ 中华人民共和国．宪法［M］．北京：中国法制出版社，2018.

④ 刘鹤．坚持和完善社会主义基本经济制度［N］．人民日报，2019-11-22：06.

为主线，加快建设现代化经济体系。新时期坚持和完善社会主义基本经济制度，推动经济高质量发展，主要包含以下五个方面内容。[①]

（一）毫不动摇巩固和发展公有制经济，毫不动摇鼓励、支持、引导非公有制经济发展

探索公有制多种实现形式，推进国有经济布局优化和结构调整，发展混合所有制经济，增强国有经济竞争力、创新力、控制力、影响力、抗风险能力，做强、做优、做大国有资本。深化国有企业改革，完善中国特色现代企业制度。形成以管资本为主的国有资产监管体制，有效发挥国有资本投资、运营公司功能作用。健全支持民营经济、外商投资企业发展的法治环境，完善构建亲清政商关系的政策体系，健全支持中小企业发展制度，促进非公有制经济健康发展。营造各种所有制主体依法平等使用资源要素、公开公平公正参与竞争、同等受到法律保护的市场环境。深化农村集体产权制度改革，发展农村集体经济，完善农村基本经营制度。

（二）坚持按劳分配为主体、多种分配方式并存

坚持多劳多得，着重保护劳动所得，增加劳动者特别是一线劳动者劳动报酬，提高劳动报酬在初次分配中的比重。健全劳动、资本、土地、知识、技术、管理、数据等生产要素由市场评价贡献、按贡献决定报酬的机制。健全以税收、社会保障、转移支付等为主要手段的再分配调节机制，强化税收调节，完善直接税制度并逐步提高其比重。完善相关制度和政策，合理调节城乡、区域、不同群体间分配关系。重视发挥第三次分配作用[②]，发展慈善等社会公益事业。鼓励勤劳致富，保护合法收入，增加低

---

① 中共中央．关于坚持和完善中国特色社会主义制度　推进国家治理体系和治理能力现代化若干重大问题的决定［N］．人民日报，2019－11－06：01.

② 第三次分配方式最早由我国著名经济学家厉以宁教授在其1994年出版的《股份制与市场经济》一书中提出。三次分配理论是指市场经济条件下的收入分配包括三次分配：第一次是由市场按照效率原则进行的分配；第二次是由政府按照兼顾公平和效率的原则、侧重公平原则，通过税收、社会保障支出等这一收一支所进行的再分配；第三次是在道德力量的推动下，通过个人自愿捐赠而进行的分配。

收入者收入，扩大中等收入群体，调节过高收入，清理规范隐性收入，取缔非法收入。

（三）加快完善社会主义市场经济体制

建设高标准市场体系，完善公平竞争制度，全面实施市场准入负面清单制度，改革生产许可制度，健全破产制度。强化竞争政策基础地位，落实公平竞争审查制度，加强和改进反垄断和反不正当竞争执法。健全以公平为原则的产权保护制度，建立知识产权侵权惩罚性赔偿制度，加强企业商业秘密保护。推进要素市场制度建设，实现要素价格市场决定、流动自主有序、配置高效公平。强化消费者权益保护，探索建立集体诉讼制度。加强资本市场基础制度建设，健全具有高度适应性、竞争力、普惠性的现代金融体系，有效防范化解金融风险。优化经济治理基础数据库。健全推动发展先进制造业、振兴实体经济的体制机制。实施乡村振兴战略，完善农业农村优先发展和保障国家粮食安全的制度政策，健全城乡融合发展体制机制。构建区域协调发展新机制，形成主体功能明显、优势互补、高质量发展的区域经济布局。

（四）完善科技创新体制机制

弘扬科学精神和工匠精神①，加快建设创新型国家，强化国家战略科技力量，健全国家实验室体系，构建社会主义市场经济条件下关键核心技术攻关新型举国体制。加大基础研究投入，健全鼓励支持基础研究、原始创新的体制机制。建立以企业为主体、市场为导向、产学研深度融合的技术创新体系，支持大中小企业和各类主体融通创新，创新促进科技成果转化机制，积极发展新动能，强化标准引领，提升产业基础能力和产业链现代化水平。完善科技人才发现、培养、激励机制，健全符合科研规律的科技管理体制和政策体系，改进科技评价体系，健全科技伦理治理体制。

① 工匠精神是一种职业精神，它是职业道德、职业能力、职业品质的体现，是从业者的一种职业价值取向和行为表现，基本内涵包括敬业、精益、专注、创新等方面的内容。李克强总理在2016年《政府工作报告》中首提“工匠精神”。

（五）建设更高水平开放型经济新体制

实施更大范围、更宽领域、更深层次的全面开放，推动制造业、服务业、农业扩大开放，保护外资合法权益，促进内外资企业公平竞争，拓展对外贸易多元化，稳步推进人民币国际化。健全外商投资准入前国民待遇加负面清单管理制度，推动规则、规制、管理、标准等制度型开放。健全促进对外投资政策和服务体系。加快自由贸易试验区①、自由贸易港②等对外开放高地建设。推动建立国际宏观经济政策协调机制。健全外商投资国家安全审查、反垄断审查、国家技术安全清单管理、不可靠实体清单等制度。完善涉外经贸法律和规则体系。

五、中国特色社会主义法治体系

法律是最重要的制度形式，也是制度的最高形式。改革开放 40 多年来，我们党坚持把依法治国作为党领导人民治理国家的基本方略，把依法执政作为党治国理政的基本方式，不断丰富和完善中国特色社会主义法治重要制度，为当代中国的发展进步提供了有力保障。2011 年 3 月 14 日，第十一届全国人民代表大会第四次会议批准的全国人大常委会工作报告宣布：以宪法为统帅，以宪法相关法、民法商法等多个法律部门的法律为主干，由法律、行政法规、地方性法规等多个层次的法律规范构成的中国特色社会主义法律体系已经形成，国家经济建设、政治建设、文化建设、社会建设以及生态文明建设的各个方面实现了有法可依。中国特色社会主义法律体系的形成，是我国社会主义民主法制建设史上的重要里程碑，是中国特色社会主义制度逐步走向成熟的重要标志，具有重大的现实意义和深

① 自由贸易试验区是指在贸易和投资等方面比世贸组织有关规定更加优惠的贸易安排，在主权国家或地区的关境以内，划出特定的区域，准许外国商品豁免关税自由进出。狭义仅指提供区内加工出口所需原料等货物的进口豁免关税的地区，类似出口加工区。广义还包括自由港和转口贸易区。

② 自由贸易港是指设在国家与地区境内、海关管理关卡之外的，允许境外货物、资金自由进出的港口区。对进出港区的全部或大部分货物免征关税，并且准许在自由港内开展货物自由储存、展览、拆散、改装、重新包装、整理、加工和制造等业务活动。

远的历史意义。[①] 建设中国特色社会主义法治体系、建设社会主义法治国家是坚持和发展中国特色社会主义的内在要求。必须坚定不移走中国特色社会主义法治道路，全面推进依法治国，坚持依法治国、依法执政、依法行政共同推进，坚持法治国家、法治政府、法治社会一体建设，加快形成完备的法律规范体系、高效的法治实施体系、严密的法治监督体系、有力的法治保障体系，加快形成完善的党内法规体系，全面推进科学立法、严格执法、公正司法、全民守法，推进法治中国建设。坚持和完善中国特色社会主义法治体系，提高党依法治国、依法执政能力，主要包含以下四个方面的内容[②]。

（一）健全保证宪法全面实施的体制机制

依法治国首先要坚持依宪治国，依法执政首先要坚持依宪执政。加强宪法实施和监督，落实宪法解释程序机制，推进合宪性审查工作，加强备案审查制度和能力建设，依法撤销和纠正违宪违法的规范性文件。坚持宪法法律至上，健全法律面前人人平等保障机制，维护国家法制统一、尊严、权威，一切违反宪法法律的行为都必须予以追究。

（二）完善立法体制机制

坚持科学立法、民主立法、依法立法，完善党委领导、人大主导、政府依托、各方参与的立法工作格局，立改废释并举，不断提高立法质量和效率。完善以宪法为核心的中国特色社会主义法律体系，加强重要领域立法，加快我国法域外适用的法律体系建设，以良法保障善治。

（三）健全社会公平正义法治保障制度

坚持法治建设为了人民、依靠人民，加强人权法治保障，保证人民依法享有广泛的权利和自由、承担应尽的义务，引导全体人民做社会主义法

---

① 新华社．十一届全国人大四次会议在京闭幕［OL］．中国人大网，http：//www.npc.gov.cn/zgrdw/npc/dbdhhy/11_4/2011-03/14/content_1646647.htm.

② 中共中央．关于坚持和完善中国特色社会主义制度　推进国家治理体系和治理能力现代化若干重大问题的决定［N］．人民日报，2019-11-06：01.

治的忠实崇尚者、自觉遵守者、坚定捍卫者。坚持有法必依、执法必严、违法必究，严格规范公正文明执法，规范执法自由裁量权，加大关系群众切身利益的重点领域执法力度。深化司法体制综合配套改革，完善审判制度、检察制度，全面落实司法责任制，完善律师制度，加强对司法活动的监督，确保司法公正高效权威，努力让人民群众在每一个司法案件中感受到公平正义。

（四）加强对法律实施的监督

保证行政权、监察权、审判权、检察权得到依法正确行使，保证公民、法人和其他组织合法权益得到切实保障，坚决排除对执法司法活动的干预。拓展公益诉讼案件范围。加大对严重违法行为处罚力度，实行惩罚性赔偿制度，严格刑事责任追究。加大全民普法工作力度，增强全民法治观念，完善公共法律服务体系，夯实依法治国群众基础。各级党和国家机关以及领导干部要带头遵法学法守法用法，提高运用法治思维和法治方式深化改革、推动发展、化解矛盾、维护稳定、应对风险的能力。

六、中国特色社会主义文化制度

《中华人民共和国宪法》规定，“国家通过普及理想教育、道德教育、文化教育、纪律和法制教育，通过在城乡不同范围的群众中制定和执行各种守则、公约，加强社会主义精神文明的建设。国家倡导社会主义核心价值观，提倡爱祖国、爱人民、爱劳动、爱科学、爱社会主义的公德，在人民中进行爱国主义、集体主义和国际主义、共产主义的教育，进行辩证唯物主义和历史唯物主义的教育，反对资本主义的、封建主义的和其他的腐朽思想。”① 党的十九大报告指出，“中国特色社会主义文化，源自于中华民族五千多年文明历史所孕育的中华优秀传统文化，熔铸于党领导人民在革命、建设、改革中创造的革命文化和社会主义先进文化，植根于中国特

① 中华人民共和国．宪法［M］．北京：中国法制出版社，2018．

色社会主义伟大实践。发展中国特色社会主义文化，就是以马克思主义为指导，坚守中华文化立场，立足当代中国现实，结合当今时代条件，发展面向现代化、面向世界、面向未来的，民族的科学的大众的社会主义文化，推动社会主义精神文明和物质文明协调发展。要坚持为人民服务、为社会主义服务，坚持百花齐放、百家争鸣，坚持创造性转化、创新性发展，不断铸就中华文化新辉煌。”①《中共中央关于坚持和完善中国特色社会主义制度 推进国家治理体系和治理能力现代化若干重大问题的决定》提出，要坚持和完善繁荣发展社会主义先进文化的制度，巩固全体人民团结奋斗的共同思想基础。强调发展社会主义先进文化、广泛凝聚人民精神力量，是国家治理体系和治理能力现代化的深厚支撑。必须坚定文化自信，牢牢把握社会主义先进文化前进方向，围绕举旗帜、聚民心、育新人、兴文化、展形象的使命任务，坚持为人民服务、为社会主义服务，坚持百花齐放、百家争鸣，坚持创造性转化、创新性发展，激发全民族文化创造活力，更好构筑中国精神、中国价值、中国力量。② 并从五个方面对中国特色社会主义文化制度的内涵进行阐述。

（一）坚持马克思主义在意识形态领域指导地位的根本制度

全面贯彻落实习近平新时代中国特色社会主义思想，健全用党的创新理论武装全党、教育人民工作体系，完善党委（党组）理论学习中心组等各层级学习制度，建设和用好网络学习平台。深入实施马克思主义理论研究和建设工程，把坚持以马克思主义为指导全面落实到思想理论建设、哲学社会科学研究、教育教学各方面。加强和改进学校思想政治教育，建立全员、全程、全方位育人体制机制。落实意识形态工作责任制，注意区分政治原则问题、思想认识问题、学术观点问题，旗帜鲜明反对和抵制各种错误观点。

① 习近平．决胜全面建成小康社会 夺取新时代中国特色社会主义伟大胜利——在中国共产党第十九次全国代表大会上的报告［N］. 人民日报，2017-10-02：01.

② 中共中央．关于坚持和完善中国特色社会主义制度 推进国家治理体系和治理能力现代化若干重大问题的决定［N］. 人民日报，2019-11-06：01.

（二）坚持以社会主义核心价值观引领文化建设制度

推动理想信念教育常态化、制度化，弘扬民族精神和时代精神，加强党史、新中国史、改革开放史教育，加强爱国主义、集体主义、社会主义教育，实施公民道德建设工程，推进新时代文明实践中心建设。坚持依法治国和以德治国相结合，完善弘扬社会主义核心价值观的法律政策体系，把社会主义核心价值观要求融入法治建设和社会治理，体现到国民教育、精神文明创建、文化产品创作生产全过程。推进中华优秀传统文化传承发展工程。完善青少年理想信念教育齐抓共管机制。健全志愿服务体系。完善诚信建设长效机制，健全覆盖全社会的征信体系，加强失信惩戒。

（三）健全人民文化权益保障制度

坚持以人民为中心的工作导向，完善文化产品创作生产传播的引导激励机制，推出更多群众喜爱的文化精品。完善城乡公共文化服务体系，优化城乡文化资源配置，推动基层文化惠民工程扩大覆盖面、增强实效性，健全支持开展群众性文化活动机制，鼓励社会力量参与公共文化服务体系建设。

（四）完善坚持正确导向的舆论引导工作机制

坚持党管媒体原则，坚持团结稳定鼓劲、正面宣传为主，唱响主旋律、弘扬正能量。构建网上网下一体、内宣外宣联动的主流舆论格局，建立以内容建设为根本、先进技术为支撑、创新管理为保障的全媒体传播体系。改进和创新正面宣传，完善舆论监督制度，健全重大舆情和突发事件舆论引导机制。建立健全网络综合治理体系，加强和创新互联网内容建设，落实互联网企业信息管理主体责任，全面提高网络治理能力，营造清朗的网络空间。

（五）建立健全把社会效益放在首位、社会效益和经济效益相统一的文化创作生产体制机制

深化文化体制改革，加快完善遵循社会主义先进文化发展规律、体现社会主义市场经济要求、有利于激发文化创新创造活力的文化管理体制和

生产经营机制。健全现代文化产业体系和市场体系，完善以高质量发展为导向的文化经济政策。完善文化企业履行社会责任制度，健全引导新型文化业态健康发展机制。完善文化和旅游融合发展体制机制。加强文艺创作引导，完善倡导讲品位讲格调讲责任、抵制低俗庸俗媚俗的工作机制。

七、中国特色社会主义民生保障制度

增进人民福祉、促进人的全面发展是我们党立党为公、执政为民的本质要求。必须健全幼有所育、学有所教、劳有所得、病有所医、老有所养、住有所居、弱有所扶等方面国家基本公共服务制度体系，尽力而为，量力而行，注重加强普惠性、基础性、兜底性民生建设，保障群众基本生活。创新公共服务提供方式，鼓励支持社会力量兴办公益事业，满足人民多层次多样化需求，使改革发展成果更多更公平惠及全体人民。在新的时期，必须坚持和完善统筹城乡的民生保障制度，满足人民日益增长的美好生活需要。①

（一）健全有利于更充分更高质量就业的促进机制

坚持就业是民生之本，实施就业优先政策，创造更多就业岗位。健全公共就业服务和终身职业技能培训制度，完善重点群体就业支持体系。建立促进创业带动就业、多渠道灵活就业机制，对就业困难人员实行托底帮扶。坚决防止和纠正就业歧视，营造公平就业制度环境。健全劳动关系协调机制，构建和谐劳动关系，促进广大劳动者实现体面劳动、全面发展。

（二）构建服务全民终身学习的教育体系

全面贯彻党的教育方针，坚持教育优先发展，聚焦办好人民满意的教育，完善立德树人体制机制，深化教育领域综合改革，加强师德师风建设，培养德智体美劳全面发展的社会主义建设者和接班人。推动城乡义务

① 中共中央．关于坚持和完善中国特色社会主义制度　推进国家治理体系和治理能力现代化若干重大问题的决定［N］．人民日报，2019－11－06：01．

教育一体化发展，健全学前教育、特殊教育和普及高中阶段教育保障机制，完善职业技术教育、高等教育、继续教育统筹协调发展机制。支持和规范民办教育、合作办学。构建覆盖城乡的家庭教育指导服务体系。发挥网络教育和人工智能优势，创新教育和学习方式，加快发展面向每个人、适合每个人、更加开放灵活的教育体系，建设学习型社会。

（三）完善覆盖全民的社会保障体系

坚持应保尽保原则，健全统筹城乡、可持续的基本养老保险制度、基本医疗保险制度，稳步提高保障水平。加快建立基本养老保险全国统筹制度。加快落实社保转移接续、异地就医结算制度，规范社保基金管理，发展商业保险。统筹完善社会救助、社会福利、慈善事业、优抚安置等制度。健全退役军人工作体系和保障制度。坚持和完善促进男女平等、妇女全面发展的制度机制。完善农村留守儿童和妇女、老年人关爱服务体系，健全残疾人帮扶制度。坚决打赢脱贫攻坚战，巩固脱贫攻坚成果，建立解决相对贫困的长效机制。加快建立多主体供给、多渠道保障、租购并举的住房制度。

（四）强化提高人民健康水平的制度保障

坚持关注生命全周期、健康全过程，完善国民健康政策，让广大人民群众享有公平可及、系统连续的健康服务。深化医药卫生体制改革，健全基本医疗卫生制度，提高公共卫生服务、医疗服务、医疗保障、药品供应保障水平。加快现代医院管理制度改革。坚持以基层为重点、预防为主、防治结合、中西医并重。加强公共卫生防疫和重大传染病防控，健全重特大疾病医疗保险和救助制度。优化生育政策，提高人口质量。积极应对人口老龄化，加快建设居家社区机构相协调、医养康养相结合的养老服务体系。聚焦增强人民体质，健全促进全民健身制度性举措。

八、中国特色社会主义社会治理制度

党的十九大报告提出，“打造共建共治共享的社会治理格局。加强社会治理制度建设，完善党委领导、政府负责、社会协同、公众参与、法治保障的社会治理体制，提高社会治理社会化、法治化、智能化、专业化水平。加强预防和化解社会矛盾机制建设，正确处理人民内部矛盾。树立安全发展理念，弘扬生命至上、安全第一的思想，健全公共安全体系，完善安全生产责任制，坚决遏制重特大安全事故，提升防灾减灾救灾能力。加快社会治安防控体系建设，依法打击和惩治黄赌毒黑拐骗等违法犯罪活动，保护人民人身权、财产权、人格权。加强社会心理服务体系建设，培育自尊自信、理性平和、积极向上的社会心态。加强社区治理体系建设，推动社会治理重心向基层下移，发挥社会组织作用，实现政府治理和社会调节、居民自治良性互动。"① 社会治理是国家治理的重要方面。必须加强和创新社会治理，完善党委领导、政府负责、民主协商、社会协同、公众参与、法治保障、科技支撑的社会治理体系，建设人人有责、人人尽责、人人享有的社会治理共同体，确保人民安居乐业、社会安定有序，建设更高水平的平安中国。坚持和完善共建共治共享的社会治理制度，保持社会稳定、维护国家安全，主要有以下五个方面的内容。②

（一）完善正确处理新形势下人民内部矛盾有效机制

坚持和发展新时代"枫桥经验"③，畅通和规范群众诉求表达、利益协调、权益保障通道，完善信访制度，完善人民调解、行政调解、司法调解联动工作体系，健全社会心理服务体系和危机干预机制，完善社会矛盾纠纷多元预防调处化解综合机制，努力将矛盾化解在基层。

---

① 习近平．决胜全面建成小康社会　夺取新时代中国特色社会主义伟大胜利——在中国共产党第十九次全国代表大会上的报告［N]．人民日报，2017-10-02：01.

② 中共中央．关于坚持和完善中国特色社会主义制度　推进国家治理体系和治理能力现代化若干重大问题的决定［N]．人民日报，2019-11-06：01.

③ 20世纪60年代初，浙江省绍兴市诸暨县枫桥镇干部群众创造了"发动和依靠群众，坚持矛盾不上交，就地解决。实现捕人少，治安好"的"枫桥经验"。1963年毛泽东同志批示"要各地仿效，经过试点，推广去做"。2013年10月，习近平同志就坚持和发展"枫桥经验"作出重要指示强调，各级党委和政府要充分认识"枫桥经验"的重大意义，发扬优良作风，适应时代要求，创新群众工作方法，善于运用法治思维和法治方式解决涉及群众切身利益的矛盾和问题，把"枫桥经验"坚持好、发展好，把党的群众路线坚持好、贯彻好。

（二）完善社会治安防控体系

坚持专群结合、群防群治，提高社会治安立体化、法治化、专业化、智能化水平，形成问题联治、工作联动、平安联创的工作机制，提高预测预警预防各类风险能力，增强社会治安防控的整体性、协同性、精准性。

（三）健全公共安全体制机制

完善和落实安全生产责任和管理制度，建立公共安全隐患排查和安全预防控制体系。构建统一指挥、专常兼备、反应灵敏、上下联动的应急管理体制，优化国家应急管理能力体系建设，提高防灾减灾救灾能力。加强和改进食品药品安全监管制度，保障人民身体健康和生命安全。

（四）构建基层社会治理新格局

完善群众参与基层社会治理的制度化渠道。健全党组织领导的自治、法治、德治相结合的城乡基层治理体系，健全社区管理和服务机制，推行网格化管理和服务，发挥群团组织、社会组织作用，发挥行业协会商会自律功能，实现政府治理和社会调节、居民自治良性互动，夯实基层社会治理基础。加快推进市域社会治理现代化。推动社会治理和服务重心向基层下移，把更多资源下沉到基层，更好提供精准化、精细化服务。注重发挥家庭家教家风在基层社会治理中的重要作用。加强边疆治理，推进兴边富民。

（五）完善国家安全体系

坚持总体国家安全观[①]，统筹发展和安全，坚持人民安全、政治安全、国家利益至上有机统一。以人民安全为宗旨，以政治安全为根本，以经济安全为基础，以军事、科技、文化、社会安全为保障，健全国家安全

---

① 2014年4月15日，习近平同志在主持召开中央国家安全委员会第一次会议时提出，坚持总体国家安全观，走出一条中国特色国家安全道路。首次提出总体国家安全观和系统提出构建集政治安全、国土安全、军事安全、经济安全、文化安全、社会安全、科技安全、信息安全、生态安全、资源安全、核安全等于一体的国家安全体系。

体系，增强国家安全能力。完善集中统一、高效权威的国家安全领导体制，健全国家安全法律制度体系。加强国家安全人民防线建设，增强全民国家安全意识，建立健全国家安全风险研判、防控协同、防范化解机制。提高防范抵御国家安全风险能力，高度警惕、坚决防范和严厉打击敌对势力渗透、破坏、颠覆、分裂活动。

九、中国特色社会主义生态文明制度

生态文明建设是关系中华民族永续发展的千年大计，是实现中华民族伟大复兴的战略安排。党的十八大以来，以习近平同志为核心的党中央把生态文明建设摆在现代化建设全局位置，坚定贯彻新发展理念，不断深化生态文明体制改革，加强制度创新，开创了生态文明建设新局面。十九届六中全会中再次强调："生态文明建设是关乎中华民族永续发展的根本大计，保护生态环境就是保护生产力，改善生态环境就是发展生产力，决不以牺牲环境为代价换取一时的经济增长。必须坚持绿水青山就是金山银山的理念，坚持山水林田湖草沙一体化保护和系统治理，像保护眼睛一样保护生态环境，像对待生命一样对待生态环境，更加自觉地推进绿色发展、循环发展、低碳发展，坚持走生产发展、生活富裕、生态良好的文明发展道路。"① 实践证明，生态文明建设是一场涉及生产方式、生活方式和价值观念的革命性变革，必须有一整套完备、稳定、管用的制度体系来保障，着力破解制约生态文明建设的体制机制障碍。自然生态系统各要素之间具有相互依存、相互制约、相互影响的内在关联，生态文明建设不能头痛医头、脚痛医脚，必须全方位、全地域、全过程加强生态保护，必须遵循生态系统内在的机理和规律，进行整体保护、系统修复和综合治理。这就必须从"五位一体"总体布局高度对坚持和完善生态文明重要制度作出系统安排。既要加强"源头严防"，坚持人与自然和谐共生，坚守尊重自然、顺应自然、保护自然的理念，实行最严格的生态环境保护制度，健全

① 新华社．中共中央关于党的百年奋斗重大成就和历史经验的决议［N］．人民日报，2021-11-17.

从源头预防的生态环境保护体系；又要加强“过程严管”，全面建立资源高效利用制度，健全生态保护和修复制度，筑牢生态安全的坚实屏障；还要做到“后果严惩”，建立生态文明建设目标评价考核制度，推进生态环境保护综合行政执法，严明生态环境保护责任制度，对破坏生态环境的行为严惩重罚、对造成严重后果的人员追究责任。[①]

为切实把生态文明重要制度的合力充分发挥出来，必须践行绿水青山就是金山银山的理念[②]，坚持节约资源和保护环境的基本国策，坚持节约优先、保护优先、自然恢复为主的方针，坚定走生产发展、生活富裕、生态良好的文明发展道路，建设美丽中国。坚持和完善生态文明制度体系，促进人与自然和谐共生，主要有以下四个方面的内容。[③]

（一）实行最严格的生态环境保护制度

坚持人与自然和谐共生，坚守尊重自然、顺应自然、保护自然，健全源头预防、过程控制、损害赔偿、责任追究的生态环境保护体系。加快建立健全国土空间规划和用途统筹协调管控制度，统筹划定落实生态保护红线、永久基本农田、城镇开发边界等空间管控边界以及各类海域保护线，完善主体功能区制度。完善绿色生产和消费的法律制度和政策导向，发展绿色金融[④]，推进市场导向的绿色技术创新，更加自觉地推动绿色循环低碳发展。构建以排污许可制为核心的固定污染源监管制度体系，完善污染防治区域联动机制和陆海统筹的生态环境治理体系。加强农业农村环境污染防治。完善生态环境保护法律体系和执法司法制度。

---

① 何毅亭．坚持和完善中国特色社会主义重要制度［N］．学习时报，2019－12－06：01.

② “绿水青山就是金山银山”是习近平同志 2005 年 8 月在浙江湖州安吉考察时提出的科学论断。2017 年 10 月，党的十九大报告提出，必须树立和践行绿水青山就是金山银山的理念，坚持节约资源和保护环境的基本国策。

③ 中共中央．关于坚持和完善中国特色社会主义制度　推进国家治理体系和治理能力现代化若干重大问题的决定［N］．人民日报，2019－11－06：01.

④ 绿色金融是指为支持环境改善、应对气候变化和资源节约高效利用的经济活动，即对环保、节能、清洁能源、绿色交通、绿色建筑等领域的项目投融资、项目运营、风险管理等所提供的金融服务。

（二）全面建立资源高效利用制度

推进自然资源统一确权登记法治化、规范化、标准化、信息化，健全自然资源产权制度，落实资源有偿使用制度，实行资源总量管理和全面节约制度。健全资源节约集约循环利用政策体系。普遍实行垃圾分类和资源化利用制度。推进能源革命，构建清洁低碳、安全高效的能源体系。健全海洋资源开发保护制度。加快建立自然资源统一调查、评价、监测制度，健全自然资源监管体制。

（三）健全生态保护和修复制度

统筹山水林田湖草一体化保护和修复，加强森林、草原、河流、湖泊、湿地、海洋等自然生态保护。加强对重要生态系统的保护和永续利用，构建以国家公园为主体的自然保护地体系，健全国家公园保护制度①。加强长江、黄河等大江大河生态保护和系统治理。开展大规模国土绿化行动，加快水土流失和荒漠化、石漠化综合治理，保护生物多样性，筑牢生态安全屏障。除国家重大项目外，全面禁止围填海。

（四）严明生态环境保护责任制度

建立生态文明建设目标评价考核制度，强化环境保护、自然资源管控、节能减排等约束性指标管理，严格落实企业主体责任和政府监管责任。开展领导干部自然资源资产离任审计。推进生态环境保护综合行政执法，落实中央生态环境保护督察制度。健全生态环境监测和评价制度，完善生态环境公益诉讼制度，落实生态补偿和生态环境损害赔偿制度，实行生态环境损害责任终身追究制。

---

① 2017 年 3 月，李克强总理在《2017 年政府工作报告》中提出要“出台国家公园体制总体方案”，首次提出“国家公园体制”。所谓国家公园，就是指由国家批准设立主导管理，边界清晰，以保护具有国家代表性的大面积自然生态系统为主要目的，实现自然资源科学保护和合理利用的特定陆地或海洋区域。建立国家公园体制是我国生态文明制度建设的重要内容，对于推进自然资源科学保护和合理利用，促进人与自然和谐共生，推进美丽中国建设，具有极其重要意义。党的十八大以来，我国先后选择三江源、东北虎豹、大熊猫、祁连山、神农架、武夷山等 10 个国家公园体制试点区，试点工作取得阶段性成效。

第二章 坚持法治为本，建设法治乡村

依法治国是坚持和发展中国特色社会主义的本质要求和重要保障，是实现国家治理体系和治理能力现代化的必然要求。[①] 实施乡村振兴战略，推进农村现代化，不仅是农村产业和经济的现代化，而且还包含着乡村治理的现代化。目前，农村法治建设总体上处于相对滞后的状态，主要表现为农民基本权益侵害事件时常发生，农民合法权益保障严重不足；农村基层干部法治意识不强，法治能力不能满足加强农村社会治理的需要；农村群众法制观念淡薄，学法、懂法、用法的能力十分有限；农村执法不严、司法不公现象尚存，执法过程中表现出的不文明、不严格、不公正现象依然存在，等等。为此，中共中央国务院在《关于实施乡村振兴战略的意见》中，针对建设法治乡村，提出了坚持法治为本，树立依法治理理念；增强基层干部法治观念、法治为民意识；深入推进综合行政执法改革，提高执法能力和水平；加大农村普法力度，提高农民法治素养；健全农村公共法律服务体系，加强对农民的法律援助和司法救助[②]等措施，对于加强乡村法治建设有着极其重要的意义。

① 中共中央文献研究室．习近平关于全面依法治国论述摘编［M］．北京：中央文献出版社，2015.

② 中共中央国务院关于实施乡村振兴战略的意见［N］．人民日报，2018-02-05：01.

一、建设法治乡村的背景及其重要性

（一）建设法治乡村是全面依法治国的重要基础

建设法治乡村是全面依法治国的重要组成部分。2020 年 11 月，习近平同志在中央全面依法治国工作会议上强调，要坚持依法治国、依法执政、依法行政共同推进，法治国家、法治政府、法治社会一体建设。① 法治是治国理政的基本方式，从党的十五大提出“依法治国”到党的十八届四中全会提出“全面依法治国”，体现了我们党和国家对于法治的高度重视。“全面”意味着要更加系统、有力推进法治建设，意味着更高的要求，不仅国家机关及其工作人员要学法懂法守法用法，普通民众也要达到同样的要求；“全面”意味着范围的全面，不仅仅要建设法治城市，也要建设法治乡村。乡村是中国最基本的治理单位，是基层治理的基础和关键，因此全面推进依法治国要牢牢抓住法治乡村建设这一关键环节。党的十九大提出，“农业农村农民问题是关系国计民生的根本性问题，必须始终把解决好‘三农’问题作为全党工作重中之重。”② 建设法治乡村是“三农”工作的重要组成部分，不仅关系到村民自身的发展，也影响着全面依法治国进程的推进。因此，国家全面推进依法治国应当看到其重点和难点在乡村，但是希望也在乡村。建设法治乡村是全面依法治国的题中之意，是全面依法治国的基础。

（二）建设法治乡村是推进乡村振兴的重要保障

2018 年 2 月，中共中央、国务院在《关于实施乡村振兴战略的意见》中提出建设法治乡村，让法治成为乡村社会治理体制的重要组成部

---

① 新华社．坚定不移走中国特色社会主义法治道路 为全面建设社会主义现代化国家提供有力法治保障［N］．人民日报，2020－11－18：01.

② 习近平．决胜全面建成小康社会 夺取新时代中国特色社会主义伟大胜利——在中国共产党第十九次全国代表大会上的报告［N］．人民日报，2017－10－28：01.

分，以促进乡村社会充满朝气、安稳有序。[①] 因此，建设法治乡村对乡村振兴战略的实施具有重要意义。首先，建设法治乡村是乡村振兴战略的必然要求。建设法治乡村的提出就意味着乡村的法治工作是党法治建设工作的重点，必须着力解决其中存在的问题，要让其成为我国法治道路化的垫脚石而不是绊脚石。《中共中央、国务院关于实施乡村振兴战略的意见》提出的乡村振兴必须坚持全面振兴的基本原则，就是要统筹谋划经济、政治、文化、社会、生态文明和党的建设，整体部署，协调推进。法治乡村建设，就是要将法治思维和方式有效融入贯穿到经济、文化、社会、政治、生态文明等各个环节和领域，从而确保基层政府依法行政、基层组织依法民主自治、新型经营主体和小农户依法经营、乡村各类社会组织依法开展活动、农民群众知法守法、乡村社会和谐稳定。[②] 建设法治乡村作为乡村的一项基础性工作，是实现乡村振兴的重要环节，是其他工作顺利开展的重要保障。当前我国乡村振兴战略实施过程中出现了许多问题，而这些问题的解决都离不开法治。因此，必须把法治融入“三农”工作中，科学决策，精准施策，采取有效措施推动乡村法治化建设。同时，建设法治乡村为乡村振兴提供制度保障。法治的实施能弥补乡村治理中自治和德治的不足，能帮助解决自治和德治无法解决的问题。乡村振兴战略部署中无论是关于乡村经济、社会、文化，还是生态等方方面面，都与乡村法治密不可分，一方面法治能通过强制力保障其顺利实施；另一方面，这些战略的部署也要做到有法可依。因此，建设法治乡村能推进乡村振兴战略的实施，为乡村振兴战略提供制度保障。

（三）建设法治乡村是解决乡村发展中矛盾的必然要求

矛盾存在于一切事物的发展过程中，即事事有矛盾；每一事物的发展过程中都存在着自始至终的矛盾运动，即时时有矛盾。[③] 乡村地区也不例外，随着经济社会的发展，乡村在发展过程中出现一系列问题，引发诸多

① 中共中央国务院关于实施乡村振兴战略的意见［N］. 人民日报，2018-02-05：01.

② 郝浩．论建设法治国家的目标［J］. 政府法制，2018（19）.

③ 张雷声．马克思主义基本原理概论［M］. 北京：中国人民大学出版社，2010.

矛盾，比如各种利益纠纷，违法犯罪行为等，并且对乡村社会的稳定发展造成不良影响。法治是实现社会安全和正义的保障。各种社会关系的梳理，各种权利义务的配置和重整，应更多依据法治，而不能单纯倚仗威权或道德。[①] 因此解决这些矛盾纠纷必须依靠乡村法治建设。法律能为人们提供某种行为模式，具有指引、判断、衡量等作用，对乡村社会具有警戒作用。依靠法治，能更好地化解乡村社会矛盾，解决乡村邻里纠纷，处理违法犯罪行为。此外，我国的现阶段的社会主要矛盾已经转化为人民日益增长的美好生活需要和不平衡不充分的发展之间的矛盾。这种不平衡不充分发展的矛盾在乡村地区尤为突出。主要表现在：农产品阶段性供过于求和供给不足并存，农民适应生产力发展和市场竞争的能力不足，农村基础设施和民生领域欠账较多，农村环境和生态问题比较突出，国家支农体系相对薄弱，农村金融改革任务繁重，城乡之间要素合理流动机制亟待健全，农村基层党建存在薄弱环节。[②] 而这些问题解决必须要依赖法律，通过法律解决矛盾、问题才具有说服力、才能凝聚力量、获得村民的认同感，进而化解矛盾。

（四）建设法治乡村是建设美好乡村的关键环节

农业强不强、农村美不美、农民富不富，决定着全面小康社会的成色和社会主义现代化的质量。建设法治乡村对解决“三农”问题，建设美好乡村具有重要意义。习近平同志指出：“任何时候都不能忽视农业、不能忘记农民、不能淡漠农村；中国要强，农业必须强；中国要美，农村必须美；中国要富，农民必须富。”[③] 而建设美好乡村关键一环就在于建设法治乡村。“美好乡村”就是经济、政治、文化、生态等协调发展，布局科学、村容整洁、生产发展、人民富裕、乡风文明、管理民主、村稳民安，且宜居、宜业的可持续发展的乡村。建设美好乡村制定各种战略、政策、措施等都要依据法律，不管是战略制定或是政策实施都要在法治的框架内进行。比如，建设美好乡村需要大力发展农村经济，夯实经济

---

① 张帅梁．乡村振兴战略中的法治乡村建设［J］．毛泽东邓小平理论研究，2018（5）．

② 中共中央国务院关于实施乡村振兴战略的意见［N］．人民日报，2018－02－05：01．

③ 韩长斌．深入学习习近平同志在吉林调研时的重要讲话［N］．人民日报，2015－08－13．

基础；需要走可持续发展道路，坚持生态优先的原则；需要实施乡村环境综合整治工程、实施现代农业发展工程、实施社会和谐促进工程等，这些工程的制定及实施都必须要符合法律的原则。在这个过程中，某些问题、矛盾纠纷的解决也要依靠法治，因此，建设法治乡村是建设美好乡村的关键环节。

（五）建设法治乡村是保障农民合法权益的现实要求

一直以来，“三农”问题都是全党工作的重中之重，也是国家治理的重中之重。农业农村的发展是为了使农民过上美好幸福的生活，因此解决好“三农”问题的关键就是要解决好农民问题。农业农村的发展要以农民为中心，以维护农民的合法权益为基础。但是在农村社会发展过程中，由于种种原因，很多农村地区农民的合法权益没有得到保障。一是表现在涉农领域的部分法律法规不完善，农民的权益受到侵害时，没有相应的法律做保障。加强法治乡村的建设有利于促进“三农”领域法律法规的完善，让所有工作都能做到有法可依。二是基层组织和基层干部不依法办事，执法不公、执法不严的事经常出现。一些地方政府不依法履行职责，没有全心全意为人民服务。此外，部分基层干部不依法办事，甚至忽视法律、挑战法律的权威，“官本位”思想严重，凭“关系”和“感情”办事，常常为了自己的利益不惜牺牲农民的合法权益。比如某些贪官上位后，为了自己的利益私挖乱采矿产资源，违规捕捞，损害了农民的庄稼并且破坏了生态环境；违规建厂，超标排放有毒有害污染物，使农作物受到污染和损害，严重影响了当地农民的经济收入。法治乡村建设要求加强基层组织的建设，完善管理体制，深化党的教育，使基层干部依法办事，牢固树立全心全意为人民服务的思想，保护农民的合法权益。三是一些农民法治意识和法治观念淡薄，当自己的合法权益受到侵害时，不懂得诉诸法律途径维权；还有些怕麻烦，认为“家丑不可外扬”，因此常常采用私了的方式等。要保障农民的合法权益，就必须加强农村法治建设，培养农民的法治意识，提高农民的法律素养，让农民学法懂法守法用法，在农村社会形成浓厚的法治氛围，良好的法治环境，让农民懂得如何利用法律维护自己的合法权益。

（六）建设法治乡村是规范农村市场运行的客观要求

随着我国社会主义市场经济的深入发展，农村地区的市场经济也得到快速发展，市场建设成效显著，拓宽了就业渠道，增加了农民的收入。但是市场经济是一把“双刃剑”，它在提高效率和增加收入的同时，也带来一些负面影响。市场经济以经济利益作为驱动力，部分人为了追逐利益，价值观扭曲，本着“金钱至上”的原则，会做出欺诈、售假、非法交易等不良行为，破坏了市场规则，严重了扰乱了农村市场秩序，败坏市场风气。因此，必须要发挥法治在规范农村市场秩序的重要作用，让农村市场经济有序、规范运行。市场经济的核心在于自由竞争，但是自由竞争必须有序，否则就会导致市场秩序混乱。要实现自由竞争，必须依靠法治。依靠法治强制规范才能使市场竞争主体平等，竞争手段公平，从而使市场有序、稳步运行。首先，法治能惩治市场经济中的违法犯罪者，对存在质量问题的生产厂家进行严厉打击和处罚，还能对有预谋的人起到威慑作用，让那些企图破坏市场秩序的人不敢恣意妄为，违规违法，损害别人的利益。其次，良好的法治氛围和法治风气能让人们养成法治意识，主动学法、守法、用法，在市场经济活动中自觉遵守市场规则，遵守相关的法律法规，并且当自己的合法权益受到侵害时，懂得拿起法律的武器来保护自己的正当利益。建设法治乡村，会努力营造一个良好的法治氛围，让人们遵守法律和秩序，从而净化市场环境，规范农村市场秩序，推动市场稳步运行。

二、法治及建设法治乡村的要求

（一）法治的内涵

法治在不同时代，人们的理解有所不同，因此在各个时代它被赋予的内涵也不尽相同。在我国春秋战国时期，法家代表人物最先提出“法治”。如管仲在《管子·明法》中提出“威不两错，政不二门，以法治国，则举措而已”的思想，主张“援法而治”；战国时期，法家学派以“人性恶”为哲学基础，明确提出必须用法律来规范人们的行为等。这些思想构成了中国古代的法治思想的基本内容。

在西方，亚里士多德最早提出法治的概念，将法治定义为："已成立的法律获得普遍的服从，而大家所服从的法律本身是制订的良好的法律。"[①] 认为法治要比一人之治好得多，不应该把法律看成是与自由相对的奴役，"法律毋宁是拯救"。[②] 17 世纪的法国启蒙思想家也批判地继承了亚里士多德的法治思想。比如洛克在《政府论》中明确提出"法的统治"，强调"统治者应该以正式公布的和被接受的法律"进行统治。[③] 卢梭提出"主权在民"思想，主张社会的最高权力属于人民。孟德斯鸠提出了"三权分立"的思想，强调权力的制约与平衡。他们的核心思想就在于要依法治理国家，要做到民主、平等、不可滥用权利。由此可见，法治最重要的就是要做到依法行政，依法治理国家。

在当今社会，法治也是作为一个非常重要的政治概念而存在，对于法治的内涵也没有一个明确的界定。但概括起来，法治有以下基本内涵：

第一，法治是治国理政的基本方式。法治是与人治相对的基本方式，其基本的意义是依法办事。法治首先要根据人们的意愿制定规则，但是这种规则制定以后不以人的意志为转移，它具有权威性和强制性，所有个人、单位、组织等都必须遵守，违法者将受到惩罚或制裁。法治能维护社会的和谐稳定，是国家治国理政的基本方式。

第二，法治包含着一系列基本原则。法治首先要制定一系列法律规范并强制实施，任何个人和组织都必须遵守这些基本原则。这些基本原则主要包括：法律至上的原则，法律面前人人平等的原则，遵守自然正义的原则，遵守道德的原则等。这些原则的出发点都是为了维护人们的尊严和权利。

第三，法治还意味着对合法权利的保护。法律赋予公民一些基本权利，同时也会保护这些权利。这些权利都是在法治的框架下人民应该享有的，而制定法律就是为了保护这些权利，通过立法将公民的权利以法律的形式确认下来，运用国家强制力加以维护。

---

①② 亚里士多德．政治学［M］．吴寿彭译．北京：商务印书馆，1985.

③ 洛克．政府论（下编）［M］．叶启芳，瞿菊农译．北京：商务印书馆，2020.

第四，法治意味着一种理想的社会状态。这种社会状态以法律为主导，维护社会的和谐稳定。但是法治也要通过社会关系来体现，要体现于合理、规范、有序的社会当中。如果社会动荡不安，人心惶惶，法治也是无法实现的，所以说法治意味着一种理想的社会状态。

（二）建设法治乡村的要求

1. 坚持党对乡村法治建设的领导

党政军民学，东西南北中，党是领导一切的。[①] 建设法治乡村，要坚持党的领导。第一，要把坚持党对建设法治乡村工作的全面领导作为首要原则，确保党在建设法治乡村工作中始终发挥总揽全局、协调各方的领导核心作用，保证法治乡村建设工作沿着正确的方向前进。第二，要坚持农村基层党组织的领导地位，将其政治优势和组织优势转化为带领和推动建设法治乡村的强大力量，夯实法治乡村建设的基础。要加强农村基层党组织建设，突出其政治功能，发挥其战斗堡垒的作用，把其战斗力量延伸到基层工作最前沿。要坚持教育引导农民听农村基层党组织的话、感党恩、跟党走，把农民群众紧紧团结在农村基层党组织的周围，筑牢党在农村的执政基础。第三，要发挥党员的先锋模范作用。党员要向村民群众宣传法治思想，提高村民的法治意识，积极拥护党的领导。党员不断学习，提高自己的法治思维和意识，要带头学法、守法、用法，在平时的工作生活中要主动向村民讲法、宣传法，引导村民正确用法。

2. 遵循全面依法治国的新方针

党的十八大提出了“科学立法、严格执法、公正司法、全民守法”[②]，这是全面依法治国的“新十六字方针”，是建设法治中国的衡量标准，建设法治乡村是建设法治中国的应有之义，因此建设法治乡村也应当遵循“新十六字方针”。法治乡村建设中的国家权力、政府职责和社会权利该如何配置和优化，农民利益该如何保障，需要科学民主的立法予以安排，需

① 习近平．决胜全面建成小康社会 夺取新时代中国特色社会主义伟大胜利——在中国共产党第十九次全国代表大会上的报告［N］．人民日报，2017-10-28：01.

② 中共中央文献编辑委员会．胡锦涛文选（第三卷）［M］．北京：人民出版社，2016.

要严格透明的执法予以实现，需要公平正义的司法予以保障。[①]

第一，在乡村立法方面，我国目前已经初步形成以《农业法》为核心，以《村委会组织法》《农村土地承包法》等重要法律为支撑，以行政法规、部门规章和地方法规为补充的乡村法律体系。为保障乡村振兴战略的实施，《农民专业合作社法》《种子法》《农村土地承包法》《水污染防治法》《土壤污染防治法》等一批农村法律法规近年来得以修订或审议。[②]无论是立法还是对法律的修订或审议都要体现人民的意志，符合人民的合法利益。在立法中要科学规划，系统立法。乡村立法作为国家管理社会的一个重要部分，与国家管理社会的其他部分总体是相辅相成、相互补充的，因此要不断完善，对不符合发展要求的相关法律要进行修改或废除。

第二，对于乡村法治执法必须强化。首先，要完善乡村执法队伍建设，加强对执法工作的监督。对于执法人员要定期培训、教育，让执法人员树立法律意识和责任意识，让他们做到科学执法。其次，要健全乡村执法机制、程序等。让执法人员明确自己的职责，并加强对执法工作的监督；也要让村民了解执法程序，当他们的权益受到侵害时，能科学利用合法程序维护自己的利益。

第三，在司法方面，要公正司法，提高办事效率。人民法院要认真审理各类案件，妥善处理涉及农民利益的案件，提高办事效率，为村民提供便捷服务。人民检察院要加强涉农案件的监督工作，依法履行法律监督职能，确保法律正确、平等、科学地实施，进而保障村民的合法权益。

第四，在守法方面要加大普法力度，推动村民民众意识法治化。要加大普法力度，加强宣传，增强村民的法治观念，提高村民的法治意识。比如，可以通过开展法治竞赛、放映法治电影、观看法治文艺节目等方式让村民潜移默化地受到影响，让法治深入农民心中。基层干部要提高自身的法治素养，要起带头和示范作用，基层干部要带头遵守法律，做到依法办事，不滥用权力、不徇私枉法，引导广大村民学法、知法、懂法、守法，推动村民民众意识法治化。

---

① 陈磊．法治乡村保障乡村振兴战略实施［N］．法制日报，2018-02-08.

② 张帅梁．乡村振兴战略中的法治乡村建设［J］．毛泽东邓小平理论研究，2018（5）.

3. 坚持以人民为中心

建设法治乡村要坚持以人民为中心，保证人民的主体地位。《中共中央关于全面推进依法治国若干重大问题的决定》指出："人民是依法治国的主体和力量源泉"，法治建设必须"依靠人民"；"法律的权威源自人民的内心拥护和真诚信仰"；"法律权威要靠人民维护"；"必须弘扬社会主义法治精神，建设社会主义法治文化，增强全社会厉行法治的积极性和主动性，形成守法光荣、违法可耻的社会氛围，使全体人民都成为社会主义法治的忠实崇尚者、自觉遵守者、坚定捍卫者。"[①] 历史和现实都告诉我们，法治建设要依靠人民，要重视人民的作用，尊重人民主体地位。因此建设法治乡村要以人民为中心，尊重人民主体地位。要发挥农民的主体地位，重视农民的作用，要让广大农民参与进来，增强农民的积极性、主动性，发挥其积极作用，让法治深入农村地区，与农民生活融为一体，推动农村地区形成浓厚法治氛围。要始终保持与农民的联系，深入了解农民，了解其困难和需求，要做到一切为了农民，一切依靠农民，过程农民参与，效果农民评判，发展成果由农民共享，增强农民的幸福感、获得感。

4. 坚持法治与自治、德治相结合

建设法治乡村要坚持法治与自治、德治相结合，要以自治增强活力、法治增强保障，德治弘扬正气，促进法治与自治、德治相互作用，确保乡村社会充满活力，和谐有序。建设法治乡村要发挥法治的保障作用。无论是自治还是德治都必须在法律的框架内进行，不能超过法律的边界。村民自治是治理主体在合适的治理结构中依靠治理规则，自主进行乡村治理。这里的治理规则既包括正式规则，即法律规范、政策规定等；也包括非正式规则，即村规民约、群众性组织规则等在乡村约定俗成的治理规范。[②] 虽然法治为乡村治理提供了方向，但仅仅依靠法治这种"硬约束"，乡村治理难以有效运转，还需要进一步发挥德治"软约束"的支撑作用，为自治和法治提供情感支撑，共同使乡村社会走向善治。

① 中共中央关于全面推进依法治国若干重大问题的决定［N］. 人民日报，2014－10－29.

② 左停，李卓. 自治、法治和德治"三治融合"：构建乡村有效治理的新格局［J］. 云南社会科学，2019（3）.

5. 坚持一切从实际出发，实事求是

建设法治乡村要坚持一切从实际出发，实事求是。“‘事实’就是客观存在着的一切事物，‘是’就是客观事物的内部联系，即规律性，‘求’就是我们去研究。”[①] 建设法治乡村，首先，必须深入基层进行调查，充分了解乡村的经济、政治、文化、生态、风土人情、地理环境等不同情况，因地制宜，同步协调地开展法治乡村建设的相关工作。既不能超前，也不能滞后。其次，要正确认识城乡差异，根据乡村具体情况，精准施策。要清晰认识到建设法治乡村是一个循序渐进的过程，不可一蹴而就，不能操之过急。要遵循法治乡村的发展规律，因地制宜、脚踏实地稳步推进法治乡村建设。

三、当前农村法治发展建设的现状

（一）党的十八大以来特别是十九大以来农村法治建设取得的成效

1.“三农”法律法规不断丰富

党的十八大提出了全面依法治国的新理念，涉农领域的法律法规不断增加，逐渐形成了以《农业法》为核心的法律体系。如涉及农村土地管理制度、农业经营主体、农业农村资源开发管理、农业生态环境保护、农产品质量安全等法律法规不断出台，使农村的治理基本实现了有法可依，为依法兴农、依法护农提供了保障。

党的十九大提出实施乡村振兴战略，坚持农业农村优先发展，按照产业兴旺、生态宜居、乡风文明、治理有效、生活富裕的总要求建立健全城乡融合发展的体制机制和政策体系，加快推进农业农村现代化[②]，为“三农”法律法规的制定和完善提供了方向和保障。在实施乡村振兴战略背景下，更加积极推进农业农村重点领域立法，加快土地制度改革、农业绿色发展、乡村建设治理等领域的制度建设。完成了《土地管理法》《农产品

---

① 中共中央文献编辑委员会．毛泽东选集（第三卷）[M]．北京：人民出版社，1991.

② 中共中央国务院关于实施乡村振兴战略的意见 [N]．人民日报，2018－02－05：01.

质量安全法》《渔业法》《动物防疫法》《农作物病虫害防治条例》《生猪屠宰管理条例》等法律、行政法规制修订工作。制修订《农业行政处罚程序规定》《远洋渔业管理规定》《农田建设项目管理办法》等7部部门规章。并且还加强对促进农村产业发展、农村合作社发展、生产安全、农产品质量等方面文件进行严格审核，确保文件合法有效。这些法律、法规的完善，巩固了农业的基础地位，让农村的经济、政治、文化、社会生活等方面实现了有法可依，有利于"三农"问题的解决，为推动"三农"工作提供制度保障，有利于促进农业、农村、农民的发展，对于保护农民合法权益、维护乡村社会的和谐稳定具有重要意义。

2. 农业行政执法体系不断发展完善

改革开放以来，经过不断的努力、探索，我国的农业行政执法体系基本建成。执法体系从无到有，执法范围从小到大，执法程序从不公开、不透明走向公开透明，执法力量从弱到强，执法机构从臃肿走向精简，执法形式从单一到丰富多样。

党的十八大特别是十九大以来，我国农业行政执法体系更加丰富完善。第一，深化了农业综合行政执法改革。2018年11月，中办国办印发《关于深化农业综合行政执法改革的指导意见》后，各级政府认真贯彻落实指导意见，健全了综合执法规章制度，落实综合执法保障政策，积极采取措施推进多地深化农业综合行政执法改革。农业综合执法的推进，理顺了执法体制，整合了执法力量，加大了执法力度，变季节性、运动式执法为经常性、主动式执法，成为农业部门职能转变的一大亮点。[①] 第二，加强了农业执法规范化建设。比如，制修订《农业行政处罚程序规定》《规范农业行政处罚自由裁量权办法》《农业农村部关于全面推行行政执法公示制度执法全过程记录制度重大执法决定法制审核制度的实施方案》等，并落实农业执法"六条禁令"，强化了执法保障，大力推进了严格规范公正文明执法。加强执法工作队伍建设，开展了全国农业综合行政执法示范窗口和示范单位创建，完善了全国农业综合执法信息共享平台，不断提升了农业综合行政执法水平。第三，拓宽了农业执法领域，农业行政执法领

① 张天佐．做好新形势下农业法治工作［J］．理论视野，2017（7）．

域由最初的种子、农药、肥料等农资监管领域逐步延伸到农产品质量安全、农业知识产权保护、农业资源环境保护等领域，当前农业执法已经涉及20多个领域，基本实现农业农村各行各业行政执法的全覆盖。

3. 农村法治文化建设取得重大成效

法治文化是人类先进法治社会所呈现出来的一种文化状态和精神风貌，是人们对于既有法治建设理性思考的成果，反映了人们追求正义、公平和人权的诉求，体现了法律至高的理念。① 党的十八大特别是十九大以来，党中央更加重视法治乡村的建设，坚持不懈开展法治宣传教育以及送法下乡等活动，加强农村基层法治建设，使普法宣传与法治实践同步进行，使农村法治文化建设取得重大成效。

首先，农民的法治观念日益增强，法律意识和维权意识逐渐提高。经过多次的普法宣传以及法治教育活动，农民法治意识全面提升。特别是随着全面依法治国方略的推进，法治宣传与法治实践同步进行，法治在乡村社会中发挥着越来越重要的作用，越来越多的农民习惯于运用法治方式维护自身权益、表达自身诉求，法治观念日益深入人心。其次，农民理性化程度提高。理性精神是达成政治认同、形成法治意识、实现公共参与的基本条件。一个人具有法治意识的前提是拥有理性精神。② 随着经济社会的发展，市场经济的深入推进，受环境等的影响，农民的理性思维更加凸显，理性化程度逐渐提升，为法律全面进入乡村领域创造了条件，为乡村由人情社会走向法治社会奠定了基础，对于建设法治乡村具有重要作用。再次，农村法治文化氛围越来越浓厚。党的十八大特别是十九大以来，各级政府、社会组织紧紧围绕“三农”工作，采取农民喜闻乐见的方式，开展了内容丰富、形式多样的普法宣传教育活动，营造了浓厚的法治文化氛围，为建设法治乡村营造了良好的法治环境。

4. 农村基层组织法治建设取得进展

农村基层组织是党的各项工作得以顺利开展的基础。建设法治乡村，必须加强农村基层组织党建设，不断增强农村基层组织的创造力、凝聚力

---

① 崔蕴华．新时期以来法治文化的研究视域与中国语境［J］．中国政法大学学报，2020（2）．

② 李文杰．农村基层社会法治文化建设的路径［J］．人民论坛，2019（25）．

以及战斗力，为建设法治乡村提供组织保障。农村基层党组织发挥好领导、服务、保障等功能，是建设法治乡村工作的关键点。随着经济社会的发展以及城市化进程的加快，农村基层党组织干部不断丰富自己的理论知识，不断拓宽自己的视野，紧跟时代要求，主动学法，带头守法，坚持与时俱进，不断更新自己的法治思维，努力提高自己的领导能力和水平。涉及村务重大事项，积极倾听民意，汲取民智，坚持科学决策、民主决策，凝聚人心的能力逐渐增强。村干部不断更新自己管理观念，不再一味地抱残守缺、因循守旧，依法治理乡村，发挥了模范作用，积极主动引导村民学法、守法、用法，运用法治思维和法治方式管理经济社会事务的水平不断提高。

此外，农村基层组织法治建设制度保障体系也取得一定成效。党的十九大以来，村民自治机制、村务公开、村规民约等更加完善，党委会和村干部职责更加明确。村务监督委员会工作等逐渐落实，形成了以党的基层组织为核心，以村务监督和村规民约等为基础的农村基层法治建设保障体系，使法治建设更好地服务了农村发展、农民发展，这些都表明农村基层组织法治建设取得一定的成效。

（二）当前农村法治建设存在的问题

1. 农村法治体系不完善

古希腊先哲亚里士多德对法治的界定：“法治应包括两重含义，已成立的法律获得普遍的服从，而大家服从的法律又应该本身是制定的良好的法律。”[①] 首先，近年来随着中国特色社会主义法律体系的加快建设，农村农业法律框架体系也基本形成。但是随着农村社会的发展以及乡村振兴战略的实施，“三农”领域出现了更多的新情况、新问题，而当前某些法律存在滞后性，部分法律明显不适应当前的发展，在解决现实问题时就会出现漏洞，使一些法律事实无法找到相对应的法律依据。如党的十九大提出了“壮大集体经济”，但是长期以来农村集体经济组织名存实亡。缺少了农村集体经济组织的专门法律法规，就缺失了法律保障，壮大集体经济

① 亚里士多德．政治学［M］．北京：商务印书馆，1997.

难度就会加大。其次，涉农地方性法律法规仍需健全，比如村委会占用承包土地修便道的问题、农村户籍转入问题、农业市场规范运行问题、农产品市场流通等方面的问题不断涌现，地方性法律法规已不符合农村发展现状，需要进一步完善。再次，法律效力等级较低。部分乡村法律停留在新政法规、部门规章、地方规章层面，没有上升到法律层面，缺乏法律效力。最后，一些落后乡村地区，由于受多种条件限制，很多法律都没有精准实施，变成了一种形式的存在，法律的功能弱化、淡化，其应有的作用没有得到有效发挥。如我国虽有关于农村环境保护的法律法规，但是一些农民素质不高，加之相关法律法规没有准确实施，导致人为破坏生态环境现象严重。

2. 部分农村基层干部“人治”思想浓厚，执法不严

由于受封建传统文化的影响，部分农村地区基层干部在执法过程中依然缺乏法治思维，不善于利用法治方式，有的干部对法律还不了解，不能依法办事，仍然用过去的思维模式和方法来处理农村社会各种矛盾和问题，没有完全做到依法行政、科学决策。第一，中国有着悠久的封建专制主义的历史，人治思想根深蒂固。邓小平同志曾经指出：“旧中国留给我们的，封建专制传统比较多，民主法制比较少。”① 在这种根深蒂固思想的影响下，某些地区农村基层干部法治观念和法治意识不强，在处理问题和矛盾时凭直觉主观臆断，甚至“以权代法”；有的执法人员在执法过程中不按程序处理问题，用地方习俗和伦理常情来做当事人的思想工作，随意侵害或剥夺村民群众的合法权益及利益，与群众发生矛盾纠纷。第二，少数农村基层干部“官本位”思想严重，滥用权力。一些基层干部滥用自己的权力，受人贿赂，用“关系”办事，利用自己的权力恣意妄为，谋取不正当的利益。部分基层干部对有“关系”的村民积极办事，主动服务，肆意偏袒；对没有“关系”的村民，态度恶劣，消极办事或者不办事，完全忽略了法律的存在，以权力思维代替法治思维。第三，一些村干部在解决问题、矛盾时，觉得依法处理不仅程序复杂还耗时耗力，增添了自己的麻烦，严重影响工作效率。当遇到问题时他们就选择忽略法律的权威，忽

① 中共中央文献编辑委员会．邓小平文选（第二卷）［M］．北京：人民出版社，1994.

略公平、正义，而是选择方便自己的方式来处理。这种方式对他们来讲短时间内节约了时间，提高了工作效率，但是长此以往，或者是处理不当，就会引发村民群众的不满，激发矛盾。第四，村委会干部的法治意识淡薄、法治能力较低。受“人治”思想的影响，部分村干部认为当上了村干部，自己就掌握了大权，就可以滥用权力、欺压农民群众、以权谋私、贪污腐败等，严重损害了村民的合法权益，激发矛盾，导致村民对法治缺乏信仰和信心，阻碍乡村法治化进程。

3. 农村的司法保障不充分

司法是维护农民群众权益的最后一道防线。由于城乡经济发展差异，“人治”思想、“官本位”思想等深深根植于农村的经济社会生活中，农村司法领域存在许多问题。首先，司法资源在城乡分配不均，基层司法力量薄弱。在农村地区，许多案件、纠纷等都离不开基层检察院的监督，也离不开基层法院的调节。当前，我国基层司法力量不足，司法基层工作人员匮乏。在农村地区，基层法院、检察院的案件较多，常常出现案多人少的现象，办案人员工作压力较大，有的地区基层法院、检察院工作人员流失严重，加大了农村司法工作的难度。其次，受传统文化和习俗的影响，为了避免麻烦，村民在解决矛盾纠纷时习惯性按照传统习俗进行讲道理、说情分，在不得已的情况下才会想到诉诸司法途径。少数基层司法机关及其工作人员在执法过程中出现执法不公的现象，有的甚至使用暴力执法，不公正不文明。有的执法人员素质不高，学历较低，缺乏专门的法律知识，执法方式较为粗暴；有的执法人员按照自己的方式采取强制性的执法，不懂民意、脱离群众，引起群体性事件，激发矛盾。再次，法律援助覆盖不全面。部分偏远农村地区由于缺乏足够的法律宣传，村民法治观念和法治意识淡薄，法律知识不足，不了解司法援助的渠道，因此无法获得有效的司法援助。这些情况在一定程度上给村民群众诉诸司法途径寻求矛盾解决办法、维护自己的权益造成了一定的困难。部分基层司法工作人员没有做到与时俱进，没有更新自己的观念，创新自己的思路和工作方法，因循守旧，制约了建设法治乡村工作的有效开展。

4. 部分农民法治意识薄弱

国无法不立，民无法不治。随着我国普法教育活动、“送法下乡”等活动的大力推进，我国广大农民的法治意识和法治观念整体有所提高，但还有部分农民的法治意识较为淡薄，用法能力不足，法律没有上升到信仰层面。[①] 第一，农民的文化水平有限，在长期封闭的生活中，已经形成了既定的行为规范，对于法律知之甚少，同时也缺乏利用法律解决问题的意识和能力，使得其不断出现违法行为，或者在合法权益被侵犯的时候，难以依法维权。[②] 当他们遇到矛盾纠纷时，甚至都不知道到什么地方获得法律的帮助。第二，农民的法律意识受传统观念的束缚。我国农民长期生活在熟人社会以及人情社会的圈子中，遇到问题首先想到的不是诉诸法律，有的私下协商解决，找熟人帮忙，托关系解决，有的甚至干脆忍气吞声，有法不用的现象非常普遍，不利于培养农民的法治意识。还有一小部分人认为遇到问题寻求法律的帮助，打官司等是可耻的，败坏名声，他们往往会选择大事化小、小事化了。这种思想不但会阻碍农村法治建设的进程，而且还容易助长不良风气，增加犯罪行为等。第三，部分农民在遇到麻烦和纠纷时，他们想寻求法律的帮助，通过法律途径维护自己的合法利益，但他们认为要花费自己大量的人力、财力去打官司，最后还可能得不到一个满意的结果，因此他们也很少诉诸法律去维护自己的权益。第四，部分偏远农村地区，缺乏系统的法律宣传，往往通过召开村委会简单向村民传达，没有法律专业人员对村民进行指导、宣传。此外普法工作内容简单、形式单一枯燥，通过张贴标语、发放宣传读物、宣传栏展示等比较老套的形式宣传法律，宣传效果差，不能调动农民学法的积极性和主动性，导致农民法治观念淡薄。

5. 农村普法工作存在不足

普法教育是增强农民法治意识和法治观念的重要方式之一。近年来，随着我国普法教育活动的开展，我国农民的法治意识和法治观念有了很大提高，但由于受内外因素的影响，农村普法工作还存在一定的问题。首先，农村基层干部对普法工作重视程度不够。一些基层干部只重视农村经济的发展，认为普法工作费时费力，可有可无。很多时候对于普法工作都

① 李牧，李丽．当前乡村法治秩序构建存在的突出问题及解决之道［J］．社会主义研究，2018（1）．

② 胡胜．乡村振兴离不开法治护航［J］．人民论坛，2018（6）．

流于形式。即使各级政府部门制定了普法工作计划，安排了具体任务，但是在实际执行过程中，很多地方只是流于形式，草草了事，对普法工作缺乏积极性，严重影响了农村普法工作的开展。其次，部分农民参与普法教育的积极性不高。一些农民群众对普法教育工作认识不到位，他们认为只要自己不犯法，法律就与自己无关，也无需学习法律知识，普法教育活动对自己也就没有必要，因此缺乏参与普法教育的积极性、主动性。第三，普法教育内容简单、形式单一，缺乏创新性。某些地区普法教育内容简单、枯燥，在宣传时也只是照本宣科，没有因地制宜、因时制宜、因人而异，普法教育效果差。宣传形式也单调，仍然沿用旧式的一些方式方法，比如张贴标语、发放宣传读物、广播、悬挂宣传横幅、发放传单、法治宣传手册等，这些方式难以激发人们学法的热情。第四，部分普法教育工作人员法律素养不高，缺乏系统、专业的法律知识，普法形式不新颖，单调枯燥，难以正确引导农民学法。例如，某些地区通过召开村民委员会的方式向村民宣传法律、法治精神时纯粹照本宣科，不能调动村民学法的积极性和自觉性。

6. 农村黑恶势力干扰

农村黑恶势力是建设法治乡村道路上的障碍，他们横行乡里、称霸一方、欺压残害村民，组织和操纵多种违法犯罪活动，比如经营涉“黄赌毒”的违法犯罪活动、非法高利放贷、操纵农村基层政权、暴力讨债、滥用滥开采农村自然资源等。随着城市化的快速发展，大量青壮年涌入城市，农村大多只剩下妇女、老人以及小孩，许多农村地区出现“空心化”和“老年化”，村庄缺乏组织能力。一些村霸乘虚而入，组建黑恶势力，败坏社会风气，严重影响了法治乡村建设。首先，黑恶势力会利用家族、宗族势力等操纵基层换届选举，通过贿赂等方式让自己当选村干部或者让其他内部同伙当选村干部，违背民意，把持农村基层政权，严重激化农民和农村基层政权的矛盾。其次，村霸当选为农村基层干部之后，他们往往欺压百姓，对村民合理诉求置之不理，放任不良行为，甚至为了自己的利益损害村民权益。他们对待工作态度消极，常常采用粗暴的方式，挑战法律的权威，欺软怕硬、不务正业、好吃懒做、垄断农村资源、侵吞村民财产、敲诈勒索，严重损害了基层组织、村干部在人民心中的形象。最后，一些村霸拉帮结派、称王称霸、强拿硬要、敲诈勒索，欺压百姓，一些村民出于害怕，即使自己的权益受到侵害，也不寻求正确的法律途径保护自己的合法权益，怕遭到打击报复而任由他们处置，更加助长了他们的气焰，让他们更加猖獗。长此以往，村里的矛盾、纠纷都有了这些黑恶势力的干涉，很多案件在处理时都没有做到公平、公正、合法，甚至严重脱离了法治，影响了乡村社会的和谐稳定，不利于法治乡村的建设。

四、建设法治乡村的主要内容

（一）乡规民约法治化

“法律是由国家制定或认可并以国家强制力保证实施的，反映由特定社会物质生活条件所决定的统治阶级意志的规范体系。”① 一个国家、一个社会如果没有法律、没有要求大家共同遵守的办事规程或行动准则，就不会有良好的秩序，人们的自由、安全、幸福等就得不到保障。因此，建设法治乡村，需要用法律法规来规范整个乡村社会，发挥好乡规民约的作用，维护人们的合法权益，保障乡村社会的和谐稳定发展。

1. 建立乡规民约

乡规民约要在符合国家法律制度原则的基础上，结合乡村的实际状况、村规民约、传统习俗、习惯等，形成适合当前乡村法制建设的规范文本。要让村民自治章程、村规民约等注入法治理念，与国家法律相结合。

2. 规范乡规民约

目前，部分乡规民约违反了法律强制性规定或与现行法律相冲突。很多乡村的村规民约由基层组织或干部等起草，基本符合当地实际情况，得到大多村民的认可，代表乡村共同体的利益。作为乡村秩序构建的基础，这些村规民约在大多数情况下也没有遭遇制止，在一定程度上维护了基层政权。但是有些地方的村规民约是不符合法律规定的，甚至与现行的国家

① 《思想道德修养与法律基础》编写组．思想道德修养与法律基础（2018年版）［M］．北京：高等教育出版社，2018.

法律相冲突，因此需要对其进行调整、修改或废除。村规民约是基于法律授权而制定的，应当用来填补法律空白，而不是代替法律，任何个人或组织都不得在违背国家法律的前提下制定村规民约。

3. 增强乡规民约的法律效力

部分乡规民约停留在部门规章、地方规章层面，没有上升到法治层面，缺乏法律效力。因此，乡规民约要符合法律的规定，并保证其规定要公平、合理，一些规章制度要纳入法律的范围，赋予其法律效力，保障其强制实施。[①]

（二）乡村治理法治化

《中共中央国务院关于实施乡村振兴战略的意见》中明确提出，乡村振兴，治理有效是基础[②]。乡村治理法治化是乡村振兴的重要内容。当前，乡村治理法治化应当包含以下几个方面的内容：

1. 推进乡村治理法治化，党的领导是保证

建设法治乡村要加强党对基层治理工作的领导，发挥基层党组织的战斗堡垒作用，确保乡村治理沿着中国特色社会主义法治道路的方向前进。

2. 推进乡村治理法治化，要实现治理主体的多元化

乡村治理不能仅仅依靠党和政府，要凝聚社会的各种力量，比如民间组织、村民自治组织以及以新乡贤为代表的社会团体等，引导、鼓励和支持他们的参与，实现治理主体的多元化。

3. 推进乡村治理法治化，要实现治理方式的合法化

乡村治理并不是无凭无据、毫无章法的，其所有工作必须在法律的框架内进行，这些法律既包括国家法律法规明文规定的正式的制度规则，比如《中华人民共和国村民委员会组织法》，也包括一些非正式的规则、制度，比如村规民约等。因此，要实现治理方式的法治化就必须对村规民约、民间习俗等进行规范，要注入法治的理念，确保其在法律的框架内运行。

---

① 张文中．试论乡规民约的性质与效力［J］．甘肃政法学院学报，1994（3）．

② 中共中央国务院关于实施乡村振兴战略的意见［N］．人民日报，2018－02－05：01．

4. 推进乡村治理法治化，要实现治理过程的规范化

治理过程的规范化要求治理主体践行法治理念、依法办事。首先，无论是基层政府、基层党组织、村民自治组织等，还是农民群众都要遵守法律法规，任何个人和组织都不得凌驾于法律之上。其次，治理主体要有法治思维和法治理念，在乡村治理的实践中任何一项工作都要依据法律，不得逾越法律的底线。再次，乡村治理治理范围广，涉及经济、政治、文化、生态等各个方面，治理过程漫长，这就要求治理主体在每个阶段、每个部分都要践行法治理念，让法治在农村的每个角落生根发芽、落地开花。

5. 推进乡村治理法治化，要践行良法善治

乡村治理法治化最终也就是要践行良法善治，而实现良法善治前提包括以下三点：一是完备的法律法规，这是乡村治理的根本依据，为乡村治理提供制度保障；二是健全的基层组织、机构等，这是乡村治理的载体，为乡村治理提供组织保障；三是浓厚的法治氛围，这是乡村治理的基础，为乡村治理提供良好的环境。

（三）乡村矛盾纠纷解决法治化

中国乡村社会是一个熟人社会，“人情”是为人处世的重要原则，而这种处世原则往往引发一系列矛盾和纠纷。这些矛盾和纠纷往往起因很简单，但涉及复杂的人际关系，如果没有得到合理有效的解决，就会引发新矛盾，影响乡村社会的和谐稳定发展。尤其是随着乡村社会的转型发展，村民在日常生活中除了家庭纠纷、邻里纠纷等之外，一些新的矛盾纠纷也逐渐呈现，比如涉及农村土地流转、土地征用、房屋拆迁、村务管理等方面的矛盾。各种矛盾相互交织，日益多样复杂。对于现代化进程中的国家来说，“农村的作用是个变数：要么是稳定的根基，要么是动乱的根源。”① 因此，有效化解乡村社会中沉积已久和不断新生的矛盾纠纷，是促使乡村从礼俗社会转向法理社会，并在这一转型中实现乡村法治现代化

① 亨廷顿．变化社会中的政治秩序［M］．王冠华，等，译．上海：人民大学出版社，2008.

的重要一环。[①] 建设法治乡村，就是有最高的安全感、最低的违法犯罪率，小事不出村、大事不出乡、矛盾不上交的乡村；是法治可信赖、权利可保障、义务须履行、道德应遵守，乡风文明、治理有效的乡村。因此，矛盾纠纷的合理合法解决是建设法治乡村的重要环节。

（四）村民、村干部意识法治化

卢梭认为，“一切法律中最重要的法律，既不是刻在大理石上，也不是刻在铜表上，而是铭刻在公民的内心里。”[②] “社会主义法律以公有制为经济基础，反映着最广大人民群众的意志，是实现人民当家作主、实行人民民主专政的重要保证。法律要发挥作用，需要全社会信仰法律。”[③] 推进乡村建设法治化，必须推进村民、村干部意识法治化。

1. 提高农村基层干部的法治观念、法治为民意识

要加强对基层干部的培养，让其知法、学法、懂法、用法，便能发挥其引领、导向作用。如果基层干部的法治观念强，能积极主动学法，随时随地做到依法办事，就能发挥其模范作用，调动村民学法、守法、用法的积极性，乡村才能形成浓厚的法治氛围。

2. 提高村民的法治意识和法治观念，让村民主动遵法、学法、守法、用法

“只有内心尊崇法治，才能行为遵守法律。只有铭刻在人民心中的法治，才是真正牢不可破的法治”[④]。只有民众发自内心信仰法律、尊重法律，才会主动学法用法，才能让法律发挥其应有的作用。因此，要加大普法力度，让法治走进民众心中，增强村民的法治观念，养成学法用法的习惯。

3. 营造良好的法治环境和氛围

良好的法治环境和氛围对村民法治意识的养成具有潜移默化的作用，能够帮助村民消除心中的“人治”思想，增强对法律的认知，进而促进村

---

① 马志翔．提升乡村治理能力现代化的路径研究［J］．云南社会科学，2020（3）．

② 卢梭．社会契约论［M］．北京：商务印书馆，1980．

③④ 中共中央文献研究室．习近平关于全面依法治国论述摘编［M］．北京：中央文献出版社，2015．

民法治意识的形成。因此，建设法治乡村离不开乡村法治文化、环境的建设，离不开乡村民众意识的法治化。

五、加强领导，着力推进法治乡村建设

（一）加强立法工作，完善法律法规

法律是治国之重器，良法是善治之前提。实现良法善治的前提需要良好的法律作为基础。因此，要推进法治乡村建设，使各项工作有法可依，就必须要有完备的法律制度保驾护航，发挥立法的引领和导向作用。

1. 坚持以民为本，为本立法

农村的法律法规应当根据当前农村的发展状况，及时修改、废除、重新立法，使每一项立法符合宪法的规定、农村的发展及农民的意志。随着我国经济的发展，社会的变迁，工业化、信息化、城镇化的加快推进，农村部分法律存在严重的滞后性，不适应农村社会的发展，甚至出现缺位的情况，如涉及妇女、儿童、老人的保护制度，及权益保障制度等。因此，要根据当地农村、农民的实际情况，修改或重新制定符合农村发展、农民需要的法律法规。

2. 坚持与时俱进，完善立法

随着我国城市化进程的推进，大量青壮年涌入城市，加之老龄化进程加快，我国农村老年人口占我国老年总人口比重较大。因此，要加快完善关于农村社会保障制度的法律法规，完善农村养老保险制度、农村医疗制度、农村最低生活保障制度等。

3. 坚持问题导向，科学立法

随着经济的快速增长，农村的环境污染和生态破坏日益加剧，农村的可持续发展受到严重的挑战。因此，要从源头出发，加快完善一系列涉及农村生态环境的法律法规，如关于土壤污染、农药污染、塑料薄膜污染、秸秆焚烧污染等方面的法律法规。

更为重要的是在对法律进行制定或修改的过程中，要深入调查，要了解民意，集中民智，保证法律法规的质量。毛泽东在《反对本本主义》中

指出："没有调查，没有发言权。"[①] 只有深入基层调查，一切从实际出发，制定出的法律才能体现农民的意志，更好的服务农村社会，进而为推进法治乡村建设提供法治保障。

（二）严格执法工作，提高执法能力和水平

当前农村执法不公的现象仍然存在，执法工作存在一系列问题，农民的合法权益得不到保障。因此要严格农村执法工作，加强执法队伍建设，不断提高农村执法人员的执法工作能力和水平。

1. 提高执法人员的综合素质

部分执法人员"人治"和"官本位"思想严重，法治意识淡薄，往往不依法办事。因此，要加大对执法人员的教育和培训，增强执法人员的法治意识和法治观念，让他们善于用法治思维想问题，用法治方式解决问题，养成依法决策、依法办事的良好习惯。

2. 增强执法人员的法治意识

执法人员要自觉做法治的崇尚者和遵守者，主动学法、带头守法、严格执法，不断提高运用法治思维和法治方式工作的能力。执法人员要发挥模范作用，带头学法、守法的同时，要引导村民通过法律途径、法律手段解决矛盾纠纷。在执法过程中要从实际出发、因地制宜，依据法律妥善合理地处理问题。

3. 严格执法人员的考核和监督

对于执法人员的工作考核，可以制定相应的奖惩机制，制定科学有效的考核措施。对于工作认真、责任心强、业务能力突出的给予支持与奖励；对于工作表现差的给予批评和处罚。对于执法人员的工作监督，可以成立专门的监督小组，选派德高望重的村民加入该小组，对村干部、执法人员等进行监督，还可以设立一些匿名投诉举报箱、热线电话等，拓宽群众的监督渠道，以保证执法人员不滥用权力、恣意妄为，对群众反映的问题及时整改，严格依法办事。要充分发挥舆论监督和社会监督的作用，形成全方位的监督，完善检举保密措施，保护检举人的隐私和安全，以防受

① 中共中央文献编辑委员会．毛泽东选集（第一卷）[M]．北京：人民出版社，1991．

到被检举人的威胁、报复等。

4. 加强执法规范化建设，健全执法机构

要规范执法流程，加强执法平台建设，要在乡镇设立执法机构，以便农民解决矛盾纠纷，保护自己的合法权益。

（三）加强司法工作，保证公正司法

司法是维护农民群众权益的最后一道防线。推进法治乡村建设，必须加强农村司法工作，解决好农民在生活中遇到的矛盾纠纷，切实维护农民的合法权益，让他们感受到司法的公平正义。

1. 增加基层司法人员储备

随着我国普法工作的开展，农民的法律意识逐渐增强，越来越多的农民懂得也愿意拿起法律的武器来维护自己的合法权益，农民的法律诉求越来越多，基层法院要处理的案件也越来越多。面对案多人少的情况，要增加基层司法人员储备，吸纳更多的优秀法律人才到基层司法工作队伍中，保证有更多专业人才来进行案件审判。为了避免人才流失，要加强经费保障。

2. 提高基层司法人员的法治意识和法治观念

有的基层司法人员法律素养不高，法律专业知识缺乏，在执法过程中可能采取强制执法或暴力执法，激化社会矛盾。因此，要加强基层司法人员培训，丰富他们的法律知识，提高法律素养，要求他们在处理各类案件纠纷时严格依照法律。

3. 基层司法人员要摒弃特权思想，公正司法

只要基层司法改革抑或是各式乡村法律实践不能根本纠正法律中的特权现象，“知情祛魅”逻辑最终还是会把村民导向法律服务于金钱和权势的认识误区，难以真正形成对法治的内在需求。① 基层司法人员的具体行为直接影响着农民群众对法治的认知，司法不公或腐败会直接导致农民群众对法治的认同感降低，法治需求减少。因此，基层司法人员要摒弃特权

① 李牧，李丽．当前乡村法治秩序构建存在的突出问题及解决之道［J］．社会主义研究，2018（1）．

思想，严格依照司法程序，公正、公平、合理处理案件，保障法律在农村社会的公平性。

4. 创新办案方式

受主客观条件的影响，城乡司法资源分配不均，导致基层司法力量薄弱。因此，可以通过创新办案的方式，让农民群众可以通过多种途径维护自己的权益。比如在一些偏远山区可以设立便民诉讼服务站点，接待村民、为村民解答疑难，提供便捷的服务。此外，随着当前信息化、网络化的快速推进，通过网络办案也是一个较好的方式。对于一些偏远地区在有条件的情况下可以采取远程开庭、巡回审判的方式，方便村民诉讼。针对一些小的矛盾、纠纷，还可采取家事调解模式，在诉讼前由调解员进行调节，尽可能地化解纠纷，最后由专门的法官对不清楚、不明白的地方进行疑难解答，如果没有提起诉讼的必要，就要尽量说服村民，进而减少不必要的程序，有效降低司法成本。

5. 建立司法工作评估机制

当前司法不公现象尚存，基层司法工作还存在强行执法、暴力执法的行为。因此，要建立司法工作评估机制，每隔一段时间对司法人员的工作进行评估，以端正司法人员的错误行为，对基层司法人员的工作起监督作用。

（四）创新普法方式，提高农民的法治意识

法治不仅仅是党和国家关心的事情，也是百姓群众应该关心并积极投入的事情。离开了村民对法律的尊崇和信仰，以及村民的参与，法治乡村建设就会成为无源之水、无本之木。建设法治乡村，不能仅仅依靠党和政府完成，需要农民积极主动参与其中。农民的素质决定农村的文明程度，也影响着农村的现代化进程。作为建设法治乡村的主体，首先应该主动学习法律知识，提升自身法治意识和法治观念，为农村法治建设贡献自己的智慧和力量，进而推动法治乡村建设。

1. 提高农民的受教育水平

部分农村偏远地区，信息闭塞，农民文化程度低。因此，政府要给予足够的重视，加大对这些地区的经费投入，加强教育，提高农民的文化素

质和水平。

2. 构建终身法治学习体系

对于小孩，要从小抓起，让他们从小就受到法律的熏陶，培养他们的法律意识。可以在思想品德课中增添相关的法律知识或者专门开设一门普法课程，聘请专业的教师，课堂上可以通过讲故事、案例，做游戏等有趣方式让孩子们体会其中的法律精神和知识，激发孩子们的学习兴趣。课下，学校可以统一组织听法治讲座、开展户外法治教育实践活动等，让孩子们在耳濡目染中学习法律知识。对于成人，可以组织他们参加成人教育，法律知识素质培训等丰富他们的法律知识，提高他们的法律素养；在条件允许的情况下还可以设立奖励机制，在培训中表现优异者，给予一定的奖励，进而激发其学习兴趣。对于老人，可以根据实际情况创办老年大学等，从而从整体上提高农民的法治素养和法治观念。

3. 创新普法方式

农村法制宣传的目的在于让农民学习法律知识，提高法治素养和法治观念。传统的普法教育内容枯燥、形式单调，往往采用“灌输”的方式，导致普法效果差，农民丧失了积极性。因此，要创新农村法治宣传形式。当前互联网和智能手机已广泛普及，法治宣传教育就可以利用科技手段，如通过手机相关软件、微信公众号等进行法治宣传，方便、快捷、高效。要丰富宣传内容，针对农民关注的、感兴趣的部分进行宣传，如涉及土地、权益保障、劳动合同、医疗保险等方面的法律法规，激发农民的学习兴趣。在进行宣传时，可以通过放映法治电影、开展法律讲座、文艺表演、法律知识竞赛、用身边人身边事以案说法、拍摄法治微电影或者法治动漫等农民喜闻乐见的方式进行宣传，推动法律进乡村、进学校，提高农民学习法律的积极性、主动性，提高他们学法的兴趣，培育村民学法、守法、用法的精神，让法治精神和法治文化在农民心中生根发芽，全面提高村民的法治素养和法治观念。

（五）加强法治文化建设，营造法治文化环境

良好的法治文化能为法治乡村建设注入精神动力和智力支持。农村法治文化建设步履维艰跟农村治安环境混乱有很大关系。因此，要加强农村

法治文化建设，营造良好的法治文化环境。

1. 尊重村民的主体地位

村民是建设法治乡村的主体，也是法治文化建设的主体，要充分发挥村民的主体作用。村民的法律实践和经验影响着法治文化建设的进程和成效。要让村民积极参与乡村法治文化建设，在参与过程中学法、用法，从而丰富自身的法律知识，提高法律素养，增强法律观念，坚定法治信仰，进而推动法治文化建设。

2. 加强农村文化基础设施建设

农村地区教学环境差，教学设施破旧，政府要加大资金投入力度，为其增添相关设施，改善教学环境。当前部分偏远地区师资力量薄弱，教学质量差。因此，政府要出台相关政策吸引优秀教师到乡村支教。村内也要形成良好的法治氛围，定期创办丰富有趣文化活动，通过一些奖励措施来激发村民的学习热情和兴趣。

3. 营造良好法治文化环境

法治文化环境是推动法治乡村建设的关键点。要彻底根除“人治”的思想，让村民树立法治思想，坚定法治信仰，尊重法律权威，让法治观念深入人心，让法治在全村落地开花，让法治成为村民解决矛盾纠纷、维护自身合法权益的方式，营造一种办事依法、遇事找法、解决问题靠法的法治环境。要吸收和借鉴优秀的法治文化成果。对于本土的法治文化，要推陈出新，革故鼎新；充分挖掘优秀文化资源，在继承优秀传统文化的基础上不断创新法治文化观念。对于外来的法治文化，要取其精华、去其糟粕。要大胆吸收和借鉴外来的优秀法治文化，为本土所用，与本土法治文化有机结合，形成一股强大的力量。要打击农村黑恶势力组织，打击赌博、非法高利贷、吸毒、涉黄、敲诈勒索、家庭暴力等违法犯罪活动，营造良好的治安风气。要“健全落实社会治安综合治理领导责任制，大力推进农村社会治安防控体系建设，推动社会治安防控力量下沉。深入开展扫黑除恶专项斗争，严厉打击农村黑恶势力、宗族恶势力，严厉打击黄赌毒盗拐骗等违法犯罪。”①

① 中共中央国务院关于实施乡村振兴战略的意见［N］. 人民日报，2018－02－05：01.

4. 依法用权，违法必究

乡村基层干部的行为、工作作风严重影响着村民。因此，乡村基层干部要端正自己的行为，不滥用权力，不挑战法律的权威，在工作中要时刻做到依法办事。对于违法犯罪的人，不论身份、地位、职务如何，都要依法处置，保证公平、公正、合法，营造公平正义的乡村社会风气。

（六）加强农村法治队伍建设

建设法治乡村必须要加强乡村法治队伍建设，打造一支思想道德素质高、业务工作能力强，忠于党、忠于国家、忠于法律，懂农业、爱农村、爱农民的高素质的农村法治工作队伍。

1. 调整和优化基层干部队伍结构

首先，要对基层政府、基层法院、基层检察院的工作人员进行清理整治，淘汰不合格的工作人员。其次，要通过多种渠道吸纳优秀的法治人才到基层工作队伍，比如可以从符合条件的律师、法律专家、法学教师中招录法治人才，从而打造一支“政治过硬、道德过硬、能力过硬、责任过硬、作风过硬”的专业法治工作队伍。

2. 定期对法治队伍工作人员进行培训

时代在快速发展，信息、知识等也在不断更新。为了适应当前社会的发展，法治工作人员也要不断学习、持续更新自己的知识和观念。作为基层工作人员，必须走在学法知法用法的前沿，与时俱进。要定期对基层法治工作人员进行培训，让他们集中学习法治知识，提高法治素养，增强法治观念，提高业务工作能力，以便更好地开展基层法治工作。

3. 设立绩效目标考核制

设立科学的奖励机制，以提高基层工作人员的工作主动性和积极性。要注重对基层工作人员专业知识和业务能力的考核，确保基层工作队伍理论知识扎实，工作能力强。

4. 加强乡村法律服务队伍建设

当前，我国法律资源城乡分配不均匀，专业的法律服务人才主要集中在城市，乡村法律服务人才严重缺乏。因此，乡村要出台一些政策以解决法律资源和人才不足的问题，吸引更多专业的法律人才充实乡村法律工作队伍，为村民提供法律咨询和法律援助等服务。

5. 加大对基层法治机构的政策支持

政府要加大对基层法治机构人力、财力、物力的支持，将工作重心、工作力量下移，为基层法治机构配置专业的优秀法治工作人员，提供丰富的法律资源，尽量满足基层法治机构工作的需要。

（七）健全乡村公共法律服务体系

健全乡村公共法律服务体系是建设法治乡村不可或缺的重要内容。《中共中央国务院关于实施乡村振兴战略的意见》明确提出，健全农村公共法律服务体系，并鼓励各类人才下乡通过包括法律服务在内的各种方式实际参与到乡村振兴的宏伟事业中。① 农村公共法律服务体系的完善和健全，不仅能为村民提供专业的、充足的法律服务，还能促进乡村矛盾纠纷的解决，保护村民的合法权益，为营造良好法治乡村氛围提供条件，促进乡村社会的稳定发展。

1. 提高基层法律机构的覆盖率

政府要深入基层进行调查，根据乡村社会的实际情况确定需要设置的机构类型以及数量，根据不同乡、镇的法律需求设置不同的法律公共服务机构。对于经济较为发达的，公共法律服务需求多的乡镇地区，可以设置律师事务所、法律服务中心、公证处等机构；对于经济欠发达的乡镇地区，可以在一个地区设置一个公共法律服务调节机构。还可以通过政策吸引专业的法律工作人员进驻乡村，一村安排一个法律顾问，为村民解答疑难，提供法律服务。

2. 加强农村公共法律服务队伍建设

当前乡村基层社会公共法律服务队伍中，法律服务人员专业素质整体不高，法律专业人才较少。比如很多乡村地区的调解员，他们是提供公共法律服务的主体，但是文化水平不高，专业素质整体偏低。尤其是其法律知识较为缺乏，法律意识淡薄，在调节乡村的矛盾纠纷时往往依靠“情理”和“关系”进行劝导，没有为村民提供真正的法律服务。因此，要加

① 中共中央国务院关于实施乡村振兴战略的意见［N］. 人民日报，2018-02-05：01.

强对基层法律服务队伍的专业化和系统化建设，以符合时代和人民的需求。政府作为社会公共服务的重要提供者，应该加大对乡村公共法律服务的供给，为乡村公共法律服务配备专业的法律人才，完善乡村公共法律服务队伍建设。

3. 强化乡村公共法律服务队伍的责任意识

政府要调动基层法律工作者的工作积极性，鼓励他们积极主动为村民提供法律援助服务。基层法律工作者自身要有责任心，对村民负责，全心全意为村民服务。

（八）简化村民维权的法律程序

当前，我国法律程序较为复杂，农民想要依靠法律维权需要经历重重关卡，农民维权难，于是就会选择私下解决，感情用事，由此引发一系列的矛盾，严重影响乡村社会的稳定和发展。部分村民想靠法律维权，但由于缺乏相关法律知识，对法律程序不了解，绕了很多弯路，这也会致使村民走上非制度维权的道路。因此，要简化法律程序，畅通村民依法维权的道路。

1. 政府可以为村民设置专门的维权渠道

比如可以在乡村设立一些程序简单、服务周全、方便快捷的法律机构，让村民不再为复杂的法律程序而苦恼，使村民依法维权不再成为难题。在一些偏远贫困乡村，经济落后，交通不便，村民想靠法律维权困难。因此，可以对这些地区进行网络化管理，村民可以通过网络提起诉讼，方便快捷，省时省力；还可以设立法律援助机构，帮助村民依法维权，少走弯路；免费提供法律咨询和法律代理等服务，减轻村民维权负担。

2. 要畅通法律途径

由于法律途径不畅通，一部分人在维权时萌生了找法律部门不如私下解决或者找一些“黑势力组织”通过暴力解决，认为这种方法省时又解气。长此以往，黑恶势力更加横行霸道、恣意妄为，滋生更多不良行为，激发社会矛盾，助长不良风气。因此，政府要畅通法律途径，从根源上减少暴力事件和群体性冲突，扫清村民维权道路上的障碍，畅通村民的维权之路。

3. 减轻村民维权负担

政府要加大投入，出台一些便于村民依法维权的政策；加大对村民依法维权的补贴，减少村民依法维权的经济负担。

（九）加强领导，为推进法治乡村建设提供坚强的组织保障

建设法治乡村是实现全面依法治国、实施乡村振兴战略的基础性工程，意义重大，影响深远。建设法治乡村也是一项系统性、长期性的工程，必须加强组织领导，强化保障。在党中央和国务院的统一领导下，各级地方政府必须把法治乡村建设作为法治国家、法治政府、法治社会的基础工作，统一领导、强化部署、统筹协调，及时解决法治乡村建设过程中出现的问题。要组织动员、凝聚力量，引导人民扎实稳步推进法治乡村建设，尊重人民的主体地位，听取群众的意见和建议，从人民群众中汲取智慧和力量，努力为人民服务，对人民负责，注重工作实效，增强人民法治乡村建设的安全感、幸福感、获得感。要将法治乡村建设纳入基层政府绩效考核。加大财政对法治乡村建设的支持力度，加强法治乡村建设的经费保障，加大人力、财力、物力对法治乡村建设的支持，加大对乡村公共法律服务机构、法治宣传阵地、基层司法机关、网络管理平台等的投入。

第三章 坚持自治为基，深化村民自治实践

村民自治是广大农民直接行使民主权利、依法办理自己事情的一项制度，也是我国基层群众自治基本政治制度的重要组成部分。党的十九大提出，要加强农村基层基础工作，健全自治、法治、德治相结合的乡村治理体系。[①] 2018 年 2 月，《中共中央国务院关于实施乡村振兴战略的意见》提出，“坚持自治为基，加强农村群众性自治组织建设，健全和创新村党组织领导的充满活力的村民自治机制。”[②] 2018 年 9 月，中共中央国务院印发《乡村振兴战略规划（2018—2022 年）》，强调要“深化村民自治实践”[③]，并细化了实施乡村振兴战略，深化村民自治实践的具体工作和任务。2019 年 6 月，中共中央办公厅、国务院办公厅印发《关于加强和改进乡村治理的指导意见》，则着重强调增强村民自治组织能力，要求“健全党组织领导的村民自治机制，完善村民（代表）会议制度，推进民主选举、民主协商、民主决策、民主管理、民主监督实践。”[④] 这一系列文件的印发，充分表明党和政府在新的历史时期对村民自治制度的高度重视，并把村民自治制度作为实施乡村振兴战略，加强农村社会治理的一

---

① 习近平．决胜全面建成小康社会 夺取新时代中国特色社会主义伟大胜利——在中国共产党第十九次全国代表大会上的报告［N］．人民日报，2017－10－28：01.

② 中共中央国务院关于实施乡村振兴战略的意见［N］．人民日报，2018－02－05：01.

③ 新华社．中共中央国务院印发《乡村振兴战略规划（2018—2022 年）》［N］．人民日报，2018－09－27：01.

④ 新华社．中共中央办公厅 国务院办公厅印发《关于加强和改进乡村治理的指导意见》［N］．人民日报，2019－06－24：01.

个重要举措。因此，在实施乡村振兴战略的背景下，必须加强党的领导，健全和创新村党组织领导的充满活力的村民自治机制，全面深化村民自治实践。

一、我国村民自治及其发展

（一）我国村民自治概述

我国乡村社会有着悠久的自治历史和传统，周代的乡遂制、秦汉的乡亭制、唐代的乡里制、宋元明清的里社保甲制以及清末民初具有资产阶级民主性质的乡村自治等①，都是我国农村基层社会自治形式的探索和体现。现阶段所说的村民自治是指以《中华人民共和国村民委员会组织法》规定“村民委员会是村民自我管理、自我教育、自我服务的基层群众性自治组织，实行民主选举、民主决策、民主管理、民主监督”② 为依据的村民自治制度。

村民自治是依照《中华人民共和国村民委员会组织法》的规定，而在我国农村推行的一种社区制度，它的主要特点是由村民依法自己决定属于本村内部的事务，其他组织和政府无权干涉，即村民通过实行“民主选举、民主决策、民主管理、民主监督”，自我管理本村的公共事务和公益事业，调解民间纠纷，维护社会治安等。

1980 年 2 月，我国第一个由农民自己民主选举产生的村民委员会在广西壮族自治区宜山县三岔公社合寨村诞生，开始了我国农村基层民主管理体制的新尝试，使村民开始走上“自我管理、自我服务、自我教育”的新路子。1982 年修改颁布的宪法明确规定：“城市和农村按居民居住地区设立的居民委员会或者村民委员会是基层群众性自治组织。”这为我国实行村民自治提供了宪法依据。1987 年 12 月 4 日第六届全国人大常委会审议通过了《中华人民共和国村民委员会组织法（试行）》，把我国农村的村民自治纳入了法制轨道。1998 年 11 月 4 日，第九届全国人大常委会审议

① 刘宏伟．中国乡村基层自治变迁的历史轨迹及启示［J］．东南学术，2012（2）．

② 中华人民共和国村民委员会组织法［EB/OL］．中国政府网．http：//www.gov.cn/flfg/2010-10/28/content_1732986.htm.

通过了修订后的《中华人民共和国村民委员会组织法》，对村民委员会的性质、职能和相关问题作了更加明确的规定，使之成为中国农村一项基本的社会管理制度。2010 年，全国人大常委会第十七次会议于 2010 年 10 月 28 日对该法进行了第二次修订[①]。

村民自治与以前的农村社区制度是不同的，其主要区别在于：首先，村民自治要求村委会的成员必须由村民直接选举产生，任何组织和个人不得指定、委派或者撤换村委会成员。其次，在村民自治以前，不论是任命产生的村干部还是选举产生的村干部，他们都要向上级政府负责，而不需要向村民负责；而实行村民自治以后的村干部首先必须向村民负责。村民因此成了本村事务的主人。再次，村民自治并不意味着村民不受法律的约束，相反村民自治是在法律规定范围内的自治。简单地说，就是村民自治具有自治性、直接性等特征。

（二）我国村民自治制度的发展

村民自治是我国基层群众自治制度的一个重要体现。村民自治制度建立的标志是 1982 年宪法确立基层群众自治制度。1982 年《宪法》规定，“城市和农村按居民居住地区设立的居民委员会或者村民委员会是基层群众性自治组织。居民委员会、村民委员会的主任、副主任和委员由居民选举。居民委员会、村民委员会同基层政权的相互关系由法律规定。”[②] 这一制度在经历探索、建立和实施 35 年后，到 2017 年 10 月，党的十九大提出中国特色社会主义进入新时代，我国进入决胜全面建成小康社会，开启全面建设社会主义现代化国家新征程，要实施乡村振兴战略，建立健全城乡融合发展体制机制和政策体系，加强农村基层基础工作，健全自治、法治、德治相结合的乡村治理体系，实现了农村基层治理制度顶层设计的

---

① 中华人民共和国村民委员会组织法［EB/OL］. 中国政府网 . http：//www. gov. cn/flfg/2010 - 10/28/content _ 1732986. htm.

② 中华人民共和国宪法（1982 年）［EB/OL］. 中国人大网 . http：//www. npc. gov. cn/wxzl/2000 - 12/06/content _ 4421. htm.

飞跃。纵观村民自治制度的发展，可以划分为以下五个阶段。[①]

1. 初步探索阶段（1982—1988 年）

1978 年 12 月，党的十一届三中全会胜利召开后，党的农村工作政策也随之而做出了较大调整。1979 年 9 月，十一届四中全会通过了《关于加快农业发展若干问题的决定》，提出“我们的一切政策是否符合发展生产力的需要，就是要看这种政策能否调动劳动者的生产积极性”[②]，允许农民因时因地制宜，经营自主。1980 年 9 月，中共中央印发了《关于进一步加强和完善农业生产责任制的几个问题》，认为“党的十一届三中全会以来，全国各地清除极‘左’路线的影响……特别是尊重生产队的自主权，因地制宜地发展多种经营，普遍建立各种形式的生产责任制……有效地调动了农民的积极性，使农业生产得到比较迅速的恢复和发展。”“包产到户是依存于社会主义经济，而不会脱离社会主义轨道的，没有什么复辟资本主义的危险。”[③] 到 1982 年，全国农村已有 90%以上的生产队建立了不同形式的农业生产责任制。但在农业生产责任制快速推进，农村经济形势逐步向好发展的过程中，农村基层组织的建设及其作用发挥却出现了一些新的问题。1982 年 1 月，中共中央在《全国农村工作会议纪要》中针对当时“农村一部分社队基层组织涣散，甚至陷于瘫痪、半瘫痪状态，致使许多事情无人负责，不良现象在滋长蔓延”的情况，强调“落实党在农村的一切方针、政策和完成各项工作任务，都必须依靠农村基层组织，包括党的组织、政权组织、经济组织和群众团体。”“要把社队的领导班子搞好，使生产队把应负的经济职能和政权职能担当起来。”“基层政权，特别是公社、大队还要做好社会救济、教育卫生、计划生育、民兵训练、治安保卫、民事调解等各项工作，保护社会主义经济，保证国家法律、法令的执行。”“把农村支部建设好，使基层支部真正成为坚强的战斗核心，以保

---

① 高其才，池建华．改革开放 40 年来中国特色乡村治理体制：历程·特质·展望［J］．学术交流，2018（11）．

② 中共中央关于加快农业发展若干问题的决定［EB/OL］．中国经济网．http：//www.ce.cn/xwzx/gnsz/szyw/200706/07/t20070607_11631290.shtml．

③ 中共中央关于进一步加强和完善农业生产责任制的几个问题［EB/OL］．http：//www.ce.cn/xwzx/gnsz/szyw/200706/13/t20070613_11735658.shtml．

证党对政权组织、经济组织和群众团体的领导，保证各项工作任务的完成。”[①] 在这一时期，农村的基层社会管理模式主要还是从上至下的党政管理方式。

1982 年 12 月 4 日，第五届全国人民代表大会第五次会议通过了《中华人民共和国宪法（1982 年）》，提出“城市和农村按居民居住地区设立的居民委员会或者村民委员会是基层群众性自治组织”，“居民委员会、村民委员会的主任、副主任和委员由居民选举”[②]，为村民自治提供了坚实的法律保障。据此，1983 年 1 月，中共中央在《当前农村经济政策的若干问题》文件中明确要求，“人民公社的体制，要从两方面进行改革。这就是，实行生产责任制，特别是联产承包制；实行政社分设。……在政社尚未分设以前，社队要认真地担负起应负的行政职能，保证政权工作的正常进行。在政社分设后，基层政权组织，依照宪法建立。”[③] 虽然 1982 年宪法中明确提出要实行“村民委员会”的村民自治形式，但到 1988 年实施《村民委员会组织法（试行）》之前，农村基层的村民自治制度其实都处于一种探索状态，全国各地也有多种不同的做法。如 1980 年，广西宜县（现宜州市）屏南乡合寨村村民自发选举产生了全国第一个村民委员会，而在其他一些地方，则出现了村委会、村管会等名称不同的组织形式[④]。

2. 基本建立阶段（1988—1998 年）

制度制定出来，并不等于自然运行、自然有效，制度的生命在于执行。制度的实施和执行需要法律作为保障。1982 年宪法提出村民自治这种基层制度后，在全国各地进行实践试点的基础上，1987 年 11 月六届全国人大常委会第二十三次会议通过了《村民委员会组织法（试行）》，并于 1988 年 6 月 1 日起试行，实现了村民自治的具体法律化。《村民委员会组

① 中共中央．全国农村工作会议纪要［EB/OL］．中国经济网，http：//www.ce.cn/cysc/ztpd/08/ncgg/ngr/200809/24/t20080924_16903498.shtml.

② 中华人民共和国宪法（1982 年）［EB/OL］．中国人大网，http：//www.npc.gov.cn/wxzl/2000-12/06/content_4421.htm.

③ 中共中央．当前农村经济政策的若干问题［EB/OL］．中国经济网，http：//www.ce.cn/xwzx/gnsz/szyw/200706/07/t20070607_11633455.shtml.

④ 宋洪远．大国根基——中国农村改革 40 年［M］．广州：广东经济出版社，2018.

织法（试行）》明确“村民委员会是村民自我管理、自我教育、自我服务的基层群众性自治组织，办理本村的公共事务和公益事业，调解民间纠纷，协助维护社会治安，向人民政府反映村民的意见、要求和提出建议。”① 对村民委员会的设置、组成、运行等内容进行了相应的规定。在1998年《村民委员会组织法》颁布实施之前，《村民委员会组织法（试行）》是村民自治实践的主要法律保障。此外，民政部针对村民自治也出台了《关于在全国农村开展村民自治示范活动的通知》（1990年9月26日）、《全国农村村民自治示范活动指导纲要（试行）》（1994年2月8日）等部门规章和规范性文件，规定村民委员会可以制定必要的规章制度和村规民约，以促进农村民主管理、民主决策、民主监督。

1994年11月，中共中央发布《关于加强农村基层组织建设的通知》，要求“加强农村基层组织建设，要着眼和落脚于保证党的基本路线和农村政策的有效贯彻执行，团结带领广大农民群众为实现农村发展的宏伟目标努力奋斗”，“村党支部和其他组织都要把贯彻执行党的基本路线、团结带领农民群众奔小康作为根本任务”，“健全村民自治组织、集体经济组织和群团组织，促进村级各项工作的制度化、规范化”等，强调“要认真贯彻执行《村民委员会组织法（试行）》，健全村民委员会和村民小组，完善村民自治制度，更好地发挥基层群众自治组织自我管理、自我教育、自我服务的作用。党支部要加强对村民委员会的领导，支持村民委员会依法开展工作。村民委员会必须把自己置于党支部领导之下，积极主动地做好职责范围内的工作”，“按照国家法律、法规和政策，根据当地情况，从本村群众迫切要求解决的问题入手，经村民代表会议或村民民主讨论，制定包括本村干部在内的全体村民都必须遵守的章程，规范大家的行为，并逐步充实内容，完善实施办法”②。至此，村民委员会作为村民自治的组织形式，在全国范围内基本建立起来。中华人民共和国国务院新闻办公室发布的《1998年中国人权事业的进展》报告表明，“各地农村在村民自治中实行

---

① 中华人民共和国村民委员会组织法（试行）[EB/OL]. 中国人大网，http://www.npc.gov.cn/wxzl/gongbao/1987-11/24/content_1481517.htm.

② 中共中央．关于加强农村基层组织建设的通知 [EB/OL]. 中国经济网，http://www.ce.cn/xwzx/gnsz/szyw/200706/17/t20070617_11789532.shtml.

民主选举、民主决策、民主管理和民主监督。村民委员会主任、副主任和委员由全村有选举权的村民以直接、差额、无记名投票的方式选举产生，并可视其政绩进行罢免；村内所有涉及村民利益的大事，从土地承包方案到宅基地使用，都交村民会议讨论决定；村内的日常事务，通过村民会议和村民自治章程、村规民约进行民主管理；对村委会工作、涉及村民利益的事项，村民通过村委会村务公开包括财务公开进行民主监督。到1997年底，全国选举产生了90多万个村民委员会，378.8万名村委会干部。60%的农村已经初步确立了村民自治制度。全国农村村民委员会普遍进行了三至四次换届选举，参选率一般在90%以上。村务公开已在全国绝大多数农村建立起来，河北、四川、云南、山西、天津等11个省市，村务公开的农村已达90%以上。”①

3. 普遍实施阶段（1998—2006年）

《村民委员会组织法（试行）》实施后，全国范围内基本建立了村民委员会，村民自治实践也积累了大量的经验，因此，该法律在许多方面需要根据实践经验进行相应的修改和完善。1998年10月，党的十五届三中全会通过了《关于农业和农村工作若干重大问题的决定》，总结了农村改革二十年的经验，提出了农业和农村跨世纪发展的目标和方针。在建设有中国特色社会主义新农村的目标中强调，“在政治上，坚持中国共产党的领导，加强农村社会主义民主政治建设，进一步扩大基层民主，保证农民依法直接行使民主权利。全面推进村民自治，完善乡镇人民代表大会制度；乡镇机构精干，以党支部为核心的村级组织健全，干群关系密切；加强法治，保持农村良好的社会秩序和治安环境。”在实现我国农业和农村跨世纪发展目标必须坚持的十条方针中提出，“推进农村基层民主政治建设。经济体制改革要求政治体制改革相配合。坚持和改善农村基层党组织的领导，加强乡镇政权和村民自治组织建设，依法保障农民当家作主的权利。”“物质文明建设和精神文明建设两手抓。两个文明都搞好，农村经济、社会协调发展，才是有中国特色社会主义的新农村。”尤其是对加强农村基

① 中华人民共和国国务院新闻办公室.1998年中国人权事业的进展［EB/OL］. 中央政府门户网站，http://www.gov.cn/zwgk/2005-05/26/content_1117.htm.

层民主法制建设做出了重点强调，“扩大农村基层民主，实行村民自治，是党领导亿万农民建设有中国特色社会主义民主政治的伟大创造”，并从全面推进村级民主选举、全面推进村级民主决策、全面推进村级民主管理、全面推进村级民主监督四个方面进行了详细的安排，要求搞好村民自治，“重点是建立健全村民委员会的民主选举制度，以村民会议或村民代表会议为主要形式的民主议事制度，以村务公开、民主评议和村民委员会定期报告工作为主要内容的民主监督制度。村务活动要照章办事，推进村民自治的制度化、规范化。”①

1998 年 11 月 4 日，九届全国人大常委会第五次会议修订通过《村民委员会组织法》，并于公布之日起施行，我国的乡村治理进入了一个新的历史阶段，村民自治的法律基础更加坚实。《村民委员会组织法》全面总结了改革开放 20 年来乡村治理的实践经验和《村民委员会组织法（试行）》实施 10 年来的村民自治实践经验，坚持和完善了民主选举、民主决策、民主管理、民主监督。需要特别指出的是，《村民委员会组织法》新增了“村民自治章程”内容，由此强化了村民自治章程和村规民约等社会规范在乡村治理中的功能和作用，同时也要求这些社会规范不得与法律法规相抵触。《村民委员会组织法（1998 年）》规定，“村民会议可以制定和修改村民自治章程、村规民约，并报乡、民族乡、镇的人民政府备案”，“村民自治章程、村规民约以及村民会议或者村民代表讨论决定的事项不得与宪法、法律、法规和国家的政策相抵触，不得有侵犯村民的人身权利、民主权利和合法财产权利的内容”。② 2005 年 4 月，中华人民共和国国务院新闻办公室发布的《2004 年中国人权事业的进展》报告指出，我国“农村基层民主建设进入新阶段……健全、完善了村务公开和民主管理制度，促进了基层群众民主权利的保障……以村民大会和村民代表会议为主要形式的民主决策制度以及以村务公开和民主评议为主要内容的民主监

① 中共中央关于农业和农村工作若干重大问题的决定［EB/OL］. 资讯凤凰网，http://news.ifeng. com/mainland/special/zgsqjszqh/others/200810/1006 _ 4778 _ 818648. shtml.

② 中华人民共和国．村民委员会组织法（1998 年）［EB/OL］. 中国人大网，http://www.npc. gov. cn/zgrdw/huiyi/lfzt/cmwyhzzf/2009 - 12/18/content _ 1530494. htm.

督制度，使村民自治的法治化管理水平明显提高”①。2005 年 12 月，中共中央、国务院印发《关于推进社会主义新农村建设的若干意见》，把“加强农村民主政治建设，完善建设社会主义新农村的乡村治理机制”作为社会主义新农村建设的八大任务之一，强调要“健全村党组织领导的充满活力的村民自治机制，进一步完善村务公开和民主议事制度，让农民群众真正享有知情权、参与权、管理权、监督权。完善村民‘一事一议’制度，健全农民自主筹资筹劳的机制和办法，引导农民自主开展农村公益性设施建设。开展村务公开民主管理示范活动，推动农村基层志愿服务活动。加强农村法制建设，深入开展农村普法教育，增强农民的法制观念，提高农民依法行使权利和履行义务的自觉性。妥善处理农村各种社会矛盾，加强农村社会治安综合治理，打击‘黄赌毒’社会丑恶现象，建设平安乡村，创造农民安居乐业的社会环境。”② 这一文件的印发，标志着农村基层自治制度在党中央、国务院加强“三农”工作，农业结构调整向纵深推进，农民收入较快增长，农村税费改革取得重大成果，社会事业进一步发展，农村基层组织建设得到加强，干群关系明显改善，农业和农村发展向好的新形势下，又将迈开新的改革步伐。

4. 深化改革阶段（2006—2017 年）

从中共中央、国务院印发《关于推进社会主义新农村建设的若干意见》提出“完善建设社会主义新农村的乡村治理机制”开始，就标志着我国的村民自治民主实践进入了深化改革阶段。2006 年 12 月，中央农村工作会议强调，“加强党对农村工作的领导，是建设现代农业、推进新农村建设的根本保证。要加强农村基层组织建设、民主法制建设、和谐文化建设，促进农村社会和谐发展。”③ 2007 年 10 月，党的十七大提出要扩大社会主义民主，更好保障人民权益和社会公平正义，“要健全基层党组织领

① 中华人民共和国国务院新闻办公室，2004 年中国人权事业的进展［EB/OL］. 中央政府门户网站. http：//www. gov. cn/zwgk/2005 - 05/27/content _ 1600. htm.

② 中共中央国务院关于推进社会主义新农村建设的若干意见［EB/OL］. 中华人民共和国农业农村部网站，http：//www. moa. gov. cn/ztzl/yhwj/wjhg/201202/t20120214 _ 2481239. htm.

③ 新华社 . 2006 年中央农村工作会议［EB/OL］. 中华人民共和国农业农村部网站，http：//www. moa. gov. cn/ztzl/nyfzhjsn/nczhy/201209/t20120903 _ 2919594. htm.

导的充满活力的基层群众自治机制，扩大基层群众自治范围，完善民主管理制度，把城乡社区建设成为管理有序、服务完善、文明祥和的社会生活共同体。全心全意依靠工人阶级，完善以职工代表大会为基本形式的企事业单位民主管理制度，推进厂务公开，支持职工参与管理，维护职工合法权益。深化乡镇机构改革，加强基层政权建设，完善政务公开、村务公开等制度，实现政府行政管理与基层群众自治有效衔接和良性互动。发挥社会组织在扩大群众参与、反映群众诉求方面的积极作用，增强社会自治功能。”① 2008年1月，中共中央、国务院印发《关于切实加强农业基础建设 进一步促进农业发展农民增收的若干意见》，强调“必须以改革创新精神全面加强农村基层组织建设，增强基层组织带领群众发展生产、共建和谐的能力”，要求加强村级党组织建设，完善村民自治制度，“健全基层党组织领导的充满活力的基层群众自治制度。进一步规范和完善民主选举，依法保障农民群众的推选权、直接提名权、投票权、罢免权。完善村民民主决策、民主管理、民主监督制度，充分发挥农民群众在村级治理中的主体作用。有条件的地方村党支部书记和村委会主任可交叉任职。坚决制止利用宗教、宗族、家族势力干预基层经济社会事务管理的行为。坚持和完善‘一事一议’制度。切实推行村务公开，建立答疑纠错的监督制度。深入开展农村普法教育，增强农村基层干部和群众的法制观念。”②

2008年10月，中共中央印发《关于推进农村改革发展若干重大问题的决定》，提出“必须坚持党管农村工作，始终把加强和改善党对农村工作的领导作为推进农村改革发展的政治保证……加强农村基层组织和基层政权建设，完善党管农村工作体制机制和方式方法，保持党同农民群众的血肉联系，巩固党在农村的执政基础，形成推进农村改革发展强大合力”，大力推进改革创新，加强农村制度建设，健全农村民主管理制度，“坚持党的领导、人民当家作主、依法治国有机统一，发展农村基层民主，以扩大有序参与、推进信息公开、健全议事协商、强化权力监督为重点，加强

① 胡锦涛．高举中国特色社会主义伟大旗帜 为夺取全面建设小康社会新胜利而奋斗——在中国共产党第十七次全国代表大会上的报告［N］．人民日报，2007-10-25：01.

② 中共中央，国务院．关于切实加强农业基础建设 进一步促进农业发展农民增收的若干意见［EB/OL］．中央政府门户网站，http：//www.gov.cn/jrzg/2008-01/30/content_875066.htm.

基层政权建设，扩大村民自治范围，保障农民享有更多更切实的民主权利。……完善与农民政治参与积极性不断提高相适应的乡镇治理机制，实行政务公开，依法保障农民知情权、参与权、表达权、监督权。健全村党组织领导的充满活力的村民自治机制，深入开展以直接选举、公正有序为基本要求的民主选举实践，以村民会议、村民代表会议、村民议事为主要形式的民主决策实践，以自我教育、自我管理、自我服务为主要目的的民主管理实践，以村务公开、财务监督、群众评议为主要内容的民主监督实践，推进村民自治制度化、规范化、程序化。加强农村法制建设，完善涉农法律法规，增强依法行政能力，强化涉农执法监督和司法保护。加强农村法制宣传教育，搞好法律服务，提高农民法律意识，推进农村依法治理。培育农村服务性、公益性、互助性社会组织，完善社会自治功能。"①这个决定的印发，一方面明确了到2020年农村改革发展基本目标任务之一就是"农村基层组织建设进一步加强，村民自治制度更加完善，农民民主权利得到切实保障"；另一方面细化了"健全村党组织领导的充满活力的村民自治机制"的具体内容，为构建"党委领导、政府负责、社会协同、公众参与、法治保障的现代乡村社会治理体制"奠定了基础。2010年10月28日，十一届全国人大常委会第十七次会议对《村民委员会组织法》进行了修订，对新时期村民自治制度进行了详细的规范，对乡村治理进行了完善。在乡村治理的主体方面，增加和强调发挥服务性、公益性、互助性社会组织以及村务监督委员会或者其他形式的村务监督机构的积极作用；在乡村治理的规范方面规定，村民自治章程、村规民约以及村民会议或者村民代表会议的决定与宪法、法律、法规和国家的政策相抵触，或者侵犯村民的人身权利、民主权利和合法财产权利的，由乡、民族乡、镇的人民政府责令改正；在乡村治理的具体实施方面，对于村民委员会的组成和职责、村民委员会的选举、村民会议和村民代表会议、民主管理和民主监督等方面都提出了具体的要求，从而进一步完善了村民自治制度。《村民委员会组织法》的修订，对于完善村民自治、完善基层民主自

① 中共中央关于推进农村改革发展若干重大问题决定［EB/OL］. 中央政府门户网站 . http: //www. gov. cn/jrzg/2008-10/19/content_1125094. htm.

治制度、发展中国特色社会主义政治制度具有重要的历史意义，为我国乡村治理提供了符合国情实际的法律保障。村民自治进入深化改革阶段后，我国更加重视乡村治理的探索和实践。2012年11月，党的十八大强调“坚持走中国特色社会主义政治发展道路”，完善基层民主制度，“要健全基层党组织领导的充满活力的基层群众自治机制，以扩大有序参与、推进信息公开、加强议事协商、强化权力监督为重点，拓宽范围和途径，丰富内容和形式，保障人民享有更多更切实的民主权利。”[①]。值得注意的是，从2015年起，中央的相关文件在重视“自治”的基础上，更加强调“法治”“德治”在乡村治理中的积极作用。2015年2月，中共中央、国务院印发《关于加大改革创新力度加快农业现代化建设的若干意见》，强调“农村是法治建设相对薄弱的领域，必须加快完善农业农村法律体系，同步推进城乡法治建设，善于运用法治思维和法治方式做好‘三农’工作。”同时“要从农村实际出发，善于发挥乡规民约的积极作用，把法治建设和道德建设紧密结合起来。”[②] 2016年1月，中共中央、国务院在《关于落实发展新理念加快农业现代化　实现全面小康目标的若干意见》文件中，强调加强和改善党对“三农”工作领导，创新和完善乡村治理机制，将“自治”“法治”“德治”结合起来，“依法开展村民自治实践，探索村党组织领导的村民自治有效实现形式”，“加强农村思想道德建设，大力培育和弘扬社会主义核心价值观，增强农民的国家意识、法治意识、社会责任意识，加强诚信教育，倡导契约精神、科学精神，提高农民文明素质和农村社会文明程度”[③]，初步形成了坚持党对农村工作的全面领导，构建自治、法治、德治相结合的乡村治理体系的基本构架，也预示着中国特色社会主义乡村治理体制的探索和实践即将进入一个新的飞跃和发展时期。

5. 飞跃发展阶段（2017年至今）

这个阶段是农村基层治理从村民自治到“三治”结合的飞跃发展阶

① 中共中央文献编辑委员会．胡锦涛文选（第三卷）[M]．北京：人民出版社，2016.

② 中共中央国务院关于加大改革创新力度　加快农业现代化建设的若干意见[EB/OL]．中国政府网，http://www.gov.cn/xinwen/2015-02/01/content_2813055.htm.

③ 中共中央，国务院．关于落实发展新理念加快农业现代化　实现全面小康目标的若干意见[EB/OL]．中国政府网，http://www.gov.cn/zhengce/2016-01/27/content_5036698.htm.

段。2017 年 6 月，中共中央、国务院印发《关于加强和完善城乡社区治理的意见》，提出要“全面提升城乡社区治理法治化、科学化、精细化水平和组织化程度，促进城乡社区治理体系和治理能力现代化”，健全完善城乡社区治理体系，注重发挥基层群众性自治组织基础作用，“充分发挥自治章程、村规民约、居民公约在城乡社区治理中的积极作用，弘扬公序良俗，促进法治、德治、自治有机融合。”① 2017 年 10 月，党的十九大提出实施乡村振兴战略，“加强农村基层基础工作，健全自治、法治、德治相结合的乡村治理体系”②。这是中国特色乡村治理体制理论创新和实践创新的结果，标志着中国特色乡村治理体制的形成。自治、法治、德治“三治”结合的乡村治理体系提出的时代和社会背景是中国特色社会主义进入了新时代，我国社会主要矛盾已经转化为人民日益增长的美好生活需要和不平衡不充分的发展之间的矛盾。有学者从我国的基本国情和我国经济社会发展现阶段的基本特征两个方面分析了实施乡村振兴战略的原因③，而健全自治、法治、德治相结合的乡村治理体系便是乡村振兴战略中重要的制度设计。2018 年 2 月，《中共中央国务院关于实施乡村振兴战略的意见》中明确指出，“乡村振兴，治理有效是基础。必须把夯实基层基础作为固本之策，建立健全党委领导、政府负责、社会协同、公众参与、法治保障的现代乡村社会治理体制，坚持自治、法治、德治相结合，确保乡村社会充满活力、和谐有序。”④ 进一步强调了加强农村基层基础工作、构建乡村治理新体制的重要意义，明确了自治、法治、德治相结合的乡村治理体制与乡村振兴战略的关系，并提出了具体的运行机制。2020 年 6 月，农业农村部、国家发展改革委会同规划实施协调推进机制 27 个成员单位编写的《乡村振兴战略规划实施报告（2018—2019 年）》发布，农村社会保持和谐稳定，4.47 万个软弱涣散村党组织得到整顿，选

① 中共中央国务院关于加强和完善城乡社区治理的意见 [EB/OL]. 中国政府网，http://www.gov.cn/zhengce/2017-06/12/content_5201910.htm.

② 习近平．决胜全面建成小康社会　夺取新时代中国特色社会主义伟大胜利——在中国共产党第十九次全国代表大会上的报告 [N]. 人民日报，2017-10-28：01.

③ 陈锡文．从农村改革四十年看乡村振兴战略的提出 [J]. 行政管理改革，2018（4）.

④ 中共中央国务院关于实施乡村振兴战略的意见 [N]. 人民日报，2018-02-05：01.

派 23 万名驻村第一书记，自治、法治、德治相结合的乡村治理体系基本建立。①

（三）我国村民自治的基本原则、主要内容及特点

1. 村民自治的基本原则

（1）民主原则。村民自治是农村基层民主形式，民主是村民自治的精髓，它要求在村民自治过程中必须充分发扬民主，通过民主形式实现村民自治。具体内容包括：要求村民自治在权利上具有平等性、在范围上具有广泛性、在参与上具有直接性、在效力上具有效益性。

（2）自治原则。自治与民主紧密相连，它同样是村民自治的精髓，并贯穿于村民自治的始终。在村民自治中必须坚持自治原则，从各方面保障村民自治的实现。包括三方面的内容：自治原则体现于村民自己办理自己的事，体现于村民实现各种自治权利，体现于村民中绝大多数人的自治。

（3）公开原则。村民自治制度中重要的一个环节就是村务公开，即村民委员会把村民普遍关心和涉及村民切身利益的重大事项，按照规定的时间、形式和程序向村民公开，并由村民参与管理、实施监督。村务公开的重点是财务公开，至少每六个月公布一次，接受村民的监督。同时，村民委员会应当保证公布内容的真实性，并接受村民的查询。

（4）法治原则。法制原则是指村民自治过程中必须遵循和运用法律手段实现自治，使自治符合法律规定，在法律轨道上健康发展。它主要体现在三个方面：一是依法推进，日益完善；二是依法建制，以制治村；三是依法办事，有序运行。

（5）党的领导原则。村民自治必须始终坚持党的领导原则，自觉接受党的领导，接受乡（镇）、村基层党组织的领导。在党的领导下，发展和扩大基层民主，推进村民自治的发展，保证农村长治久安，兴旺发达。

2. 村民自治的主要内容

为了保障农村村民实行自治，由村民依法办理自己的事情，发展农村基层民主，维护村民的合法权益，《中华人民共和国村民委员会组织法》

① 郁静娴．乡村振兴战略规划实施报告发布［N］．人民日报，2020－06－11：08.

从村民委员会的组成和职责、村民委员会的选举、村民会议和村民代表会议、民主管理和民主监督等四个方面对农村基层自治的基本内容作出了相关规定。[①]

（1）民主选举。主要是村民委员会的选举。《中华人民共和国村民委员会组织法》对村民委员会的性质、职能、产生程序和任期等相关问题作了明确规定。村民委员会主任、副主任和委员由村民直接选举产生。任何组织或者个人不得指定、委派或者撤换村民委员会成员。村民委员会每届任期三年，届满应当及时举行换届选举。村民委员会成员可以连选连任。年满十八周岁的村民，不分民族、种族、性别、职业、家庭出身、宗教信仰、教育程度、财产状况、居住期限，都有选举权和被选举权；但是，依照法律被剥夺政治权利的人除外。有选举权和被选举权的村民名单，应当在选举日的二十日以前公布。村民委员会的选举，由村民选举委员会主持。村民选举委员会成员由村民会议或者各村民小组推选产生。选举村民委员会，由本村有选举权的村民直接提名候选人。候选人的名额应当多于应选名额。选举村民委员会，有选举权的村民的过半数投票，选举有效；候选人获得参加投票的村民的过半数的选票，始得当选。

（2）民主决策。主要是村务决策。凡涉及村民利益的重要事项，都由村民会议或村民代表会议讨论，按多数人的意见做出决定。村民会议由本村十八周岁以上的村民组成。召开村民会议，应当有本村十八周岁以上村民的过半数参加，或者有本村三分之二以上的户的代表参加，所作决定应当经到会人员的过半数通过。必要的时候，可以邀请驻在本村的企业、事业单位和群众组织派代表列席村民会议。村民会议每年审议村民委员会的工作报告，并评议村民委员会成员的工作。村民会议由村民委员会召集。有十分之一以上的村民提议或者三分之一以上村民代表同意，应当召集村民会议。人数较多或者居住分散的村，可以推选产生村民代表，由村民委员会召集村民代表开会，讨论决定村民会议授权的事项。村民代表由村民

① 中华人民共和国村民委员会组织法［EB/OL］. 中国政府网，http：//www.gov.cn/flfg/2010-10/28/content_1732986.htm.

按每五户至十五户推选一人，或者由各村民小组推选若干人。

（3）民主管理和民主监督。村民委员会应当实行少数服从多数的民主决策机制和公开透明的工作原则，建立健全各种工作制度。第一，实行村务公开制度，接受村民的监督。村民委员会不及时公布应当公布的事项或者公布的事项不真实的，村民有权向乡、民族乡、镇的人民政府或者县级人民政府及其有关主管部门反映，有关人民政府或者主管部门应当负责调查核实，责令依法公布；经查证确有违法行为的，有关人员应当依法承担责任。第二，建立村务监督委员会或者其他形式的村务监督机构，负责村民民主理财，监督村务公开等制度的落实，其成员由村民会议或者村民代表会议在村民中推选产生，其中应有具备财会、管理知识的人员。村民委员会成员及其近亲属不得担任村务监督机构成员。村务监督机构成员向村民会议和村民代表会议负责，可以列席村民委员会会议。第三，村民委员会和村务监督机构应当建立村务档案。村务档案包括：选举文件和选票，会议记录，土地发包方案和承包合同，经济合同，集体财务账目，集体资产登记文件，公益设施基本资料，基本建设资料，宅基地使用方案，征地补偿费使用及分配方案等。村务档案应当真实、准确、完整、规范。第四，村民委员会成员实行任期和离任经济责任审计制度。审计包括本村财务收支情况、债权债务情况、政府拨付和接受社会捐赠的资金、物资管理使用情况；本村生产经营和建设项目的发包管理以及公益事业建设项目招标投标情况；本村资金管理使用以及本村集体资产、资源的承包、租赁、担保、出让情况，征地补偿费的使用、分配情况；本村五分之一以上的村民要求审计的其他事项。村民委员会成员的任期和离任经济责任审计，由县级人民政府农业部门、财政部门或者乡、民族乡、镇的人民政府负责组织，审计结果应当公布，其中离任经济责任审计结果应当在下一届村民委员会选举之前公布。

3. 村民自治的特点

村民自治不仅是国家在农村的一种民主安排，也是国家对农民的一种自治承诺。2007 年 10 月，党的十七大报告强调，要健全民主制度，丰富民主形式，拓宽民主渠道，依法实行民主选举、民主决策、民主管理、民主监督，保障人民的知情权、参与权、表达权、监督权。要健全基层党组织领导的充满活力的基层群众自治机制，扩大基层群众自治范围，完善民主管理制度，把城乡社区建设成为管理有序、服务完善、文明祥和的社会生活共同体。[①] 2012 年 11 月，党的十八大明确指出，在城乡社区治理、基层公共事务和公益事业中实行群众自我管理、自我服务、自我教育、自我监督，是人民依法直接行使民主权利的重要方式。要健全基层党组织领导的充满活力的基层群众自治机制，以扩大有序参与、推进信息公开、加强议事协商、强化权力监督为重点，拓宽范围和途径，丰富内容和形式，保障人民享有更多更切实的民主权利。[②] 2017 年 10 月，党的十九大报告进一步强调，要扩大人民有序政治参与，保证人民依法实行民主选举、民主协商、民主决策、民主管理、民主监督；巩固基层政权，完善基层民主制度，保障人民知情权、参与权、表达权、监督权。因此，农村群众自治同样是农村政治发展追求的价值目标。当然，这一自治不同于我国历史上曾经出现的自治和有些国家的地方自治，有着自身的特点。

（1）自治的群众性。依照《村组法》的规定，村民委员会是农村基层群众性自治组织。村民委员会不属于国家行政系统的一部分，也不是国家行政机关的派出机关和下级机关，乡、民族乡、镇的人民政府对村民委员会的工作给予指导、支持和帮助，但是，不能干预依法属于村民自治范围内的事项。村民委员会的权力来自村民的授予，自治的主体是农村群众，不是地方或机构。村民自治不能与“村自治”和“村民委员会自治”混淆。在英美国家，地方自治强调基层及各级地方政府依法享有自治权，基层政府是行政系统的组成部分，是上级行政机关的下级机关，地方政府与中央政府实行分权制度。

（2）自治的有限性。英美国家地方自治强调地方与中央的分权。国会通过立法对地方自主权范围明确作出规定，自治机关行使自治权时，中央政府一般不能干预，对于不属于自治权事务的处理则增设国家或州的派出机关来解决。西方国家政党大多是通过选举来获得乡村基层的行政权力，不直接干预自治事务。当然，地方政府的活动也要受到中央政府的一系列

①② 中共中央文献编辑委员会．胡锦涛文选（第二卷）[M]．人民出版社，2016．

监督。但是，总体而言，地方政府的自治权是比较充分的。我国在推行农村村民自治时，一方面强调村民委员会办理本村公共事务和公益事业的自治权，但同时规定村民委员会协助基层政府开展工作。一般情况下，村民委员会不直接办理行政事务，但必要时，受基层政府的委托，村民委员会还要担负行政职能。基层政府与村民委员会的权力划分不明确，基层政府的行政权与村民委员会自治权的冲突一直是农村村民自治过程中的难题。此外，党在农村的基层组织是农村的政治核心，决定本村经济建设和社会发展中的重要问题，村民自治机关在党的农村基层组织领导下行使自治权，农村基层党组织的直接领导是中国农村村民自治的一大特色。

（3）自治的民主性。自治与民主是不同的政治范畴，民主强调多数人的意志，而自治意味着自己处理自己的事务，自治的主体既可能是多数人，也可能是少数人。在中国不同历史时期，出现过各种各样的自治形式，如晚清时期的乡镇自治、民国革命时期的地方自治等，其自治的主体都是少数乡绅官吏，广大农民处于无权状态，这种自治与民主相去甚远。社会主义民主制度的建立为民主与自治的结合开辟了广阔前景。在我国，村民自治把自治与民主结合起来。村民通过村民自治达到对村级公共事务的管理和参与，通过民主实现个人民主权利的伸张。从村民自治制度设计上看，直接民主是其核心理念，但考虑到农村实际情况，村民自治制度也纳入了间接民主因素。这种直接民主制度只限于在人口较少和社会事务比较简单的情况下才能实行，中国农村还不具备实行直接民主的条件。民主与自治的结合是当今世界的时代潮流。实际上，在英美国家，自治与民主都是结合在一起的。例如，美国新英格兰地区的村镇是乡村基层政权组织，拥有自治权，实行直接民主制度，镇民大会是镇的权力机关。

（4）自治的外生性。村民自治虽然是广大农民自主创新和政府积极推动相结合的产物，但是，从某种程度上来说，在“强政府—弱社会”的格局下，没有政府的行政、法律和政策推动，村民自治的法律化、制度化和规范化是不可能实现的。中国农村村民自治与西方社会自下而上生长成的内生性民主自治有着本质区别。

二、改革开放以来我国农村村民自治取得的历史经验

从1978年12月党的十一届三中全会顺利召开，拉开我国改革开放的序幕开始，我国农村村民自治已经走过了40多年的发展历程。这个发展历程可以概括为自治组织体系化、基层民主规范化、民主建设纵深化、乡村治理现代化等四个发展阶段。改革开放初期，这一来自农村基层创造性的改革尝试，逐步推及到全国范围的农村自治组织建构，形成了全面覆盖的农村基层民主组织体系。国家通过法律形式作出了制度性设计，把村民自治纳入法制化轨道，形成了科学合理、系统完备、运行有效的村民自治法律体系。经过国家和基层的双重努力和长期探索，不断丰富了农村基层民主形式，不断推进村务公开，探索协商民主，强化权力监督，我国农村基层民主呈现出新的活力。40多年来，党团结和带领广大农民在推动村民自治制度建设上取得了重大成就，形成了独特的民主发展方式。总结40多年来的经验，归根到底就是要把党的领导、人民当家作主和依法治国有机地结合起来，走中国特色的社会主义基层民主发展道路。①

（一）坚持党的领导，牢牢把握村民自治的正确方向

党的领导是中国特色社会主义最本质的特征，是中国特色社会主义制度的最大优势，也是人民当家做主的根本保证。邓小平同志指出，“把权力下放给基层和人民，在农村就是下放给农民，这就是最大的民主。我们讲社会主义民主，这就是一个重要内容。”② 在农民基层民主建设进程中，党始终把握正确的政治方向，将农村基层的创造转化为国家顶层设计，把来自个别农村的实践探索经验转化为在全国范围实行的基层民主制度。事实证明，也只有坚持党的领导，才能切实解决村两委关系、村级干部队伍建设、乡村黑恶势力兴起、村委会组织空壳化、贿选、宗族势力干预选举等基层民主建设中的重大问题。在新的历史时期，习近平同志强调，“发

① 单国杰．改革开放40年我国村民自治制度的历史回顾与基本经验［J］．山东青年政治学院学报，2018（6）.

② 中共中央文献编辑委员会．邓小平文选（第三卷）［M］．北京：人民出版社，1993.

展社会主义民主政治，就要坚持发挥党总揽全局、协调各方的领导核心作用，提高党科学执政、民主执政、依法执政水平，保证党领导人民有效治理国家，切实防止出现群龙无首、一盘散沙的现象。……我们要坚持和完善基层群众自治制度，发展基层民主，保障人民依法直接行使民主权利，切实防止出现人民形式上有权、实际上无权的现象。”[①] 发展农村基层民主，必须坚持党的领导，始终保持政治定力，坚定对基层群众自治制度的自信，增强走中国特色农村基层民主道路的信心，确保农民享有更加广泛、更加充分、更加真实的民主权利，让社会主义民主的优越性更加充分地展示出来。

（二）坚持法治建设，为村民自治提供法律保障

依法治国是我们党治理国家的基本方略，也是发展社会主义民主政治的基本要求。40 多年的农村基层民主建设实践证明，村民自治必须纳入法治化的轨道，才能为农民直接行使民主权利，通过各种形式管理农村公共事务提供强有力的法律保障。1982 年，宪法明确规定农村设立村民委员会，确定了村委会作为群众性自治组织的法律地位，为村民自治的推行提供了根本性的法律依据。1984 年，国家开始着手起草《村民委员会组织法（试行）》草案，1987 年提交第六届全国人大常委会审议通过。1998 年，第九届全国人大常委会审议通过了修改的《村民委员会组织法》，正式颁布实施。2010 年，第十一届全国人民代表大会常委会再次进行了修改。这部确定村民自治的基本法经过 4 年的起草、10 年的试行、两次大的修订才正式确立。为了使宪法和村民委员会组织法顺利实施，国务院相关部门制定了部门规章，地方也因地制宜地出台了地方性法规，形成了以宪法为基本依据，村民委员会组织法为主体框架，其他法律制度为配套的村民自治法律体系。法律体系的确立对促进农村基层民主建设起到了至关重要的作用，确定了村民自治的法律地位，为村民委员会的推广建立提供了法律依据。国家通过立法对村民委员会组织进行了规范和界定，实现了村民自治组织建设规范性和多样性的统一，确保村民自治制度改革和探索始终

① 习近平．习近平谈治国理政（第二卷）[M]. 北京：外文出版社，2017.

沿着法制化的轨道前进，保证了基层民主的正确方向。村民自治这一基层民主形式正是在法制化轨道中逐步走向成熟的，这是我们党领导人民推进农村基层民主的宝贵经验。

（三）坚持以农民为主体，为村民自治提供根本依靠力量

人民群众是历史的创造者，是推动社会发展的决定力量。推动农村基层民主建设，必须相信农民，依靠农民，尊重农民的首创精神，维护农民的切身利益。村民自治制度与家庭联产承包责任制一样，源于农民的自发性创造，通过村民自治组织和有效的自治形式，管理村内事务、协调利益关系，为有中国特色的基层群众自治制度建设提供了基层经验和农村样本。广大农民不仅创造了这项制度，而且在民主实践中丰富了村民自治的实质内容和有效形式。1990 年，中组部、民政部等在山东莱西召开全国村级组织建设工作座谈会，总结推广莱西经验，有力推动了村委会选举，初步确立了村民自治的基本内容。随后，民政部在全国范围内开展村民自治示范活动，各地积极探索村民自治的具体模式。吉林梨海的海选、山东招远的村民代表会议、山东章丘的村民自治章程、山西河曲的两票制等地方基层群众的智慧创造都起到了重要的示范作用。这些村民自治的基层发明直接推动了农村基层民主的纵深发展。实践证明，实行村民自治有效地扩大了农村基层民主，是亿万农民在党领导下推动中国特色社会主义民主政治建设的伟大创造。村民自治是农民依法直接行使民主权利、体现当家作主的有效途径，是“由村民群众依法办理群众自己的事情”。[①] 这个制度设立的初衷和要旨不仅仅在于强化国家对于权力末梢的治理，实现国家对乡村社会的有效管理，更在于采用符合中国国情和农村实际的民主形式，切实保障广大农民的权益。虽然村民自治能力和民主意识曾经饱受质疑，但是 40 多年来的发展历程一再证明，依靠农民、相信农民、以农民为主体的村民自治对于缓解农村社会矛盾，解决农村公共事务，促进基层民主建设发挥了重要作用。

---

① 徐勇．中国农村村民自治［M］．武汉：华中师范大学出版社，1997.

（四）坚持顺应经济改革要求，为村民自治奠定经济基础

村民自治在改革开放40年来国家经济体制改革大背景下确立起来并走向成熟的。经济体制改革是国家整体性改革的核心内容，为农村基层民主建设提供了坚实的经济基础。以家庭联产承包责任制为主要内容的农村经济体制改革，赋予了农民土地承包权和生产经营权，极大地解放了农村生产力，促进了农业生产的高速增长，很大程度上改变了国家和农村的关系，“三级所有、队为基础”的政社合一体制日渐失效，呼唤农村社会管理组织和机制的变革。村民自治组织载体和自治模式的出现适应了经济变革的要求，符合农民直接行使民主权利的愿望，因此在全国迅速推广。随着社会主义市场经济体制改革的日渐深入，农村改革也向纵深推进。特别是进入21世纪之后，国家进一步深化农村经济体制改革，包括农村税费改革及配套改革、三权分置和集体产权制度改革、城乡统筹与一体化等，调整了农村、集体和国家的利益分配，把农民从繁重的税费摊派中解放出来，明晰了农民与集体等方面的产权归属，也理顺了农村集体经济组织和村民自治组织之间的关系，无疑推动了农村新社区建设，完善了村民委员会、基层治理组织的功能、管理和服务方式。[①] 2004年，出于对农村税费改革的需要，中央进行了乡镇机构改革试点工作，意味着我国乡村进入以转变政府职能为核心的全面改革时期。借助国家公权力的自觉回缩，改变了之前由于国家权力下放而对乡村治理结构造成的覆盖之势，展现出乡村治理结构的重构和转型。[②] 围绕农村改革，中央做出加强社会主义新农村建设、取消农业税、推动城乡一体化、开展精准扶贫、实施乡村振兴战略等一系列重大举措，全面推进农业农村现代化。这一系列举措切实保护了农民土地承包权，放活土地经营权，充分维护农户使用、流转、抵押、退出承包地等各项权能，进一步释放农村经济活力，明显改善了农民生活，促进农村社会和谐稳定，为村民自治制度的完善奠定了坚实物质基础，同时也对乡村治理现代化带来了新的机遇，提供了新的要求。因此，加快推

① 项继权．改革开放40年：农民和集体不断解放的过程［J］．华中师范大学学报（人文社会科学版），2018（9）．

② 王玉霞，李灵异．中国乡村治理结构变迁与现实关照［J］．河南社会科学，2018（8）．

进农村基层民主建设，必须适应经济体制改革特别是农村改革的需要，顺应农业农村现代化的要求。

（五）坚持问题导向，为村民自治提供改革动力

改革开放以后，随着人民公社制度的解体、国家权力的后撤，带来了农村公共秩序和公共服务缺失的问题，倒逼农村基层自发性、创造性的探索，村委委员会作为自治载体的尝试提供了破解问题的地方经验。国家层面开始着手推广这一经验，并逐步构建起乡镇政府对村委会进行指导、支持和帮助，村委会协助乡镇政府开展工作的基本管理模式和权力配置。但当时民主自治机制与传统的全能主义社会管理机制存在冲突，实行村民自治缺少干部准备和经验准备，村委会的设置及其运行模式也亟待规范。针对这些问题，国家通过立法确定了“四项民主”的基本制度框架，在总结解决问题的基本经验基础上，做出法律层面的规范和设计。但在实际运行中又出现了村委会和乡镇政府权力相争、村委会和农村基层党组织不协调、村委会与村民之间矛盾等一系列问题。中央重点从选举、村务公开、民主管理等方面出台了一系列配套文件，着力解决基层民主如何有效实现的问题，把村民自治引向深入，在法制化的轨道上强化基层民主的内涵式提升，切实保障农民的自治权利。但以行政力量推动村民自治进程，不可避免地带来行政干预自治的现象，同时，村民自治区域发展不平衡、制度建设和民主文化建设不平衡、“四项民主”之间不平衡的矛盾日益凸显。针对这些问题，国家和地方制定了《村民委员会组织法》实施办法，围绕村委会选举、村务公开等出台地方性法规和实施细则，开展大规模换届选举工作，呈现出法律制度细化和行政强力推动的工作局面，切实解决了很多问题。随着新农村建设进程加快，农业税取消，农村改革日益深化，以村民自治为核心的农村基层民主制度又面临着新的问题，比如农村空心化、农民参与自治热情不高、农村可支配资源有限等。这些问题对几十年来探索成熟的农村基层民主制度带了极大的冲击，中央又明确提出不断完善自治、法治、德治相结合的乡村治理体系，推动乡村治理现代化的战略举措，适应新的形势发展要求，积极寻求破解之策。总之，农村基层民主发展的过程也是破解各种问题的过程。中央始终坚持问题导向，深刻研究

和着力破解基层民主进程中的各种问题，推动了村民自治制度不断走向成熟，焕发新的生机和活力。

三、新时期我国深化村民自治实践的发展方向、目标及其内涵

（一）新时期我国深化村民自治实践的发展方向、目标及其发展历程

2017年10月，党的十九大强调，“经过长期努力，中国特色社会主义进入了新时代，这是我国发展新的历史方位”，同时提出要贯彻新发展理念，实施乡村振兴战略，“加强农村基层基础工作，健全自治、法治、德治相结合的乡村治理体系。”[①] 2018年1月，《中共中央国务院关于实施乡村振兴战略的意见》提出，加强农村基层基础工作，构建乡村治理新体系。强调“乡村振兴，治理有效是基础。必须把夯实基层基础作为固本之策，建立健全党委领导、政府负责、社会协同、公众参与、法治保障的现代乡村社会治理体制，坚持自治、法治、德治相结合，确保乡村社会充满活力、和谐有序。”[②] 在明确新时期我国农村基层社会治理体制发展要求的同时，也明确了我国村民自治的发展方向就是要从单纯的村民自治向健全自治、法治、德治相结合的乡村治理体系发展，最终实现治理有效的目标。

从发轫于20世纪80年代的农村村民自治到新时代提出健全自治、法治、德治相结合的乡村治理体系，标志着党和政府对于农村基层治理的认识更加成熟，更加完善。党的十八大以来，党和政府围绕农村基层社会治理和深化村民自治的制度设计和制度安排进行了不懈的探索和实践。2012年11月，党的十八大报告强调，“城乡发展一体化是解决‘三农’问题的根本途径”，“健全基层党组织领导的充满活力的基层群众自治机制”[③]。

---

① 习近平．决胜全面建成小康社会　夺取新时代中国特色社会主义伟大胜利——在中国共产党第十九次全国代表大会上的报告［N］．人民日报，2017-10-28：01.

② 中共中央国务院关于实施乡村振兴战略的意见［N］．人民日报，2018-02-05：01.

③ 中共中央文献编辑委员会．胡锦涛文选（第三卷）［M］．北京：人民出版社，2016.

2012年12月，中共中央、国务院在《关于加快发展现代农业　进一步增强农村发展活力的若干意见》中提出，完善乡村治理机制，切实加强以党组织为核心的农村基层组织建设，“顺应农村经济社会结构、城乡利益格局、农民思想观念的深刻变化……建立健全符合国情、规范有序、充满活力的乡村治理机制。”① 2014年1月，中共中央、国务院在《关于全面深化农村改革　加快推进农业现代化的若干意见》中强调，要从加强农村基层党的建设、健全基层民主制度、创新基层管理服务等三个方面入手，“改善乡村治理机制”②。2015年2月，中共中央、国务院在《关于加大改革创新力度　加快农业现代化建设的若干意见》提出，创新和完善乡村治理机制，“在有实际需要的地方，扩大以村民小组为基本单元的村民自治试点，继续搞好以社区为基本单元的村民自治试点，探索符合各地实际的村民自治有效实现形式”，围绕做好“三农”工作，加强农村法治建设，“从农村实际出发，善于发挥乡规民约的积极作用，把法治建设和道德建设紧密结合起来”③。第一次呈现出加强农村基层社会治理，要坚持自治、法治、德治相结合的制度设计雏形。2016年1月，中共中央、国务院印发《关于落实发展新理念加快农业现代化实现全面小康目标的若干意见》，提出“十三五”时期推进农村改革发展，必须加强和改善党对“三农”工作领导，并从提高党领导农村工作水平、加强农村基层党组织建设、创新和完善乡村治理机制、深化农村精神文明建设四个方面提出明确要求和任务，第一次提出“依法开展村民自治实践，探索村党组织领导的村民自治有效实现形式”④，使中国特色的乡村治理体制探索进入了一个新的历史时期。2017年10月，党的十九大召开，创造性地提出“加强农村基层基础工作，健全自治、法治、德治相结合的乡村治理体系”。这是中国特色乡村治

① 中共中央，国务院．关于加快发展现代农业进一步增强农村发展活力的若干意见［EB/OL］．中国政府网，http：//www.gov.cn/gongbao/content/2013/content_2332767.htm.

② 中共中央，国务院．关于全面深化农村改革　加快推进农业现代化的若干意见［EB/OL］．中国政府网，http：//www.gov.cn/jrzg/2014-01/19/content_2570454.htm.

③ 中共中央，国务院．关于加大改革创新力度　加快农业现代化建设的若干意见［EB/OL］．中国政府网，http：//www.gov.cn/zhengce/2015-02/01/content_2813034.htm.

④ 中共中央，国务院．关于落实发展新理念加快农业现代化实现全面小康目标的若干意见［EB/OL］．中国政府网，http：//www.gov.cn/zhengce/2016-01/27/content_5036698.htm.

理体制理论创新和实践创新的结果，标志着在我国社会主要矛盾已经转化为人民日益增长的美好生活需要和不平衡不充分的发展之间的矛盾的新时代，中国特色社会主义的乡村治理体制也得到了进一步发展和完善。①

（二）新时期我国深化村民自治实践的内涵

新时期我国深化村民自治实践的目的就是为了保证农村社会治理有效，推进农业农村现代化。要实现乡村治理有效，就必须把夯实基层基础作为固本之策，坚持党的领导，加强农村基层基础工作，构建乡村治理新体系，建立健全党委领导、政府负责、社会协同、公众参与、法治保障的现代乡村社会治理体制，坚持自治、法治、德治相结合，确保乡村社会充满活力、和谐有序。

1. 加强农村基层党组织建设

扎实推进抓党建促乡村振兴，突出政治功能，提升组织力，抓乡促村，把农村基层党组织建成坚强战斗堡垒。强化农村基层党组织领导核心地位，创新组织设置和活动方式，持续整顿软弱涣散村党组织，稳妥有序开展不合格党员处置工作，着力引导农村党员发挥先锋模范作用。建立选派第一书记工作长效机制，全面向贫困村、软弱涣散村和集体经济薄弱村党组织派出第一书记。实施农村带头人队伍整体优化提升行动，注重吸引高校毕业生、农民工、机关企事业单位优秀党员干部到村任职，选优配强村党组织书记。健全从优秀村党组织书记中选拔乡镇领导干部、考录乡镇机关公务员、招聘乡镇事业编制人员制度。加大在优秀青年农民中发展党员力度，建立农村党员定期培训制度，全面落实村级组织运转经费保障政策。推行村级小微权力清单制度，加大基层小微权力腐败惩处力度。严厉整治惠农补贴、集体资产管理、土地征收等领域侵害农民利益的不正之风和腐败问题。

2. 深化村民自治实践

坚持自治为基，加强农村群众性自治组织建设，健全和创新村党组织

---

① 高其才，池建华．改革开放40年来中国特色乡村治理体制：历程·特质·展望［J］．学术交流．2018（11）．

领导的充满活力的村民自治机制。推动村党组织书记通过选举担任村委会主任。发挥自治章程、村规民约的积极作用。全面建立健全村务监督委员会，推行村级事务阳光工程。依托村民会议、村民代表会议、村民议事会、村民理事会、村民监事会等，形成民事民议、民事民办、民事民管的多层次基层协商格局。积极发挥新乡贤作用。推动乡村治理重心下移，尽可能把资源、服务、管理下放到基层。继续开展以村民小组或自然村为基本单元的村民自治试点工作。加强农村社区治理创新。创新基层管理体制机制，整合优化公共服务和行政审批职责，打造“一门式办理”“一站式服务”的综合服务平台。在村庄普遍建立网上服务站点，逐步形成完善的乡村便民服务体系。大力培育服务性、公益性、互助性农村社会组织，积极发展农村社会工作和志愿服务。集中清理上级对村级组织考核评比多、创建达标多、检查督查多等突出问题。维护村民委员会、农村集体经济组织、农村合作经济组织的特别法人地位和权利。

3. 建设法治乡村

坚持法治为本，树立依法治理理念，强化法律在维护农民权益、规范市场运行、农业支持保护、生态环境治理、化解农村社会矛盾等方面的权威地位。增强基层干部法治观念、法治为民意识，将政府涉农各项工作纳入法制化轨道。深入推进综合行政执法改革向基层延伸，创新监管方式，推动执法队伍整合、执法力量下沉，提高执法能力和水平。建立健全乡村调解、县市仲裁、司法保障的农村土地承包经营纠纷调处机制。加大农村普法力度，提高农民法治素养，引导广大农民增强遵法学法守法用法意识。健全农村公共法律服务体系，加强对农民的法律援助和司法救助。

4. 提升乡村德治水平

深入挖掘乡村熟人社会蕴含的道德规范，结合时代要求进行创新，强化道德教化作用，引导农民向上向善、孝老爱亲、重义守信、勤俭持家。建立道德激励约束机制，引导农民自我管理、自我教育、自我服务、自我提高，实现家庭和睦、邻里和谐、干群融洽。广泛开展好媳妇、好儿女、好公婆等评选表彰活动，开展寻找最美乡村教师、医生、村官、家庭等活动。深入宣传道德模范、身边好人的典型事迹，弘扬真善美，传播正能量。

5. 建设平安乡村

健全落实社会治安综合治理领导责任制，大力推进农村社会治安防控体系建设，推动社会治安防控力量下沉。深入开展扫黑除恶专项斗争，严厉打击农村黑恶势力、宗族恶势力，严厉打击黄赌毒盗拐骗等违法犯罪。依法加大对农村非法宗教活动和境外渗透活动打击力度，依法制止利用宗教干预农村公共事务，继续整治农村乱建庙宇、滥塑宗教雕像。完善县乡村三级综治中心功能和运行机制。健全农村公共安全体系，持续开展农村安全隐患治理。加强农村警务、消防、安全生产工作，坚决遏制重特大安全事故。探索以网格化管理为抓手、以现代信息技术为支撑，实现基层服务和管理精细化精准化，推进农村“雪亮工程”建设。

四、新时期深化村民自治实践的具体任务及建议

（一）新时期深化村民自治实践的具体任务

对于在实施乡村振兴战略背景下，进一步深化村民自治实践，《中共中央国务院关于实施乡村振兴战略的意见》中提出，要“坚持自治为基，加强农村群众性自治组织建设，健全和创新村党组织领导的充满活力的村民自治机制”①。围绕这个机制的健全和创新，提出了以下 13 项具体工作任务清单：

（1）推动村党组织书记通过选举担任村委会主任；

（2）发挥自治章程、村规民约的积极作用；

（3）全面建立健全村务监督委员会，推行村级事务阳光工程；

（4）依托村民会议、村民代表会议、村民议事会、村民理事会、村民监事会等，形成民事民议、民事民办、民事民管的多层次基层协商格局；

（5）积极发挥新乡贤作用；

（6）推动乡村治理重心下移，尽可能把资源、服务、管理下放到基层；

（7）继续开展以村民小组或自然村为基本单元的村民自治试点工作；

① 中共中央国务院关于实施乡村振兴战略的意见［N］. 人民日报，2018-02-05：01.

（8）加强农村社区治理创新；

（9）创新基层管理体制机制，整合优化公共服务和行政审批职责，打造“一门式办理”“一站式服务”的综合服务平台；

（10）在村庄普遍建立网上服务站点，逐步形成完善的乡村便民服务体系；

（11）大力培育服务性、公益性、互助性农村社会组织，积极发展农村社会工作和志愿服务；

（12）集中清理上级对村级组织考核评比多、创建达标多、检查督查多等突出问题；

（13）维护村民委员会、农村集体经济组织、农村合作经济组织的特别法人地位和权利。

为了保证在实施乡村振兴战略过程中，深化村民自治实践各项具体任务完成，2018 年 9 月，中共中央国务院在印发的《乡村振兴战略规划（2018—2022 年）》中，又专门进一步细化了“深化村民自治实践”的 9 项具体工作[①]：

（1）加强农村群众性自治组织建设；

（2）完善农村民主选举、民主协商、民主决策、民主管理、民主监督制度；

（3）规范村民委员会等自治组织选举办法，健全民主决策程序；

（4）依托村民会议、村民代表会议、村民议事会、村民理事会等，形成民事民议、民事民办、民事民管的多层次基层协商格局；

（5）创新村民议事形式，完善议事决策主体和程序，落实群众知情权和决策权；

（6）全面建立健全村务监督委员会，健全务实管用的村务监督机制，推行村级事务阳光工程；

（7）充分发挥自治章程、村规民约在农村基层治理中的独特功能，弘扬公序良俗；

① 新华社．中共中央国务院印发《乡村振兴战略规划（2018—2022 年）》［N］．人民日报，2018-09-27：01.

（8）继续开展以村民小组或自然村为基本单元的村民自治试点工作；

（9）加强基层纪委监委对村民委员会的联系和指导。

（二）新时期深化村民自治实践的建议

实行村民自治制度 20 多年来，村民通过民主选举成为村级民主治理的主体，通过村民会议、村民代表会议等行使自己的民主权利、维护自身利益，通过村务公开加强村务监督，充分体现了基层自治的民主性。但村民自治制度在实践过程中也存在着诸多问题，如村民民主参与意识不强，村委会选举中存在着贿选、胁迫选举以及乡镇政府干涉现象，村务监督机构及主体缺失，乡镇党政管理和村民自治的关系还未理顺，村民自治缺乏必要经费保障等。针对这些问题，迫切需要采取相应的对策，进一步完善村民自治制度，实现乡村治理有力[①]。2019 年 9 月，中共中央办公厅、国务院办公厅印发的《关于加强和改进乡村治理的指导意见》提出：到 2020 年，现代乡村治理的制度框架和政策体系基本形成，农村基层党组织更好发挥战斗堡垒作用，以党组织为领导的农村基层组织建设明显加强，村民自治实践进一步深化，村级议事协商制度进一步健全，乡村治理体系进一步完善。[②] 2020 年 11 月，《中共中央关于制定国民经济和社会发展第十四个五年规划和二〇三五年远景目标的建议》强调，要加强和创新社会治理，“完善社会治理体系，健全党组织领导的自治、法治、德治相结合的城乡基层治理体系，完善基层民主协商制度，实现政府治理同社会调节、居民自治良性互动，建设人人有责、人人尽责、人人享有的社会治理共同体”[③]，全面推进乡村振兴，推动形成工农互促、城乡互补、协调发展、共同繁荣的新型工农城乡关系，为加快农业农村现代化提供了坚实的社会保障基础。

① 毛平，张禧．基于“三治”结合的乡村治理目标实现路径探讨［J］．现代化农业，2019（6）．

② 中共中央办公厅，国务院办公厅．关于加强和改进乡村治理的指导意见［EB/OL］．中国政府网，http：//www.gov.cn/zhengce/2019－06/23/content_5402625.htm.

③ 中共中央关于制定国民经济和社会发展第十四个五年规划和二〇三五年远景目标的建议［N］．人民日报，2020－11－04：01.

1. 坚持党的领导，完善党领导的村民自治机制

党政军民学，东西南北中，党是领导一切的。[①] 2018 年 2 月，《中共中央国务院关于实施乡村振兴战略的意见》要求，研究制定中国共产党农村工作条例，要“根据坚持党对一切工作的领导的要求和新时代‘三农’工作新形势新任务新要求，研究制定中国共产党农村工作条例，把党领导农村工作的传统、要求、政策等以党内法规形式确定下来，明确加强对农村工作领导的指导思想、原则要求、工作范围和对象、主要任务、机构职责、队伍建设等，完善领导体制和工作机制，确保乡村振兴战略有效实施。”[②] 2018 年 10 月，中共中央印发《中国共产党支部工作条例（试行）》，对农村基层党支部建设做出了详细规定。2019 年 1 月，中共中央印发《中国共产党农村基层组织工作条例》，对农村基层党组织的设置、职责任务、领导班子和干部队伍建设、党员队伍建设等做出了进一步规定。其中，把领导本乡镇的基层治理作为乡镇党委的主要职责之一，特别明确村党组织的主要职责之一就是要“领导和推进村级民主选举、民主决策、民主管理、民主监督，推进农村基层协商，支持和保障村民依法开展自治活动。”[③]

党领导下的村民自治机制，是我国民主政治建设基本制度之一。党的农村基层组织是党在农村工作的根基，发展完善基层党组织领导的充满活力的基层群众自治机制，抓好以村党组织为核心的村级组织建设是农村工作的基础工程。发展和完善党领导的村民自治机制，首先，要完善村党组织的领导机制，选好配强村党组织领导班子尤其是党支部书记，按照民主集中制原则完善村党组织议事规则和决策程序，改进村党组织的领导方式和工作方法。其次，要完善村“两委”协调机制，进一步明确和细化村党支部和村委会的职责任务，建立健全村“两委”联席会议制度。第三，要完善村级党内民主机制，充分调动党员政治参与的积极性，发挥党内民主的示范带动作用，完善村党支部选举制度，建立健全党员大会审议村级重

① 习近平．决胜全面建成小康社会　夺取新时代中国特色社会主义伟大胜利——在中国共产党第十九次全国代表大会上的报告［N］．人民日报，2017-10-28：01.

② 中共中央国务院关于实施乡村振兴战略的意见［N］．人民日报，2018-02-05：01.

③ 中共中央．中国共产党农村基层组织工作条例［N］．人民日报，2019-01-11：01.

大事项制度，完善村级党务公开制度，建立健全党员联系群众制度。第四，要完善村民自治机制，保障村民当家作主，健全村民会议或村民代表会议审议决定村级重大事项制度，实行村级重大事务决议公开和实施结果公开，把民主选举、民主决策、民主管理、民主监督的要求具体化、制度化。

2. 抓好乡村自治基础，激发乡村自治的内生动力

抓好乡村自治基础，重点是增强村民参与自治的主体意识、民主意识和自治意识。一方面，要加强农村文化教育，提高农村群众的思想道德素质和科学文化水平，转变村民的思想观念，增强村民自治的主体意识和参与意识，调动村民参与自治的积极性，提升村民自治的有效性；另一方面，要加大乡村宣传教育，宣传国家的村民自治制度以及利民惠民的各项方针政策，明确村民在村民自治制度中的权利、地位及行使权利的正确方式，引导村民通过正常渠道和方式来表达、维护和实现自身的合理利益需求。同时，要进一步推进村务公开，整合社会资源和力量，发挥农村社会服务组织、社会各类人才、新乡贤等群体在乡村治理中的作用，依法参与农村发展事务，提升乡村自治水平。

3. 完善乡村自治制度，为乡村自治提供法律保障

邓小平同志指出，“制度是决定因素”①。实现乡村治理有力，必须进一步完善乡村自治制度。一是完善选举制度。坚持程序公正，进一步细化选举流程，注重选举各环节有法可依。乡镇政府在选举期间派出巡视人员，及时发现并处置贿选、胁迫选举等现象，保障选举公正、公平。二是完善监督制度。建立健全村务监督委员会，进一步加强和规范村务监督工作，切实保障村民群众合法权益和村集体利益②。三是完善信访制度。畅通信访渠道，加强对村民自治的民主监督，引导村民通过合法途径参与自治，维护自身的合法权利和利益。

4. 发展村级集体经济，为村民自治提供必要经费支持

经济发展是政治参与的前提和基础，实行村民自治制度，实现村民的

---

① 中共中央文献编辑委员会．邓小平文选（第二卷）［M］．北京：人民出版社，1994-10.

② 中共中央办公厅国务院办公厅．关于建立健全村务监督委员会的指导意见［N］．人民日报，2017-12-05：04.

自我管理、自我教育、自我服务目标，其运作离不开必要的经济支撑。首先，大力发展集体经济。针对目前部分村庄的集体经济薄弱，无力为村民自治提供经费支撑的现状，要结合乡村当地自然资源、资产、人力、地理环境等实际情况，通过资源开发、盘活资产、整合资金、拓展服务等[①]渠道，发展壮大村级集体经济，为乡村自治提供必要的经济支撑。其次，政府提供必需的经费保障。村民自治制度是中国基本政治制度的有机构成，政府行为对于村民自治制度的完善和发展起着主导性作用。因此，地方财政在政府预算中应该留出村民自治所必需的保障性经费。同时，对于经济相对落后的农村地区，地方财政还应考虑给予适当补助和专项支持，促进当地经济发展，保证村民自治顺利进行。第三，借助社会力量。积极引入社会资金，参与乡村社区的公益设施建设和公共服务体系建设，发展社区社会化服务，提高乡村社区的公益服务水平。

5. 规范乡村自治权责，为乡村自治提供坚强组织保障

在新的时期，完善党领导下的农村村民自治，实现乡村治理有效，要求党的农村基层组织应当加强对各类组织的统一领导，打造充满活力、和谐有序的善治乡村，形成共建共治共享的乡村治理格局。要按照《中国共产党农村基层组织工作条例》的要求，首先，在组织架构上实现村党组织书记应当通过法定程序担任村民委员会主任和村级集体经济组织、合作经济组织负责人，村“两委”班子成员应当交叉任职；村务监督委员会主任一般由党员担任，可以由非村民委员会成员的村党组织班子成员兼任等。其次，在议事规则上，村级重大事项决策实行“四议两公开”，即村党组织提议、村“两委”会议商议、党员大会审议、村民会议或者村民代表会议决议，决议公开、实施结果公开。第三，健全党组织领导的自治、法治、德治相结合的乡村治理体系。深化村民自治实践，制定完善村规民约，建立健全村务监督委员会，加强村级民主监督。推广新时代“枫桥经验”，推进乡村法治建设，提升乡村德治水平，建设平安乡村。依法严厉打击农村黑恶势力、宗族恶势力、宗教极端势力、“村霸”，严防其侵蚀基层干部和基层政权。坚决惩治黑恶势力“保

① 程渭山．破解村级集体经济发展难题［N］．浙江日报，2017-02-06：10.

护伞”。第四，处理好村委会与乡镇政府、村党支部的关系。乡镇政府要认清自己的地位和角色，减少对村民自治的干预，积极支持村民依法自治；村党支部要加强政治领导、思想领导和组织领导，具体的村务应由村委会管理。这样，才能保证在乡镇政府的有力保障和村党支部的具体指导下，村委会组织村民有计划、有秩序地开展村民自治工作，保证村民自治制度的良性运行。

第四章 加强农村文化建设，焕发文明乡风

乡村振兴，乡风文明是保障。《中共中央国务院关于实施乡村振兴战略的意见》中提出，要“繁荣兴盛农村文化，焕发乡风文明新气象”。[①] 2018年9月，中共中央、国务院在《乡村振兴战略规划（2018—2022年）》中进一步强调，要繁荣发展乡村文化，“坚持以社会主义核心价值观为引领，以传承发展中华优秀传统文化为核心，以乡村公共文化服务体系建设为载体，培育文明乡风、良好家风、淳朴民风，推动乡村文化振兴，建设邻里守望、诚信重礼、勤俭节约的文明乡村”[②]，并从加强农村思想道德建设、弘扬中华优秀传统文化、丰富乡村文化生活三个方面细化了在实施乡村振兴战略的过程中加强农村文化建设的基本内容。《中华人民共和国乡村振兴促进法》从法律角度阐明，“国家坚持以社会主义核心价值观为引领，大力弘扬民族精神和时代精神，加强乡村优秀传统文化保护和公共文化服务体系建设，繁荣发展乡村文化。”[③] 乡村振兴，既要塑形，也要铸魂。没有乡村文化的高度自信，没有乡村文化的繁荣发展，就难以实现乡村振兴的伟大使命。实施乡村振兴战略，要物质文明和精神文明一起抓，既要发展产业、壮大经济，更要激活文化、提振精神，繁荣兴盛农

① 中共中央国务院关于实施乡村振兴战略的意见［N］. 人民日报，2018-02-05：01.

② 中共中央，国务院. 乡村振兴战略规划（2018—2020年）［N］. 人民日报，2018-09-27：01.

③ 中华人民共和国. 乡村振兴促进法［N］. 人民日报，2021-05-20：16.

村文化。① 因此，实施乡村振兴战略，必须加强乡村文化建设，把乡村文化振兴贯穿于乡村振兴的各领域、全过程，提升乡村社会文明程度，焕发乡村文明新气象，铸牢乡村振兴的文化之魂，为乡村振兴提供持续的精神动力。

一、乡村文化的内涵及其发展概述

（一）乡村文化的内涵

文化是人类在社会历史实践过程中所创造的物质财富和精神财富的总和，一般指精神财富。乡村文化是乡村社会的有机组成部分，就是在特定的农村社会生产方式基础上，以农民为主体，建立在农村社区基础上的文化，是农民文化素质、价值观、交往方式、生活方式等的综合反映。乡村文化是一种以农民为主体的文化，是农民在长期的生产和生活中创造出来的文化。乡村是中华传统文化生长的家园，中华文化本质上是乡土文化。中华优秀传统文化的思想观念、人文精神和道德规范，植根于乡土社会，源于乡土文化。我国优秀传统农耕文明历史悠久、内涵丰富，一系列价值观念，如家庭为本、尊祖尚礼、邻里和睦、勤俭持家、以丰补歉等，都是人文精华；德业相劝、过失相规、出入相友、守望相助、患难相恤等，都是中华传统美德。儒家文化倡导的讲仁爱、重民本、守诚信、崇正义、尚和合、求大同，不仅维护了中国古代社会的良好秩序，在当今社会仍然具有强韧而持久的生命力。

文化作为一种行为规则系统，其主要功能在于建立一种稳定的秩序，降低人们进行社会活动的风险，促进社会生活的和谐。目前，从促进社会稳定的视角来看，在乡村文化中发挥作用较大的主要有宗教、礼仪、宗法、道德等文化。

1. 乡村宗教文化

宗教产生的根源是人们对未来的不确定性。德国著名哲学家费尔巴哈

---

① 人民网．习近平要求乡村实现“五个振兴”［EB/OL］．人民网，http：//politics. people. com. cn/n1/2018/0716/c1001－30149097. html.

曾指出："宗教的整个本质表现并集中在献祭之中。献祭的根源便是依赖感——恐惧、怀疑、对后果的无把握、未来的不可知……而献祭的结果、目的则是自我感——自信、满意、对后果的有把握、自由和幸福。去献祭时，是自然的奴仆，但是献祭归来时，是自然的主人。"[①] 宗教具有加强人们之间相互认知的作用，共同的崇拜对象和普遍接受的教义规则可以成为人们之间相互认知的符号，强烈的宗教感情对于同一宗教共同体能起到稳定内部关系的作用。因此，宗教具有降低不确定性的作用，有利于维护社会的稳定。农村社会调研表明，宗教文化在农村社会稳定中起着重要的作用。无论是先富裕起来的农民，还是尚未脱贫的农民，都不同程度地存在各种宗教信仰和参加各种宗教活动，村民兴建寺庙的积极性高于修建公路等基础设施的积极性。但是，在不同的宗教共同体之间，宗教分野也可能会强化人们之间的对立，造成社会不稳定。无论在落后社会，还是在现代工业社会，宗教对人们的行为都有重要影响。科学不可能消除人们的宗教感情，现代社会的人们仍有可能从宗教中寻求"终极关怀"。

2. 乡村礼仪文化

礼仪是人们通过程式化言行交流某种信息，以求得生存环境的秩序化和消除对环境的陌生感。礼仪还可以看作社会交易中实施基本行为规则的技术性模式，看作行为文化必要的外包装。所谓"仁义道德，非礼不成；教训正俗，非礼不备；纷争辩讼，非礼不决"等，也说明了礼仪的这种功能。功能良好的礼仪能够传达善意，提高社会交往效率，从而有助于社会的稳定。礼仪在历史上也有固化等级关系与宗法关系的作用，随着社会的进步，这种作用会逐渐消弭。目前，我国农村社会正处于向现代社会迅速转型的历史时期，一些好的传统礼仪规则不断受到破坏，而一些不适应时代进步的礼仪规则却有所兴起。如一些权钱交易活动借助"送礼"得以实现，礼仪活动的敛财性质明显，使社会交往的成本增加、品质恶化，阻碍社会进步。

3. 乡村宗法文化

宗族是由同一祖先繁衍下来的人群，宗法关系便是基于宗族血统而产

① 费尔巴哈．宗教的本质［M］．北京：商务印书馆，2010.

生的地域性极强的社会关系。在封闭程度很高的情况下，宗族关系会成为农村社会最重要的关系，成为支撑乡村伦理道德的基础社会结构。另外，宗法关系能为农民的经济活动提供一个稳定机制。家族成员在生活告急时，往往求助于同族成员；在承租土地及钱财借贷中，往往是同族成员充当中人；一无所有的同族成员也可以从宗族中获得帮助以求生存。如果没有外界因素干扰，宗族之间的冲突通常也可以通过家族领袖之间的谈判确定妥协的条件。但是，在一定条件下，宗族关系和祭祖文化也有可能有分裂社会的作用。即使在经济发达以后，这种作用也会长期存在。如我国南方地区农村经济相对较为发达，但南方地区的祭祖文化却盛于北方。在近年的农村基层选举中，仍然能观察到祭祖文化和宗族力量的影响。以家庭土地财产权为基础的土地制度、覆盖半径合理的乡村自治体设置制度以及经济活动的高度市场化等，都有利于消除宗法关系对社会稳定的消极作用。

4. 乡村道德文化

一般来说，道德是依靠羞耻感来维持的人们自律性行为规则。传统农村社会通常是由许多血亲共同体构成的，在血亲共同体内部，个人实施机会主义的风险收益较小，具有流氓性格的人的机会主义行为与共同体的传统道德规则反差较大，容易识别；违规行为会使当事人名誉扫地，承受羞愧的惩罚。[①] 羞愧惩罚要依赖熟人社会才能起作用，熟人社会的性质决定了道德类型。因此，道德在传统农村社会能够较好地发挥稳定作用。在基于社会高度分工基础上的居民点所形成的现代农村社区，由于人们的非经济往来不会约束基本自由，社会信任的基础已经由道德向契约转变，由自律向他律转变。

（二）乡村文化的发展概述

文化既是社会发展的产物，也是人类社会实践的产物。因而，从传统的乡村文化来看，其具有乡土性、封闭性、相对静态性、多样性等特点，

① 加里.S. 贝克尔.家庭经济分析［M］. 北京：华夏出版社，1987.

同样也具有文化的变迁性，随着经济社会的发展而不断发生变迁。[①] 在中华优秀传统文化的形成和发展过程中，乡土文化不仅起到了“孕育者”的作用，还发挥了“守护者”的作用。近代以来，尽管中国乡土文化屡次遭受磨难，但其文化精髓并没有丧失，而是深深植根于中国农村广袤的土地上，并在新时期焕发出强大的生命力。[②] 中国乡村社会在 20 世纪以来，经历了激烈而丰富的变革，表现于文化领域，历经了文化冲突、文化改造、文化整合等过程。在新中国成立后的数十年里，大量传统民俗因被视为“四旧”（旧思想、旧文化、旧风俗、旧习惯）而被批判和铲除，有些则完全从日常生活中消失。1978 年改革开放以后，随着农村生产力得到解放和发展，一些民俗也得到了相应的恢复。

进入 21 世纪后，随着我国经济社会的发展和人民生活水平的不断提高，农村文化建设也得到了党和政府的进一步重视。2005 年 11 月，中共中央办公厅、国务院办公厅联合发出《关于进一步加强农村文化建设的意见》，提出加强农村文化建设是全面建设小康社会的内在要求，是树立和落实科学发展观、构建社会主义和谐社会的重要内容，是建设社会主义新农村、满足广大农民群众多层次多方面精神文化需求的有效途径，对于提高党的执政能力和巩固党的执政基础，促进农村经济发展和社会进步，实现农村物质文明、政治文明和精神文明协调发展具有重大意义。要求要以丰富农民群众精神文化生活为根本，开展多种形式的群众文化活动，积极引导广大农民群众崇尚科学，破除迷信，移风易俗，抵制腐朽文化，提高思想道德水平和科学文化素质，形成文明健康的生活方式和社会风尚。[③] 2015 年 1 月，中共中央办公厅、国务院办公厅印发《关于加快构建现代公共文化服务体系的意见》，强调要统筹推进公共文化服务均衡发展，促进城乡基本公共文化服务均等化，提出要加大对农村民间文化艺术的扶持力度，推进“三农”出版物出版发行、广播电视涉农节目制作和农村题材文艺作品创作，深入实施边远贫困地区、边疆民族地区、革命老区人才文

---

① 张禧．农村社会发展［M］．北京：中国农业出版社，2019.

② 王磊．乡村文化振兴的国学思考［N］．光明日报，2018－07－07：11.

③ 中共中央办公厅，国务院办公厅．关于进一步加强农村文化建设的意见［EB/OL］．中国政府网，http：//www.gov.cn/gongbao/content/2006/content_161057.htm.

化工作者专项支持计划，支持老少边穷地区挖掘、开发、利用民族民间文化资源，充实公共文化服务内容等，进一步明确了农村文化建设的方向和举措，为加强农村文化建设，推进农村文化的发展提供了重要的制度保障。① 在国家政策的强力引导和文化部门及各类社会主体的努力推动下，农村群众的文化“获得感”大有提升。据统计，2015 年底，全国农村广播电视覆盖率达 98%，已建成 4 万多个乡镇综合文化站，互联网能将文化信息送到村一级。② 截至 2020 年 6 月，全国共建成基层综合性文化服务中心 56 万个，覆盖率超过 95%；文化和旅游部努力挖掘乡村优秀传统文化和农业资源，开发适应现代生活的文创产品和旅游商品，推出 300 条全国乡村旅游精品线路，建成全国乡村旅游重点村 1 000 个；传承千年的文化遗产为脱贫致富打开新思路，有关部门支持各地设立各级非遗扶贫就业工坊超过 2000 家，带动数十万人就业增收。③

（三）新时期乡村文化建设的主要内容

2018 年 2 月，《中共中央国务院关于实施乡村振兴战略的意见》中提出“必须坚持物质文明和精神文明一起抓，提升农民精神风貌，培育文明乡风、良好家风、淳朴民风，不断提高乡村社会文明程度。”④ 2018 年 9 月，中共中央国务院在《乡村振兴战略规划（2018—2022 年）》中进一步明确提出繁荣发展乡村文化，就是要“坚持以社会主义核心价值观为引领，以传承发展中华优秀传统文化为核心，以乡村公共文化服务体系建设为载体，培育文明乡风、良好家风、淳朴民风，推动乡村文化振兴，建设邻里守望、诚信重礼、勤俭节约的文明乡村。”⑤ 因此，新时期的乡村文

① 新华社．中办、国办印发《关于加快构建现代公共文化服务体系的意见》[EB/OL]. 中国政府网，http：//www. gov. cn/xinwen/2015 - 01/14/content _ 2804240. htm.

② 新华社．“十二五”期间我国文化改革发展成就综述 [EB/OL]. 新华网，http：//www. xinhu anet. com/politics/2015 - 10/27/c _ 1116955883. htm.

③ 新华社．“十三五”期间我国文化建设成就综述 [EB/OL]. 中新网，https：//www. chinanews. com/gn/2020/09 - 28/9302332. shtml.

④ 中共中央国务院关于实施乡村振兴战略的意见 [N]. 人民日报，2018 - 02 - 05：01.

⑤ 中共中央，国务院．乡村振兴战略规划（2018—2020 年）[N]. 人民日报，2018 - 09 - 27：(1).

化建设，就是以农民为主体，坚持以社会主义核心价值观为引领，以传承发展中华优秀传统文化为核心，以乡村公共文化服务体系建设为载体，开展产业、设施、教育、文娱活动等全方位乡村文化形态建设，以繁荣兴盛农村文化，焕发乡风文明新气象，进而实现乡村文化振兴的过程。综合来看，在新的时期，加强乡村文化建设主要包括以下三项内容：

一是加强农村思想道德建设。坚持教育引导、实践养成、制度保障三管齐下，深入推进社会主义核心价值观；深化文明村镇创建活动，广泛开展群众性精神文明创建活动，重视发挥社区教育作用，巩固农村思想文化阵地；倡导诚信道德规范，深入实施公民道德建设工程，推进社会公德、职业道德、家庭美德、个人品德建设。持续推进农村精神文明建设，提升农民精神风貌，倡导科学文明生活，不断提高乡村社会文明程度。

二是弘扬中华优秀传统文化。实施农耕文化传承保护工程，深入挖掘农耕文化中蕴含的优秀思想观念、人文精神、道德规范，充分发挥其在凝聚人心、教化群众、淳化民风中的重要作用。立足乡村文明，汲取城市文明及外来文化优秀成果，在保护传承的基础上，创造性转化、创新性发展，不断赋予时代内涵、丰富表现形式，为增强文化自信提供优质载体。

三是丰富乡村文化生活。按照有标准、有网络、有内容、有人才的要求，健全乡村公共文化服务体系，推动城乡公共文化服务体系融合发展；深入推进文化惠民，为农村地区提供更多更好的公共文化产品和服务；广泛开展群众文化活动，完善群众文艺扶持机制，培育挖掘乡土文化本土人才，繁荣农村文化市场，为广大农民提供高质量的精神营养。

二、新时期推进乡村文化建设的背景及其重要性

（一）新时期推进乡村文化建设的背景

实施乡村振兴战略，是党的十九大作出的重大决策部署，是决胜全面建成小康社会、全面建设社会主义现代化国家的重大历史任务，是新时代“三农”工作的总抓手。实施乡村振兴战略，要坚持乡村全面振兴，实现乡村产业振兴、人才振兴、文化振兴、生态振兴、组织振兴，推动农业全面升级、农村全面进步、农民全面发展。乡村文化振兴作为乡村振兴的五

大振兴任务之一，是乡村振兴的精神基础，乡村文化振兴是实现乡风文明、生态宜居、治理有效的重要支撑。

一方面，“三农”问题直接关系着国家的现代化建设。实施乡村振兴战略的目的，就是要坚持农业农村优先发展，按照产业兴旺、生态宜居、乡风文明、治理有效、生活富裕的总要求，建立健全城乡融合发展体制机制和政策体系，统筹推进农村经济建设、政治建设、文化建设、社会建设、生态文明建设和党的建设，加快推进乡村治理体系和治理能力现代化，加快推进农业农村现代化，走中国特色社会主义乡村振兴道路，让农业成为有奔头的产业，让农民成为有吸引力的职业，让农村成为安居乐业的美丽家园。2020 年 11 月，党的十九届五中全会提出，要全面建设社会主义现代化国家，“把乡村建设摆在社会主义现代化建设的重要位置”，“坚持把解决好‘三农’问题作为全党工作重中之重，走中国特色社会主义乡村振兴道路，全面实施乡村振兴战略，强化以工补农、以城带乡，推动形成工农互促、城乡互补、协调发展、共同繁荣的新型工农城乡关系，加快农业农村现代化。”① “三农”问题在我国作为一个概念提出来是在 20 世纪 90 年代中期，实际上“三农”问题自新中国成立以来就一直存在。进入 21 世纪后，党和国家高度关注“三农”问题。党的十八大以来，国家持续加大对“三农”问题的政策支持力度，不断深化农村改革，促进农村全方位发展。党的十九大提出实施乡村振兴战略，标志着乡村发展进入了一个新阶段，同时也体现了党和国家对“三农”问题的高度重视。在新的时代，实施乡村振兴战略，加快农业农村现代化直接关系到国家的全面现代化建设。因此，加强乡村文化建设，实现乡村文化振兴，既是乡村振兴的重要内容，也是新时代解决“三农”问题，加快农业农村现代化建设的题中应有之义。

另一方面，文化建设是农业农村现代化的客观需要。实施乡村振兴的目的在于加快农业农村现代化，但农业农村现代化不仅仅是经济层面的现代化，而是全面的现代化。近年来，党和国家加大了解决“三农”问题的

① 新华社．中共中央关于制定国民经济和社会发展第十四个五年规划和二〇三五年远景目标的建议［N］．人民日报，2020－11－04：01.

力度，农业结构稳步调整，农村经济稳步发展，农村改革稳步推进，农民收入稳步增加，农村社会继续保持稳定①，农民物质生活实现由温饱到小康的转变，逐渐开始关注精神生活。在绝大多数农村人口解决温饱以后，存在的问题是物质生活与文化生活之间的不对称，物质获得感与文化获得感的不均衡。② 从总体上看，随着物质生活的改善，农村人口对美好文化生活的需求迅速增长。因此，实施乡村振兴战略，通过文化振兴来满足农村人口日益增长的对美好文化生活的需求是极其必要的。2018 年中央 1 号文件从提升农业发展质量、推进乡村绿色发展、繁荣兴盛农村文化、构建乡村治理新体系、提高农村民生保障水平、打好精准脱贫攻坚战、强化乡村振兴制度性供给、强化乡村振兴人才支撑、强化乡村振兴投入保障、坚持和完善党对“三农”工作的领导等方面进行安排部署。③ 2019 年 1 月，中共中央国务院在《关于坚持农业农村优先发展　做好“三农”工作的若干意见》中强调，要加强农村精神文明建设，“引导农民践行社会主义核心价值观，巩固党在农村的思想阵地。”④ 2020 年 1 月，中共中央、国务院在《关于抓好“三农”领域重点工作　确保如期实现全面小康的意见》中进一步强调，“党的十九大以来，党中央围绕打赢脱贫攻坚战、实施乡村振兴战略作出一系列重大部署，出台一系列政策举措。农业农村改革发展的实践证明，党中央制定的方针政策是完全正确的，今后一个时期要继续贯彻执行”，要“改善乡村公共文化服务，推动基本公共文化服务向乡村延伸，扩大乡村文化惠民工程覆盖面”，“教育引导群众革除陈规陋习，弘扬公序良俗，培育文明乡风”⑤ 等，推进农业高质量发展，保持农村社会和谐稳定，提升农民群众的获得感、幸福感、安全感，确保脱贫攻

① 中共中央国务院关于促进农民增加收入若干政策的意见［EB/OL］. 中国政府网，http：//www. moa. gov. cn/ztzl/yhwj/wjhg/201202/t20120214 _ 2481181. htm.

② 刘汉成，夏亚华 . 乡村振兴战略的理论与实践［M］. 北京：中国经济出版社，2019.

③ 新华社，2018 年中央 1 号文件公布　全面部署实施乡村振兴战略［EB/OL］. 中国政府网，http：//www. gov. cn/xinwen/2018 - 02/04/content _ 5263760. htm.

④ 中共中央，国务院 . 关于坚持农业农村优先发展　做好“三农”工作的若干意见［EB/OL］. 中国政府网，http：//www. gov. cn/zhengce/2019 - 02/19/content _ 5366917. htm.

⑤ 中共中央，国务院 . 关于抓好“三农”领域重点工作　确保如期实现全面小康的意见［EB/OL］. 中国政府网，http：//www. gov. cn/zhengce/2020 - 02/05/content _ 5474884. htm.

坚战圆满收官，确保农村同步全面建成小康社会。

（二）新时期推进乡村文化建设的重要性

乡村是中华传统文化的家园，乡土文化是中华传统优秀文化的根底，乡土文化孕育守护着中华文化的精髓。乡村振兴既要塑形也要铸魂，要振兴乡村，首先要振兴人的思想和精神。乡村文化建设在繁荣乡村文化、满足农民日益增长的精神文化需求，全面推进乡村振兴中发挥着重要作用。

1. 实施乡村振兴战略的文化支撑

党的十九届五中全会强调，“要走中国特色社会主义乡村振兴道路，全面实施乡村振兴战略”[①]。乡村文化振兴是乡村振兴的题中之义。乡村文化建设是乡村振兴战略的重要组成部分，其建设水平直接影响着乡村振兴战略的实施效果。加强乡村文化建设，从根本上塑造农民新的精神面貌则是有效推进乡村振兴战略的重要因素之一。因此，加强乡村文化建设，提升农民精神面貌，提高乡村文明水平，可在文化层面为乡村振兴战略的实施提供坚实的支撑力，为推进乡村全面振兴提供强大的精神动力。

2. 传承发展乡村文化的必要环节

习近平同志指出：“乡村文化是中华文明史的主体，村庄是这种文明的载体，耕读文明是我们的软实力。”[②] 乡村文化是农民在农村长期生产生活的过程中形成的思想观念、心理意识和行为方式，彰显其地方独特文化基因。乡村文化是进行乡村文化建设的文化基础，乡村文化建设必须要依托乡村文化。同时乡村文化建设也要立足时代，深度挖掘乡村文化，并在此基础上为其注入时代活力，激发乡村文化的生命力，使其在新时代焕发出新的面貌，产生新的价值。

3. 满足广大农民精神需求的主要途径

中国特色社会主义进入新时代后，我国社会主要矛盾发生了新的变化，农民对于美好生活的需要日益增长，在精神文化层面上的需求也提

① 中共十九届五中全会在京举行［N］. 人民日报，2020-10-30：01.

② 中共中央党史和文献研究室．习近平关于“三农”工作论述摘编［M］. 北京：中央文献出版社，2019.

出了更高的要求。乡村文化建设是满足广大农民精神文化需求的主要途径。因而，加强乡村文化建设，完善乡村公共文化服务体系，在硬件设施、教育、活动等方面填补之前文化需求的空缺，不断提升乡村文化服务水平，不断满足人们日益增长的精神文化需求，提高农民获得感和幸福感。

4. 推进城乡协调发展的重要措施

“乡村振兴战略是解决现代化和城市化进程中城乡差距的重要举措，城乡差距不仅体现在经济上，更体现在文化落差上。”① 因此，进行乡村文化建设，繁荣乡村文化，提升乡村文明水平，缩小城乡文化差距，为城乡文化均衡发展提供保障。推进乡村文化建设就会使得各种文化资源向农村倾斜，加强城乡之间的合作交流，建立城乡帮扶机制，城乡之间的文化差距不断缩小，进而推进城乡之间的协调发展，也为构建城乡社会发展一体化格局创造有利条件。

三、我国乡村文化建设取得的成效

随着乡村振兴的稳步推进，各项惠农政策的贯彻落实，乡村居民不仅物质生活水平获得了大提高大发展，乡村精神文明建设也取得了很大的进步。其中乡村文化建设作为乡村精神文明建设的关键，党中央不仅高度重视，并且制定出台了一系列行之有效的政策措施。十九大以来，我国的农业农村取得了全方位的历史性发展，乡村文化建设也因此有了更加坚实的政治、经济基础，并取得了一定的积极成效。

（一）乡村文化建设环境明显改善

近年来，在党和国家的高度重视下，加大对文化建设的投入，乡村文化基础设施得到完善，文化空间得到扩充，极大改善了文化建设硬件设施。“十三五”时期，全国公共文化设施网络日益完善，公共图书馆、文化馆（站）、博物馆、美术馆等公共文化设施继续免费开放，县级文化馆、

① 刘汉成，夏亚华．乡村振兴战略的理论与实践［M］．北京：中国经济出版社，2019.

图书馆总分馆制建设扎实推进。截至2020年6月，共建成基层综合性文化服务中心56万个，覆盖率超过95%。[①] 此外，国家积极推广文化信息资源共享工程、远程网络教育接收工程，着力构建乡村公共服务网络。不断加大和改进卫星、无线网络和信号接收塔等现代科技设施建设，为乡村群众接收和沟通文化信息提供更加便利的条件。同时，国家还实施了一系列的乡村文化繁荣发展工程，推动乡村文化的保护、传承，丰富乡村文化的建设途径，为乡村文化建设提供平台。随着各项乡村文化惠农政策的落实，乡村文化建设的大环境发生着可喜的变化。农村地区的经济发展迅速，农民物质水平得到极大提升，这为乡村文化的繁荣发展奠定了坚实的物质基础。广大乡村居民也有了更多的精力和时间来开展精神文化活动，各种文化惠民工程的有效落实，广大民众的积极参与，使他们感受到形式多样、内容丰富的乡村文化带来的享受与愉悦。

（二）农民文化素质逐步提高

随着新时代乡村振兴战略的稳步推进，新时代的乡村文化建设主体已经呈现出了新面貌，越来越多受过教育的人才投入到乡村文化建设者的队伍当中去。一方面，在“十三五”时期，党中央统筹推进农业农村各类人才队伍建设，通过分层分类培训，目前我国高素质农民队伍规模已达到1 700万人。[②] 另一方面，党的十八大以来，全国共有19.5万名第一书记奋战在脱贫攻坚一线[③]，大约60万的大学生村官活跃在全国农村，这对于加强农村思想道德建设、保护传承乡村优秀传统文化、开发优秀公共文化产品和服务都产生了积极的推动作用。随着文化人才队伍规模稳步扩大、人员整体素质不断提高，以及多种形式的文化教育活动，新观念、新思想在乡村得到传播，这不仅丰富了广大民众的精神生活，同时提高了乡村居民的整体文化素质，激发了乡村居民参与乡村文化建设的热情。同

① 新华社．“十三五”期间我国文化建设成就综述［EB/OL］．中新网，https://www.chinanews.com/gn/2020/09-28/9302332.shtml.

② 潘墨涛．培养造就新型农民队伍［N］．人民日报，2020-11-18：07.

③ 姜洁．全国共有19.5万驻村第一书记奋战在脱贫一线［EB/OL］．人民网，http://js.people.com.cn/n2/2017/0627/c359574-30383444.html.

时，随着社会的发展与进步，越来越多的乡村居民开始认识到教育的重要性，他们在不断学习提高自身文化水平和思想道德素质的同时，也投入了更多的时间和金钱让自己的孩子接受教育。农村教育事业发展越来越好，人们的受教育程度逐步提升。这些都为乡村文化建设提供了持续的内在动力，为乡村文化建设主体整体素质的提高提供了有效保障。

（三）乡村文化活动内容日益丰富

随着中国经济的飞速发展和国家一直以来对“三农”问题的高度重视，乡村经济发展水平明显提高、乡村居民的经济收入持续增加、乡村居民的获得感和幸福感显著提升。因此，乡村居民有了更多的时间和精力享受丰富的文化生活，获得精神世界的满足与愉悦。特别是随着乡村振兴战略的全方位展开，乡村建设的各项民生政策推进落实，乡村文化基础设施不断改善，各种乡村文化活动普遍开展，为乡村居民提供了更多创造文化活动的机会和文化活动内容。这有效调动了乡村居民参与乡村精神文明创建活动的积极性和主动性，不仅有效改善了乡村居民的精神面貌，而且提升了乡村整体的民风、乡风。丰富的文化活动不仅充实了广大民众的闲暇时光，也让乡村居民的精神面貌焕然一新，一些不良风气、陈规陋习等正在逐渐褪去，取而代之的是乡村文明新风尚。

（四）乡村文化载体日益先进

2020年9月29日，《中国互联网络发展状况统计报告》显示，我国农村地区互联网普及率为52.3%，全国贫困村、深度贫困地区贫困村通宽带比例均已达98%[①]。2020年11月27日，《中国数字乡村发展报告（2020年）》发布，报告表明，2020年我国数字乡村建设加快推进，数字乡村战略进一步落地实施，乡村信息基础设施建设不断完善，农业农村大数据建设初见成效，农业生产数字化水平不断提高，乡村数字经济新业态蓬勃发展，乡村治理数字化水平大幅提升，乡村信息服务更加完善，智慧

① 中国互联网络信息中心．中国互联网络发展状况统计报告［EB/OL］．中国政府网，http://www.gov.cn/xinwen/2020-09/29/content_5548175.htm.

绿色乡村建设稳步推进，乡村科技创新迈上新台阶，网络扶贫取得明显成效。[①] 伴随着数字技术、网络技术、移动通信技术的迅猛发展，数字电视、网络报纸、移动媒体等新媒体在乡村广泛应用，使农民信息获得途径从最初的口耳相传，到语言文字，再到今天以现代科学技术、数字网络为媒介的大众传播，微信、微博、论坛等的出现，给农民提供了自由表达的平台，激发了农民自由表达意见、平等交流信息的欲望，文化表达权力得到充分保障。当前我国乡村地区已基本实现广播电视“村村通”，电视台、广播电台等把面向基层、服务“三农”作为主要任务，制作了多个乡村文化节目，使得广大农民从中获得的文化信息和资源越来越丰富。越来越多的农民，通过网络媒介了解新闻资讯，欣赏文学、影视和音乐作品；利用网络，通过拍摄微视频上传平台，记录和传播独具地方特色的传统文化、民风民俗、产品制作工艺，大大丰富了农民的文化生活，也拓宽了乡村传统文化传承的途径，推动乡村文化建设的发展。

四、当前乡村文化建设面临的困境

进入新世纪以来，随着新农村建设、美丽乡村建设、乡村振兴战略的稳步推进，乡村正在发生着前所未有的变化，乡村文化建设也在不断推进中，广大乡村居民不仅在生活逐渐得到了保障，在文化、精神层面上也日益丰富。但是，不可否认的是，在逐步推进乡村文化建设的过程中，仍面临着一些问题。尤其在当前社会现代化程度快速推进、城镇化进程不断加快的现实情况下，乡村文化面临着发展水平日渐落后、乡村传统思想道德难以延续、文化建设主体缺失、乡村公共文化服务体系不健全、文化建设机制不完善等问题。

（一）乡村文化日渐落后，难以实现新发展

随着城市化进程的不断加快，乡村文化面临着城市文化和外来文化的双

① 中央网信办信息化发展局，等．中国数字乡村发展报告（2020年）[EB/OL]．中国政府网，http：//www.gov.cn/xinwen/2020-11/28/content_5565616.htm.

重解构。乡村文化在现代化的过程中逐渐贴上落后、愚昧的标签，在城乡差距逐渐扩大的情况下，乡村文化难以实现新的发展，乡村文化日渐落后。

首先，伴随现代化的推进、城市的快速发展、市场经济的渗透，城市文明受到追求，乡村传统价值观和道德观受到质疑和侵蚀[①]。外来价值观念、思维方式及生活习惯大量涌入乡村，拜金主义、享乐主义、极端个人主义逐渐占领人的精神世界，传统美德、乡土文化的生存空间被挤压，日益消解农民对乡村文化的价值认同。加之多数农民文化素质较低、从众心理较强、辨别是非能力较弱，在多元文化交织作用下，很难坚守自己的思想阵地，这些深深地影响着乡村文化建设。

其次，传统落后观念依旧盛行，农民深受封建主义思想的影响，坚持一些旧习陋习。某些乡村地区迷信盛行，崇拜、迷信某种虚幻的超自然的东西，抛弃了常识，成为科学和进步的对立面，危害社会的安定和进步。低俗文化在乡村呈蔓延之势。低俗文化对农民传统朴素的价值观造成严重冲击，对农民精神世界造成了严重污染。低俗文化产品极大破坏社会的公序良俗，颠覆乡村淳朴的民风乡俗，败坏社会风气，违背法律法规，对乡村社会造成不良影响。

最后，随着城市化进程的不断加快，城乡经济发展的现实差距导致大量的农村青壮年人口外出务工或外出上学，带来了乡村的“空心化”。乡村人口空心化使乡村成为了“留守”的乡村，乡村文化的传承与发展也面临着代际断裂的问题。城乡二元结构的存在导致城乡文化差距的拉大。加之当前文化传播的媒介和载体已经得到跨越式发展，科技的快速发展给乡村文化的发展带来了严峻挑战，乡村文化难以跟随新颖的文化发展模式的步伐且难以实现新的发展。

（二）乡村传统思想道德难以延续

乡村精神文明建设是一个系统工程，既包括有形的文化建设工程，如乡村文化基础设施建设、乡村文化遗产保护与合理开发运用等，还包括乡村思想道德建设的铸魂工程。随着城市化进程的不断加快，功利主义、拜

① 戚迪明，刘玉侠，等．转型中乡村文化建设的困境与反思［J］．江淮坛，2019（6）．

金主义等不良社会风气在农村甚嚣尘上，父慈、子孝、兄友、弟恭的良好家风家训面临挑战，铺张浪费、盲目攀比等陈规陋习在农村泛起，对当前乡村文化建设造成极大的阻碍。

1. 中华优秀传统美德在农村的弱化

中华优秀传统美德是历经历史的洗礼后沉淀下来的对人与人、人与社会、人与自然关系的和谐稳定起到调节、缓和作用的道德遗产。乡村社会的和谐稳定与有序发展需要以乡村广大民众思想道德素质的提高为基石。但是，今天的乡村失去了原有的精神依托，受到一些错误思想的腐蚀，过度追求自身利益最大化、讲求个人主义、追求自由主义而缺乏社会责任意识，导致中华优秀传统美德在乡村弱化。

2. 传统优良家风家训在农村的式微

家是最小国，国是千万家，家国两相依。良好的家风家训是形成社会淳朴民风、文明乡风的根基，也是我们立世做人做事之根基。家风是一种无言的教育、是一种道德的力量。但是当今的中国农村社会已经改变了传统的家庭居住形式，鲜有祖孙三代或者四世同堂的情况出现，多以核心家庭为主，且在家庭中孩子讲求独立自主、追求自由，这使得需要在耳濡目染的熏陶中传承的优良家风家训失去了赖以生存的基础。

3. 外来和固有陈规陋习在农村的泛起

随着中国经济实力的不断提升，广大乡村居民经济收入水平不断提高，物质生活得到满足之后有了剩余经济和更多的空余时间，但是乡村精神文明建设并未同步发展，这就导致封建迷信、鬼神观念在部分农村地区复苏，沉渣泛起，其中既有个人盲目求神拜佛、烧香许愿等自发行为，也有部分人利用农民的封建迷信思想进行驱鬼治病和占卜算卦等活动，来骗取钱财、牟取利益。特别是一些带有封建迷信的落后观念和一些陈规陋习仍然存在，部分村民对宗教信仰不够理性，盲目信教，笃信神灵，看风水、占卜算卦、烧香拜佛、婚丧嫁娶的大操大办等活动非常盛行。另外，一些外来文化中不健康内容也加剧了乡村不良风气的形成。

（三）文化建设主体缺失，人才队伍需壮大

人是乡村文化建设过程中必不可少的要素之一，乡村文化建设，人才

是关键。党的十九大提出实施乡村振兴战略以来，中共中央在 2018 年、2019 年和 2020 年的中央 1 号文件和乡村振兴战略规划（2018—2022 年）中都对壮大乡村人才队伍提出了明确的要求。尤其是随着乡村振兴战略的深入推进，乡村建设就需要更多的各方面各领域的人才来助力乡村振兴战略的推进。但当前乡村文化建设过程中，在主体和人才队伍方面仍面临严重的问题，急需激发建设主体的主动性，壮大文化建设人才队伍。

在城市化迅速发展的影响下，农村人口大量从农村向城市转移，使得大多农村的人口结构都发生了变化，青壮年大多离开农村，农村人口老幼化非常严重。由于人口流动带来乡村空心化。进而衍生出乡村文化建设主体的空心化。文化建设主体的流失与缺失，使得乡村文化建设失去了内在的动力与生机。① 农村人口老幼化对于开展乡村文化建设是十分不利的。老龄人口普遍学识不高，思维较为僵化，对于文化活动绝大多数都是持拒绝态度，且老龄人口受旧思想、封建文化的影响，不易接受新的观点、知识。农民对于文化的消极态度使得乡村文化建设难以得到创新发展，甚至有些地方连基本文化建设都难以推进②。

当前农村人口尤其是年轻人口和高素质人才向城市大幅流动，导致乡村文化建设人才凋敝，严重影响了乡村文化建设的持续发展。人才流失比较严重，人才稀缺，加之基层部门各方面条件待遇相对较差，人才引入难度较大，专业文化人才断层和老龄化情况较为普遍，使得文化活动难以进行，文化管理服务难以开展。③ 不少传统文化项目虽有政策支持，但仍面临无人传承的尴尬处境，传统优秀文化难以得到继承发展，面临失传危机。乡村文化人才不足，成为乡村文化建设的一大难点。

（四）乡村公共文化服务体系不健全

乡村公共文化服务建设作为乡村振兴战略的重要组成部分，旨在为广大民众提供适宜的文化产品和服务，以保障乡村居民的基本文化权益。完

① 吕宾．乡村振兴视域下乡村文化重塑的必要性、困境与路径［J］．求实，2019（2）.

② 萧子扬．“优势治理”：制度优势何以服务我国乡村文化振兴［J］．图书馆，2020（4）.

③ 宋小霞，王婷婷．文化振兴是乡村振兴的“根”与“魂”——乡村文化振兴的重要性分析及现状和对策研究［J］．山东社会科学，2019（4）.

善乡村公共文化服务体系有利于打造文明乡村，为乡村振兴战略的全方位推进提供保障。但目前乡村公共文化服务体系不健全，在文化建设过程中难以发挥其有效作用，并阻碍乡村文化建设的进程。

1. 乡村公共文化服务政策是否有效落实到位有待进一步确认

党和国家对于乡村公共文化服务建设给予了高度的重视，2018 年中央 1 号《中共中央国务院关于实施乡村振兴战略的意见》就对健全乡村公共文化服务体系、优化公共文化产品和服务提出了明确的要求。但是，部分地方在构建乡村公共文化体系时缺乏实地调查分析及研究，存在僵化执行政策的现象，使乡村公共文化服务体系的建立脱离农村实际，乡村公共文化服务体系最后成为能看不能用的样本，难以发挥实际作用。

2. 乡村公共文化服务基础设施不够健全

部分基层政府把建设重心偏向于经济，对于乡村文化建设重视不足，直接表现就是投入不足，乡村基础文化设施建设不完备，缺乏公共文化场所，缺乏文化服务功能，难以满足农民文化需求，① 使得农村文化活动严重受限，不能吸引农村人口参与文化建设，更不能激发其参与文化建设的主动性，乡村文化建设基础设施不足会阻碍乡村文化建设的发展。

3. 乡村公共文化产品和服务供需不平衡

一方面政府的文化供给形式和内容过于单一，难以调动农民参与的积极性和热情，另一方面文化供给者没有充分了解广大民众的文化需求，供给与需求之间匹配度低，现有的文化服务难以满足农民的文化需求。公共文化没有发挥其应有的功能，正面临较严重的功能性失灵问题②。

4. 乡村公共文化服务体系不健全

当前部分基层政府在构建乡村公共文化体系方面缺乏合理有效的安排，使得农村公共文化服务体系在一定程度上出现流于形式、管理模式固化、设施配置落后、文化服务内容单一的问题，③ 使得公共文化服务功能得不到发挥。加之部分地区的乡村公共文化服务体系缺乏有效管理，出现基础设施配置落后等问题，使得文化活动严重受限，文化服务功能不足。

---

① 赵梦宸．以农民为主体推动乡村文化振兴［J］．人民论坛，2019（11）.

② 陈建．乡村振兴中的农村公共文化服务功能性失灵问题［J］．图书馆论坛，2019（7）.

③ 陈波．公共文化空间弱化：乡村文化振兴的“软肋”［J］．人民论坛，2018（21）.

乡村公共文化服务体系的不健全使得公共文化服务没有发挥其应有的功能，导致乡村文化建设的进程大大受阻，效果也大打折扣。

（五）文化建设机制不完善

“党的农村基层组织是党在农村全部工作和战斗力的基础，全面领导乡镇、村的各种组织和各项工作。”① 农村基层党组织是确保党的方针政策在农村得到贯彻落实的领导核心。乡村文化工作与经济社会工作一样，都离不开农村基层组织的具体推动和执行。但在实际乡村建设中，因为文化在乡村发展中一直处于边缘地位，乡村文化建设不受重视，乡村文化建设机制需待完善。

在实际推进乡村文化建设中，基层组织对乡村文化建设的地位认识不足，存在重经济轻文化、重眼前轻长远的现象。地方的发展规划并没有列入文化建设或者文化建设的财政支出项目极少，使得文化建设难以实现发展。部分地区缺乏整体规划和科学谋划，或者在规划时只考虑经济因素，乡村文化建设规划未能与乡村具体情况相结合，脱离了乡村发展实际，文化建设存在同质化的问题。对地方特色资源的结合与利用被忽视，特色文化资源流失，各地文化建设模式千篇一律，加之地区实施力度不强，文化建设难以达到预期效果。

当前乡村文化建设全权由政府把控，脱离农民建设主体，实施自上而下的建设路径，由政府单方面主导的行政化模式，② 忽视农民需求，弱化了农民的主体地位，造成文化建设缺乏内生动力。供需不匹配使得乡村文化建设难以有实质性的发展。当前文化建设的管理人员和工作人员存在专业素质低、消极怠工等现象，文化建设缺乏监管，加之管理和监管机制的不健全，文化建设难以发挥其服务群众、引导群众、教化群众的作用，文化建设成效不佳。此外，某些地区基层部门没有明晰各部门职责，存在多部门参与乡村文化建设现象，造成各部门责任不明确，互相推诿。乡村文化建设机制不完善，政府缺乏统筹，落实不到位，使得文化建设难以得到

① 中共中央．中国共产党农村基层组织工作条例［N］．人民日报，2019-01-11：01.

② 吕宾，俞睿．乡村文化自信培养困境与路径选择［J］．学习论坛，2018（4）.

成效。乡村文化建设在规划、投入、建设、运行、管理上缺乏有效的体制机制保障，乡村文化建设效益几乎没有发挥出来。

五、新时期推进乡村文化建设的重点任务

（一）重视乡村文化的传承和创新发展

党的十九届四中全会通过的《中共中央关于坚持和完善中国特色社会主义制度、推进国家治理体系和治理能力现代化若干重大问题的决定》强调，要推进中华优秀传统文化传承发展工程。传统文化是千百年来乡村生活的积淀，是乡村文化中最稳定的元素。我们要推动乡村文化的传承与创新，深入挖掘乡村文化中蕴藏的思想观念、人文精神、道德规范等，使其与时代发展相适应，在新时代焕发出新的生命力，产生新的价值。

1. 重视乡村文化的传承和发展

我国两千多年的文明史是以农耕文明为主，而农耕文明的根在广大的乡村地区。因此，挖掘乡村文化中所蕴含的各种优秀文化基因，如建筑文化、民俗文化、饮食文化等，并将它们与新时代的新要求相结合进行创新发展，让乡村优秀传统文化展现出独特的中国魅力和时代风采，这是乡村文化建设的主要任务之一。要推动乡村文化振兴，政府必须加强对乡村优秀文化的传承和保护，深入挖掘乡村传统文化中蕴含的与时代发展相符合的价值观和理念，并赋予其新的表达方式，使之成为推动乡村文化振兴的精神动力。

2. 挖掘乡村优秀文化的价值，在创新中推动乡村文化不断焕发生命力

深入挖掘中华民族优秀传统文化，对优秀乡村文化进行保护和创造，可构建乡村文化共同体，通过有效途径实现乡村文化共同体的自我巩固和良性发展，① 从而走上乡村文化兴盛发展的道路。不仅要注重传承，更为重要的是要注重创新发展。随着时代变化发展，传统乡村文化会出现一些与当前文化建设需求不相符合的部分，所以创新发展至关重要，要在传承

① 张才志．乡村振兴战略实施中乡村文化建设的价值取向研究［J］．农业经济，2019（8）．

传统乡村文化的基础上，挖掘乡村文化的当代价值，并且推动形成新的符合时代发展，适合乡村发展需要的新的乡村文化。推动乡村文化振兴，就是要将乡村文化融入农村的生产生活中，使得传统文化在实践中切实发挥作用，教化村民，清正乡风，实现乡村文化的升华。

3. 推进城乡文化融合发展

在乡村文化建设过程中，要在保持乡村文化独立性、城乡文化差异性的前提下，在彼此包容和良性互动的基础上形成城乡文化交流互动的和谐局面。乡村文化建设不能只局限于乡村文化的发展，要借鉴城市文化优于乡村文化的部分，为城乡文化交流搭建平台，使得乡村文化与城市文化产生碰撞和交流，有利于推动乡村文化“引进来”和“走出去”，实现城乡文化融合发展，能够为乡村文化注入新的活力，使其得到创新性发展，使之能够满足时代需求，产生新的时代价值。

（二）加强乡村思想道德体系建设

思想道德体系建设作为乡村振兴战略的重要组成部分，是社会主义核心价值观在农村践行的重要基础，是提高乡村社会文明程度的有效途径。当前，随着生活水平的提高以及社会开放程度的增加，各种陈规陋习、封建迷信沉渣泛起，不良风气也随之而来。现代化的农村需要物质和精神双重文明的协调发展，任何一方面的落后都会阻碍农村现代化的实现。因此，需要采取多种措施加强乡村精神文明建设活动，打造文明乡村。其中，思想道德建设对文明乡村建设发挥着不可替代的重要作用，是为乡村铸魂的重要方法，也是实现乡村振兴的内在动力。

1. 以中华传统美德培养文明乡风

中华优秀传统美德是经过五千年文明积淀而成的独特民族品格，对于个人的行为选择、价值取向、家国情怀以及社会风尚的形成都会产生深刻的影响。中华优秀传统美德在中国传统社会中发挥着强大的道德教化功能，在乡村社会治理、乡村秩序维护中具有突出作用。虽然，今天中国的乡村已经发生了前所未有的变化，但是几千年的乡土底色在乡村依然具有深厚的根基，尤其是相对落后闭塞的乡村。因此，通过政策倾斜和资金的双重保障以调动社会力量积极参与传统美德的挖掘保护以及合理开发运用，实现中华传统美德与现代社会的高效接轨，将其融入乡村生活，可以有效改善当前一些乡村社会的不良风气，为乡村振兴提供持续的内在精神动力。

2. 以中华优秀传统文化培育良好家风

中华优秀传统文化是经过历史岁月的洗礼之后沉淀下来的文化精华，是中华民族生生不息、绵延至今的根基和血脉，是中华民族最深厚的软实力。家风文化作为中华优秀传统文化的重要内容，也是历经岁月沧桑之后沿袭下来的文化精华，是一个家族精神风貌和整体气质的体现。家庭作为社会的基本细胞，良好的家风对于一个人人格的养成以及良好社会风气的形成有着无比重要的意义。在乡村文化建设中，良好家风建设对于打造文明乡村并助推乡村振兴具有重要意义。因此，充分挖掘中华优秀传统文化蕴含的有益良好家风养成的内容并寻求有效途径将其付诸实践是乡村精神文明建设的有力举措，是提高乡村社会文明程度的有效途径。传播优良家风，发挥其辐射带动作用，通过优良家风促进文明乡风的形成。

3. 以社会主义核心价值观引领淳朴民风

社会主义市场经济条件下，利益的多元化导致社会成员的价值观念发生了深刻变化，传统乡村中价值观念也有所缺失。社会主义核心价值观不论是国家层面的现代化建设目标，还是社会层面的基本价值取向，抑或是个人层面的公民基本道德准则，都是当前中国特色社会主义核心价值体系的高度概括和精华，“是当代中国精神的集中体现，凝结着全体人民共同的价值追求”①。当前，应将社会主义核心价值观融入乡村日常生活，引导教育乡村居民规避不良风气的影响，回归淳朴民风，形成社会主义乡村文明新风尚。我们需要把社会主义核心价值观的培育和践行作为淳化民风的基础工程，坚持导向性教育与宣传，并将其融于生活与工作实践。

4. 重视乡村文化建设理论教育

当前农村劳动力向城市流动，农村老幼人口较多，文化建设的开展难度加大，且老幼人口的文化程度偏低易导致参与度低、教育效果不佳。文化建设就应该重视文化理论教育、宣传，使人们清楚了解乡村文化的价

① 习近平．决胜全面建成小康社会夺取新时代中国特色社会主义伟大胜利——在中国共产党第十九次全国代表大会上的报告［N］．人民日报，2017－10－28：01.

值，何为文化建设、为何进行文化建设、如何进行文化建设等。对于这些问题有一定了解，村民才会明白文化建设对于他们的意义以及他们的参与对于文化建设的重要性，继而才能积极参与文化建设，并有底气提出自己的看法，有意识地完成自己义务，从而有效推进乡村文化建设。

（三）强化乡村文化建设的人才队伍

“人才兴则事业兴，人才强则乡村强”[①]，文化的创造主体是人，乡村振兴战略的根本在人，要实现乡村文化振兴必须先解决人的问题。自乡村振兴战略提出以来，党中央在关于农业农村农民发展的多个重要文件、规划以及重要会议中一再强调人才队伍建设的重要性。如在2019年中央1号文件中再次提到“培养懂农业、爱农村、爱农民的三农工作队伍。”[②]乡村文化建设作为乡村振兴战略的重要内容之一，同样需要强化乡村文化建设的人才队伍。

1. 提升文化建设主体素质

在乡村文化建设过程中主体的参与对于文化建设是非常重要的，并且农民的素质对于是否能够有效推进文化建设是重要影响因素。主体素质的提高有利于主体意识的觉醒，使得村民能够自觉地规避封建文化、不良文化等对自身的消极影响，能主动追求优秀文化，提高其精神需求，提升村民的精神境界。所以在文化建设的过程中，要重点关注文化建设主体各方面的素质的提高。通过教育、培训、各种文化活动等形式提升主体的道德素质、文化素质、知识素质等，使农民有意识、有能力地参与文化建设，行之有效地进行文化建设。

2. 激发乡村文化建设主体活力

进行文化建设就必须从主体出发，培育乡村文化建设者的主体意识，增强其责任意识，激发乡村文化建设主体活力，使农民主体自发主动地参与到乡村文化建设的实践之中，让乡村文化建设不再只是敷衍了事的形式，不再是政府一个人的独角戏。进行文化建设要发动现有的在乡村的村民，

① 韩俊．实施乡村振兴战略五十题［M］．北京：人民出版社，2018.

② 中共中央国务院关于坚持农业农村优先发展做好“三农”工作的若干意见［M］．北京：人民出版社，2019.

要积极开展各种形式的教育活动，注重农民文化技能和文化素养的培养，激活乡村文化发展的内生动力，从而使广大农民有能力进行乡村文化建设。此外，还要重构村民对乡村文化价值的认同，提升其文化自信，让村民能够有兴趣，积极参与乡村文化传承发展，充分发挥乡村文化建设主体作用。

3. 加强文化人才队伍建设

人是乡村文化建设的主体，在其中能够扎根农村、能与时代接轨的人才则是为乡村文化建设提供创新发展的主要力量。所以，当前的文化建设必须着力培养一批心系乡村、扎根乡村、服务乡村的具有乡村特色的文化人才队伍，提升村民的文化素养、文化素质及知识技能，为繁荣乡村文化建设事业提供丰富的人才资源。政府要起主导作用，强化政策支持，通过优惠政策吸引高素质精英人才回流返乡，鼓励其参与乡村文化建设。此外，乡村文化建设要重视技能人才的开发，重视乡土文化能人、非物质文化遗产项目传承人的挖掘和培养，定期开展乡村文化传承发展相关培训工作。教育活动的开展一定要有连续性、完整性，要成体系，才能有利于文化人才队伍的建设。

（四）健全乡村公共文化服务体系

乡村公共文化服务是指以基层政府为主的公共部门提供的、以保障乡村居民基本文化生活权益为目的、向民众提供公共文化产品和服务的制度和系统。乡村公共文化服务体系是在文化层面推动乡村振兴战略的重要机制保障。乡村振兴战略规划中明确提出“按照有标准、有网络、有人才的要求，健全乡村公共文化服务体系”①，提升其服务乡村居民的水平，对于筑牢乡村思想文化阵地、繁荣发展乡村文化、丰富乡村居民的精神文化生活、推动乡村文化振兴具有重要的作用。

1. 加强政策导向

落实乡村公共文化服务体系政策，加强有效财政投入，以农民需求为导向，以地方实际为基础，逐步打造出适合地方自身的文化服务内容、形式和体系。在乡村公共文化服务体系构建过程中，从前期规划到后期实施

① 中共中央，国务院．乡村振兴战略规划（2018—2020年）[N]．人民日报，2018-09-27：01.

都必须有详细的工作计划。

2. 加强乡村文化硬件设施建设

硬件设施的配备能够在很大程度上减少文化建设的障碍。首先政府要充分发挥其保障作用，落实文化硬件设施建设的经费保证。此外，重视文化硬件设施的监管，确保文化硬件设施能够得到有效管护，保证文化硬件设施能够发挥其效用，提升乡村文化建设的实际效果。经费投入可采取财政投入和社会资本共同参与的机制，政府要积极鼓励和引导社会资金流向乡村，壮大乡村文化建设的资金投入，在社会多方参与下为乡村文化的硬件设施建设提供有效保障。

3. 优化公共文化服务和产品供给

只有符合广大民众需求的文化产品和服务供给才是真正的有效供给。随着生活水平普遍提高，村民对文化的需求日益呈现多元化、复杂化的特征。要根据各地的经济发展水平与村民的文化知识水平，提供符合各地民众口味的文化产品和服务。要全方位多角度掌握民众的文化需求动态，构建有效的文化需求反馈机制，实现文化供给的有效性，提升公共文化服务效率。

4. 实事求是，精准发展

在乡村文化建设过程中，注意解决乡村公共文化服务体系实际问题，不断进行创新、发展和完善，推动乡村公共文化服务的精准化、高效化。要建立健全公共文化服务长效机制，采取财政投入和社会资本共同参与的经费投入机制，加大乡村文化建设的资金投入，保证乡村公共文化服务体系的经费，确保乡村公共文化服务体系运行的全过程管理。

（五）建立健全乡村文化建设机制

乡村文化建设的推进不仅需要村民的积极参与，更需要文化建设机制的保障。要做好乡村文化建设的统筹规划，建立健全文化建设机制，保证乡村文化建设沿着正确的轨道前行。

1. 高度重视，统筹规划

基层组织在思想上要对乡村文化建设的重要性有清晰明确的认识，要消除重经济轻文化的观念，加强乡村文化建设的统筹规划和宏观指导。要从宏观层面上对乡村文化建设进行整体规划，结合乡村实际，关注地区特色文化资源，形成适合地区的文化建设模式。乡村文化教育机制的建立，会使乡村文化建设在规划、投入、建设、运行、管理得到有效的保障，推动乡村文化建设的顺利进行。

2. 有效落实乡村文化建设相关政策

基层组织不能做政策的宣传者，要做政策的执行者，一定要高度重视政策的有效落实。要依据乡村文化建设、服务与管理等内容，制定出详细、清晰的评估指标，构建起规范的考核机制。还要搭建起现代化乡村文化建设的评估平台，既要便于广大乡村民众反映意见、建议，表达文化诉求，又要便于政府汇聚民意、及时反馈文化服务的成效，最大限度地管理、监督乡村文化建设的实效性。

3. 整合力量，多方参与

要改变政府单方面主导的行政化模式，根据当前乡村文化建设的现实需要，改革现行体制，将政府、社会、农民三方力量有效整合起来，构建以农民为主体，以政府为主导，社会广泛参与的文化治理体制，从而在乡村文化建设中实现有效协作。通过政府主导与多方参与的模式进行乡村文化建设，能够形成多方合力，发挥各方优势，高效推动乡村文化建设。基层部门一定要在乡村文化建设中找准定位，明晰职责划分，做到有统有分，落实到位，高效实施。

第五章　弘扬社会主义核心价值观，提升乡村德治水平

《中共中央国务院关于实施乡村振兴战略的意见》指出，要加强农村基层基础工作，构建乡村治理新体系，“提升乡村德治水平。”[①]《乡村振兴战略规划（2018—2022年）》再次提出，要引导农民感受到向上向善、孝老爱亲和重义守信等美德；要建立完善的道德约束机制，逐步引领农民实现自我管理、自我教育、自我服务和自我提高。[②] 德治作为一种以道德规范和乡规民约等手段进行的乡村治理方式，经过历史沿革与发展，已经形成了以传统文化、道德规范为基础的非正式制度资源，比如乡约民规、风俗习惯等。在实施乡村振兴战略，加强农村基层基础工作，健全自治、法治、德治相结合的乡村治理体系过程中，德治是其中重要的一个环节。

一、加强乡村德治是新时代社会治理的重要课题

（一）德治是乡村治理体系的重要内容

实施乡村振兴战略是新时代我国解决“三农”问题的总抓手，其总要求是产业兴旺、生态宜居、乡风文明、治理有效、生活富裕。其中，治理有效就是要通过合理有效的方式实现乡村的良好治理，即“加强农村基层

① 中共中央国务院关于实施乡村振兴战略的意见［N］. 人民日报，2018-02-05：01.

② 中共中央，国务院．乡村振兴战略规划（2018—2022年）［N］. 人民日报，2018-09-27：01.

基础工作，健全自治、法治、德治相结合的乡村治理体系”①。2018年1月，《中共中央国务院关于实施乡村振兴战略的意见》中提出，要“加强农村基层基础工作，构建乡村治理新体系”，要“坚持自治、法治、德治相结合，确保乡村社会充满活力、和谐有序”②。因此，促进自治、法治、德治三结合，是构建现代化乡村治理体系的必由之路。在坚持自治为基、法治为本、德治为先，构建现代化乡村治理体系的过程中，“德治作为一种以道德规范和乡规民约等手段进行的乡村治理方式，能够通过改善乡村社会风气，提升村民自我修养，引导乡村治理向良性发展”③，必须坚持“以德治滋养法治、涵养自治，让德治贯穿乡村治理全过程”。可见，德治是构建现代化乡村治理体系、实现乡村善治的不可或缺的一环。其重要性主要体现在它能提升乡村自治的有效性，能弥补法治因其调控范围的有限性和难以嵌入乡土社会治理所造成的效力不足问题。

1. 德治能提升乡村自治的有效性

村民自治，就是让村民直接进行民主选举、民主决策、民主管理、民主监督，充分行使民主权利，依法办理乡村各项事务，能够实行自我管理、自我教育、自我服务“三位一体”的社会政治制度。这一制度是中国特色社会主义民主政治制度的重要组成部分，是村民当家作主最直接、最有效、最广泛的途径。自1982年我国将村民自治纳入宪法以来，随着国家民主政治建设的进步，村民自治效果显著，广大农村地区群众的民主意识、主人翁意识显著增强。村民自治有效性的提升，离不开乡村德治。

（1）德治是约束村干部行为的重要因素。自治性决定了村干部是由村民通过选举所产生的，进而控制整个村庄权力的运行。④ 能被一村村民所推选出的一般是能力较强者，有学者研究表明，当前我国的村民自治正处在能人治理阶段。而能人效应的发挥，除了与其本领能力有关，也依赖于能人自身的道德素质状况。如果能人的道德水平较高，能够为了村民的利

① 习近平．决胜全面建成小康社会夺取新时代中国特色社会主义伟大胜利——在中国共产党第十九次全国代表大会上的报告［N］．人民日报，2017-10-28：01.

② 中共中央国务院关于实施乡村振兴战略的意见［N］．人民日报，2018-02-05：01.

③ 徐茜．乡村治理也需要“德治”［J］．人民论坛，2018（30）.

④ 乔惠波．德治在乡村治理体系中的地位及其实现路径研究［J］．求实，2018（4）.

益放弃自己的私利，就会赢得较高的威望，乡村治理也很顺畅；反之，如果能人能力强但道德水平较差，在外部监管严重缺失的情况下，就极可能把村庄公共资源作为自家的私产，进而为所欲为。[①] 由此，乡村自治的属性决定了乡村德治功效发挥的重要性。

（2）德治对乡村自治具有良好的舆论监督作用。当前我国部分农村在自治这方面所取得的效果还不太理想，村民自治制度下选举产生的村委会往往在民主决策、村务公开、民主管理和施政等方面还不太完善。“我们应当理性地承认，在相当一部分农村地区，目前的村民自治主要停留在村委会民主选举的环节，后选举阶段的民主决策、民主管理、民主监督基本上处于虚置状态。”[②] 随着村民民主意识的不断觉醒，对村委会出现信任危机，会导致村委会地位、权威受到一定程度的挑战，其作用的发挥也将受到极大的制约。在这种情况下，发挥德治作用，提升德治水平，能显著提升乡村自治的有效性。在乡村建设过程中，德治具有舆论监督作用，使村民可以监督当地村委会制定政策与实施政策，给予当地村民使用其监督、批评与建议的途径和权利的尊重，使制定的政策能最大限度地满足广大村民的利益诉求，从而加强当地村民对于基层民主治理的积极性，村委会也能受到一定约束，从而更好地发挥乡村自治的作用。

（3）德治是有效降低乡村治理成本的重要方式。乡村日常纠纷具有多元性和复杂性的特点，这些民间纠纷用法治的方法处理会略显生硬，并增加处置成本。在乡村纠纷问题的解决上，乡规民约、村风民俗等德治手段处理具有不可替代的优势，同时能够减轻乡村基层的治理负担。此外，村民自治一般只在基层民主政治建设中发挥作用，而德治涉及村民生活的方方面面，从衣食住行到生产生活，从日常小事到关乎道德行为的大事，调节范围更广、层次更深，具有更为普遍的约束力，也可以弥补在自治中无法辐射到的地方。

2. 德治能弥补乡村法治的不足

法治是现代文明的标志。随着依法治国进程的加速推进，中国特色社

---

① 乔惠波．德治在乡村治理体系中的地位及其实现路径研究［J］．求实，2018（4）．

② 卢福营．村民自治发展面临的矛盾与问题［J］．天津社会科学，2009（6）．

会主义法治体系已然建立并不断完善。具体到农村，近年来随着我国法治化进程的加快，许多农村地区的人们法治意识有所提高，乡村法治水平有所提升，法治效果有所增强，但乡村法治仍面临一些问题。

（1）法治不能解决乡村社会的一切问题。法治和德治是治理乡村社会的两个重要手段。法治以法律法规、政策、条例等对乡土社会进行治理，是制度化的、正式的“显性治理”，具有明显的“刚性特征”；德治则主要依靠传统伦理规范、村规民约来进行治理，是非正式的、非强制性的“隐性治理”，具有“柔性特征”。虽然当前农村有较为健全的法治体系，但法律作为一种外在的强制手段，“只能提供社会稳定的最低条件……不能维系世道人心，尤其不能使人安身立命。”[①] 广大农村在现代化进程中，受到市场化、城镇化冲击，价值观日益呈现多元化且新旧价值观出现冲突，人际关系既复杂又日渐冷漠疏离，农民个人私德与公德之间矛盾有所突出但又未上升至法律问题，法律法规在这些方面几乎“无计可施”。而道德作为人内心的律令，能使人自发自觉控制自己的行为、完善个人道德追求等，从而较好地弥补法治在价值观偏向等方面存在着的“无力治理”的不足。此外，法律体现最低限度的道德，惩罚突破道德底线的违法行为[②]；而德治则能在法律的外在规约基础上，内在地涵养公民的道德认知，培育公民的道德情感，强化公民的道德意志，规约、调整公民的道德行为。相比法治来说，德治具有更深层次的渗透性[③]。且在具体的乡村社会治理实践中，法治因为其刚性的、强制性的手段和方式容易引起习惯了非正式规则（比如乡规民约）的普通村民的抗拒，而德治因其“柔性化的治理”则更容易被村民认可与接受。

（2）当前我国乡村治理法治化进程中也存在一些问题，如乡村法治嵌入农村仍存在一定困难。出现这一问题的首要原因就在于法律的制定在很大程度上是建立在城市社会的基础之上的，具有丰富的地方性特色的民间规则很少进入法治视野，但这些非正式的民间规则又是在中国几千年来“皇权不下县，县下皆自治”的情况下各农村形成的，用以调整农村社会

① 戴茂堂．法律道德化，抑或道德法律化［J］．道德与文明，2016（2）．

② 乔惠波．德治在乡村治理体系中的地位及其实现路径研究［J］．求实，2018（4）．

③ 费雪莱．伦理视角下我国乡村德治的实践逻辑［J］．青海社会科学，2018（6）．

关系，深得百姓认可。因此，农民往往更愿意采用民间规则来解决所面临的法律问题。另外，法律法规调控的对象、手段具有一般性特征，是“放之四海而皆准”的规则，但广大农村具有鲜明的地方特色，甚至有些法律制度与农村的非正式规则存在冲突之处，[①] 若是强行用“一般”解决“特殊”，极易引起村民对法律的不满、怀疑甚至抵触，法治效果将大打折扣。并且，即使村民在维护自身权益时考虑到运用法律手段，但法律程序运行的高昂成本也只能让人望而却步、望而兴叹。由于这些实际情况的存在，可以预见，乡村的法治化进程将是一个长期且不易的过程。在这一过程中，面对法治嵌入乡村治理的困境，德治便成为法治的重要补充，承担起调控和维护乡村秩序的重要责任。

（3）虽然德治能弥补乡村法治的不足，但绝不是说德治比法治更为重要。法治是乡村治理现代化的必然要求，也是国家治理能力现代化的价值目标与实践追求。法治是德治的保障，不具备公正制度的社会不可能孕育出至善的个体，道德风险也可以通过制度化来规避。并且，如果乡村居民在乡村治理的过程中过分地依赖于道德规范，将会导致德治向人治倾斜，这与我们所努力追求的法治社会是相违背的。因此，在治理过程中，既要高度重视德治的作用，但也不能过度让位于德治，从而忽视了国家法律的权威性。[②]

（二）德治是实现乡村全面振兴、进而建成社会主义现代化国家的重要助力

乡村是具有自然、社会、经济特征的地域综合体，是与城镇互促互进、共生共存，共同构成人类活动的主要空间。乡村兴则国家兴，乡村衰则国家衰。[③] 社会主义现代化国家的建成，内在地包含了乡村的全面振兴。乡村振兴，是包括产业、人才、文化、生态、组织这五个方面的全面振兴。无论哪一方面的振兴，都离不开“人”这个关键的主体要素。办好

---

① 乔惠波．德治在乡村治理体系中的地位及其实现路径研究［J］．求实，2018（4）．

② 刘婷婷，俞世伟．乡村德治重构与归位：历史之根和现代之源的成功链接［J］．行政论坛，2020（1）．

③ 中共中央，国务院．乡村振兴战略规划（2018—2022年）［N］．人民日报，2018-09-27：01．

中国的事，关键在人。广大村民是乡村振兴的主体，也是乡村振兴的最大变量。其价值观取向、德行素养对于新时代农村建设的效果起着至关重要的作用。村民道德素质越高，越能形成良好的合力，为经济社会的发展提供强大的精神动力，越能促成国家和社会各项事业的成功。但是，良好的道德情操从来不会从天而降，也绝不是与生俱来，它们是在社会实践中不断习得并加以内化而成的。乡村德治就是以伦理道德作为规范手段和价值目标，以“春风化雨”般的柔性力量为现代乡村治理创设良善的道德文化环境，以美德伦理的教育、感召、激励和约束引导人们在生活中自觉遵守伦理道德规范，并将其内化于心，形成稳定的道德认知与道德评价，有效地化解治理中的困境和难题，进而达到村民积极、主动、幸福地参与基层事务治理的和谐局面。乡村振兴呼唤德治，德治是实现乡村振兴的重要助力。在德治的作用下，村民修养提高、精神面貌提升，农村风气有效改善，农村社会秩序稳定，乡村治理更加有效，党领导广大村民实现乡村振兴的步伐也更加稳健。同样，助推乡村实现全面振兴的德治，也能为中国全面建成社会主义现代化强国提供精神动力和经验支持，助力社会主义现代化国家的实现。

（三）德治是应对当前农村道德失范、德治式微的重要手段

中国的广大农村，自古就是“以德治村”。这主要是基于古代中国的治理模式和中国乡村自身的特殊性。一方面，几千年来古代中国都是“皇权不下县、县下惟宗族、宗族皆自治、自治靠伦理”，传统乡村治理方式就是由宗族、乡贤依靠传统伦理道德和乡规民约来实现的，由此，古代中国农村社会又是“礼治社会”；另一方面，中国乡村社会是“熟人社会”，在乡村社会，民众依附于土地，自耕自食，自织自穿，遵循日出而作、日落而息的生产和生活规律。受交通条件限制，人们生活的圈子较小，人与人之间非亲即故，从而形成了“熟人社会”。[①] 这种由血缘关系、地缘关系天然形成的“熟人社会”，最主要还是通过礼俗、村约来调节社会关系。

---

① 高艳芳，黄永林．论村规民约的德治功能及其当代价值——以建立“三治结合”的乡村治理体系为视角［J］．社会主义研究，2019（2）．

虽然新时代中国乡村社会已经较过去发生了巨大变化，但是以道德伦理为基础的熟人社会的基本特征并未发生根本性改变。由此，伦理道德一直是农村治理的重要依凭，德治也一直在中国乡村治理中发挥不可或缺的作用。但也不能不看到，伴随着现代化进程加快，农村道德失范，德治功能也逐渐式微。

1. 市场经济下农村道德失范，主要表现为乡村道德文化体系出现断层、农村道德滑坡

道德作为一种社会意识形态，属于上层建筑范畴，是由经济基础决定的。经济基础的性质决定了道德的性质及内容，经济基础发生变化必然引起道德的变化。但道德也具有相对独立性，一旦形成，便会成为较稳定的力量，并对经济基础起能动的反作用。历经时代变迁，我国乡村道德文化现在总体上是适应当前社会经济关系的，对于现阶段调整乡村社会关系、规约村民行为也有着重要意义。但由于市场化、工业化和城镇化，农村社会的组织结构、利益结构、生产生活方式等均发生了变化，与之相应的就是农村居民思想观念的变化、价值观和道德评价标准的日益多元化。这些多元多样的价值观猛烈地冲击着乡村固有的传统道德文化，现有的道德文化体系已无法适应需求。与此同时，符合现代治理理念、能够适时调整乡村文化价值冲突的“新”的乡村德治体系还未完善和成熟，难以有效地适应和推进新时代乡村现代化治理，乡村道德文化体系出现断层。这也为享乐主义、拜金主义、功利主义等错误价值观在农村蔓延，以及陈规陋习如大操大办、互相攀比、天价彩礼、薄养厚葬等沉渣泛起提供了机会，乡村地区道德滑坡现象较为严重。

2. 乡村德治式微，主要表现为德治主体力量弱化和乡村道德的约束力不足

传统乡村是安土重迁的社会，人们“生于斯、长于斯、死于斯”，“每个孩子都是在人家眼中看着长大的，在孩子眼里周围的人也是从小就看惯的”[①]，人口流动性极小，因而乡村礼仪传统、村规民约能得到代际传播。但随着现代化进程的深入，人口流动性加剧，人们不再终老故乡，且流出

① 费孝通．乡土中国 生育制度 乡土重建［M］. 北京：商务印书馆，2011.

人员多是年富力强者、乡村精英这些传统礼治文化的承上启下者，留在家乡的多是年迈、年幼者，甚至有些农村地区呈“空心化”。乡村德治主体或流失或断裂，德治主体的力量大大弱化。相比于法治，德治的本质是以道德规范、村规民约来实现对村民行为的约束，是非强制性的。正由于其非强制性特征，使得德治在实施手段和效力上难以同法治相比较。道德柔性有余然约束力不足。如对于一些奢靡攀比现象，德治只能起到引导作用，而风气的改变又是一个漫长反复的过程，若没有强制的约束机制以及科学的激励机制，很难有效改善不良风气。同时，市场经济下人们对物质的过度追求也在消解着道德的约束功能。由于经济发展，货币经济带来财富的同时，“经济人”[①] 理性不断冲击着农村传统价值观念，追求个人利益被排在价值选择的首位，传统道德难以协调农民经济利益追求和道德完善之间的张力。[②] 从而导致部分村民容易陷入对金钱、利益的追逐中，道德被抛诸脑后，更惶谈其约束力。因此，对于当前很多农村问题，德治的约束力不足，不能有效发挥作用。

二、德治与乡村德治的内涵

（一）德治的内涵

关于德治的内涵，可以从传统德治和现代德治两个方面进行阐释。德治源自中国古代的一种治国观念。古代传统德治思想可以追溯到西周，周人主张“明德慎罚”，王国维曾将西周的为政之本归纳为“德治”。儒家在此基础上进一步深化了这一“德治”思想，把“德”放在了国家统治的核心地位。儒家提倡教化，主张用道德去教育感化人，反对“不教而杀”；主张施行仁政，反对苛政，反对严刑峻法。如孔子提出：“道之以政，齐之以刑，民免而无耻；道之以德，齐之以礼，有耻且格。”（《论语·为政》）他认为治国之道在于治民心，而只有道德教化和礼仪规范的治理手

① 西方古典经济学中的“经济人”假设，认为人具有完全的理性，可以做出让自己利益最大化的选择。即假定人思考和行为都是目标理性的，唯一地试图获得的经济好处就是物质性补偿的最大化（马仁杰、王荣科，等．《管理学原理》［M］．北京：人民邮电出版社，2013）．

② 费雪莱．伦理视角下我国乡村德治的实践逻辑［J］．青海社会科学，2018（6）．

（二）乡村德治的内涵

中国古代乡村德治是宗族、乡土士绅运用以伦理道德为主要内容的村规民约、礼法规范教化乡土人民，引导、规约村民的行为，调节农村社会关系的治理方式。新时代乡村治理体系中的德治则是以广大农民群众为主体，以乡村传统文化为根基，批判吸收传统德治文化合理内涵，广泛吸收现代社会先进因素，通过提高村民思想道德素质和乡村文明程度，来最终实现乡村治理现代化和善治的一种治理方式；并且也是基于乡村道德机制、伦理机制，以思想文化建设为导向，树立基层群众自愿遵守行为准则的一种风尚。

目前在乡村基层治理中，德治建设具有多种内涵，既是在新时代对传统文化中德治的扬弃，又具有独特的时代特性。其在乡村基层治理方面具有拓展和延伸的特性，基于法治和自治，借鉴当地传统德治历史经验，又传承当地优良文化，发展传统文化的道德约束和教化作用；同时又基于乡村基层社会所拥有的道德规范，完善创新当地独有的价值体系，使其原有传统价值完成现代化转变，树立和发展了新时代下的乡村核心价值观念，建立当地群众自觉遵循的社会规则系统。作为一种新的治理方式，“以德治村”是对乡村法治和基层自治的重要补充，更是建立新时代乡村治理体系的新契机。

三、中国乡村德治的优良传统及其作用

（一）中国乡村德治的优良传统

中国几千年的“自中央至县由皇权统治，县以下靠自治”的“双轨制”治理模式使得中国乡村一直采用德治方式进行治理，也为新时代乡村德治建设提供了许多可借鉴可汲取的经验教训。溯源中国乡村德治的优良传统，能更好地助力新时代乡村德治的实现。

中国传统的乡村德治本质上是儒家德治思想在乡村的实践，主要以教化为基本的治理手段，并通过宗族、乡贤和以伦理道德为主要内容的乡约来保障其施行。依靠乡贤、精英，利用乡规民约教化规范乡土村民，是中

国传统乡村德治的优良传统，为农村培养了人才，帮助农村形成了安定团结的良好村庄秩序，也推动了农村社会的发展。

1. 依靠乡贤、精英治理，为农村传统文化的赓续、农村地区人才的培养和农村地区的发展起到了重要作用。

乡贤指品德、才学为乡人推崇敬重的人，在“皇权不下县”的时代，他们承担起了教育教化以及维护乡村社会秩序的责任。“在乡村社会中，作为唯一的知识分子阶层，乡贤是社会规范的解释者和文字的传播者，教化和教育是赋予他们的最基本任务。”[①] 由于扎根本土，他们对我国传统文化和乡村情况比较熟悉；由于他们自身所具有的知识、眼界，对先进的社会价值观念和知识技能有一定把握；由于他们自身具有的良好德行和较高声望，村民天然地信服于他们。因而在教育中，他们能较好地实现传统文化的传递和先进生产技能的传播；在教化村民和治理社会中，能用村民可接受的方式来规范自身行为、调整人际关系。同时，在这个过程中，也培养出了新一代“乡贤”。传统道德文化的赓续、先进思想和技术的传播、社会分歧的弥合与和睦社会关系的建构、一代代“新乡贤”的培育与养成，都是在依靠乡贤、精英治理中形成的。他们连接着中国乡村的“过去”和“未来”，有力地推动了农村地区的发展。

2. 利用村规民约对农村民众进行教化，从而在农村社会形成了稳定连续的社会认同和安定团结的村庄秩序

村规民约是“村规”和“民约”的组合体。村规，即乡村社会成员共同行事的规定；民约，则是乡村社会成员共同达成并遵守的一种“约定”。村规民约就是一种由乡村民众集体制定，以伦理道德为主要内容，进行自我教育、自我约束、自我管理、自觉履行的乡村社会公约。利用这一规约进行治理，有助于形成家庭美德、涵养个人品德、弘扬社会公德，从而形成乡村社会良好的风气，为乡村社会的和谐稳定永续发展提供保障。首先，村规民约产生于以血缘关系为纽带，以家族为中心的乡村社会关系中，家庭道德教育便是其必然内容。如，它通过规约的形式来宣扬忠孝节

① 费孝通．乡土中国　生育制度　乡土重建［M］．北京：商务印书馆，2011.

义、修身自重、与人为善等传统文化教化内容和思想道德规范，倡导孝父母、敬师长、睦宗族、隆孝养、和乡邻、敦理义、谋生理、勤职业、端教诲、正婚嫁、守本分、尚节俭、从宽恕、息争讼、戒赌博、重友谊等道德和行为。[①] 而且，大多数“乡约”都记载在族谱中，如湖北来凤县《来凤卯峒向氏族谱》、四川省酉阳县后溪乡白氏《南阳族谱》等族谱中都记录了一些村规民约，其目的是更好地教育子孙后代与人为善、和睦乡邻。家庭是社会的细胞，家庭美德教育对于家庭和谐至关重要，也有利于底层社会秩序的确立和稳定。其次，村规民约通过道德的教化和激励、约束作用，培养个人良好的道德修养，促进良好乡村社会风气的形成。如，我国最早系统成文的村规民约《吕氏乡约》，其约规涵盖四个方面：德业相劝、过失相规、礼俗相交、患难相恤。其中“德业相劝”定为首目，意为“见善必行，闻过必改”，“能决是非，能兴利除害”。而患难相恤意指乡民自发的互助行为。[②] 无论哪一方面，都与个人品德修养相关。又如2008年4月20日，洛阳市文物管理局普查队在指导洛宁进行全国第三次文物普查时发现了一块刻有“村规民约”的清代古碑，碑石上端竖行楷镌七条“公议村规”，其中一条为：“凡窃取竹木五谷菜果者不论长幼尽罚钱五百，夜加倍，半给拿获之人，半入公，私纵隐匿者加倍罚之。”这一村规通过约束机制教育村民不能行偷窃之事，以此规范个人行为，培育和锻造个人的良好品德。最后，村规民约弘扬社会公德。村规民约是由乡村民众共同制定的、并为他们所共同认可和遵守的道德准则。它的产生由来反映出村民在社会生活领域有着共同的利益和道德要求。因而，社会公德必然被涵盖于村规民约中。如立于清道光十七年（1837年）的白族乡规民约碑——《大达村规民约规碑》——记载：“古之良民，方里之内，出入相有、守望相助、疾病相扶、亲睦之风，昭昭于古……况我朝圣谕，上亦有联保甲以弥盗贼，和乡党以息争讼，训子弟以禁分为，息诬告以全善良，讲法律以惊顽疾。”大达村的乡规民约涉及社会公德、公共秩序等多方面，对该村社会秩序的稳定起到了调控作用。

---

① 高艳芳，黄永林．论村规民约的德治功能及其当代价值——以建立“三治结合”的乡村治理体系为视角［J］．社会主义研究，2019（2）．

② 万建中．传统乡规民约丰富文明乡风建设的底蕴［N］．光明日报，2018-4-14：10．

3. 以儒家思想为乡村德治的主要内容，提高了农民思想道德素质，也有利于稳固社会秩序

我国的传统德治思想主要来源于儒家。汉代以后，随着儒家思想成为国家主流意识形态，上至朝廷选拔任用官吏、下至乡村治理与教育，无不以儒家思想为主要内容。宗族族规、家训的内容也基本上是儒家伦理道德思想的通俗化和具体化。在上述过程中，儒家道德逐渐完成了对传统中国家庭伦理、乡村公共伦理、义利观等的塑造，渗透到乡村生活的各个方面，成为乡村秩序的精神内核。[①] 儒家“德治”之“德”以“仁义礼智信”为核心，尽管经过历代儒者的不断阐释和发展，但其基本内容并没有发生变化，仍然是以仁为核心，提倡崇仁、重义、明礼、启智信。长久的以儒家思想为主要内容的道德教育形塑着村民的思想价值观念，也在农村社会形成了较为稳固的道德认知和评价体系。这样的道德体系及其承载的价值观念被生于斯长于斯的村民所习得，促进了农民整体道德素质的提高，也有利于社会秩序的稳定，更为新时代国家乡村治理提供了深厚的人文底蕴。

四、社会主义核心价值观与乡村德治的内在关联

（一）社会主义核心价值观的内涵

党的十八大报告提出，要大力加强社会主义核心价值体系建设，倡导“富强、民主、文明、和谐，倡导自由、平等、公正、法治，倡导爱国、敬业、诚信、友善，积极培育和践行社会主义核心价值观。”[②]

“富强、民主、文明、和谐”是国家层面所追求的价值目标，回答了我们要建设什么样的国家这一重大问题。富强即国富民强，是社会主义现代化国家经济建设的应然状态，是中华民族梦寐以求的美好夙愿，也是国家繁荣昌盛、人民幸福安康的物质基础；民主是人民民主，其实质和核心是人民当家作主，它是社会主义的生命，也是创造人民美好幸福生活的政

① 王海成，张丽君．“三治”结合背景下乡村德治的定位与转型［J］．西北农林科技大学学报（社会科学版），2020（6）.

② 中共中央文献编辑委员会．胡锦涛文选（第三卷）［M］．北京：人民出版社，2016.

治保障；文明是社会进步的重要标志，也是社会主义现代化国家的重要特征。它是社会主义现代化国家文化建设的应有状态，是对面向现代化、面向世界、面向未来的，民族的科学的大众的社会主义文化的概括，是实现中华民族伟大复兴的重要支撑；和谐是中国传统文化的基本理念，是社会主义现代化国家在社会建设领域的价值诉求，是经济社会和谐稳定、持续健康发展的重要保证。

“自由、平等、公正、法治”是社会层面的价值取向，回答了我们要建设什么样的社会这一重大问题。自由是指人的意志自由、存在和发展的自由，是人类社会的美好向往，也是马克思主义追求的社会价值目标。平等是指公民在法律面前的一律平等，其价值取向是不断实现实质平等。它要求尊重和保障人权，人人依法享有平等参与、平等发展的权利。公正即社会公平和正义，它以人的解放、人的自由平等权利的获得为前提，是国家、社会应然的根本价值理念。法治是治国理政的基本方式，依法治国是社会主义民主政治的基本要求，是实现自由平等、公平正义的制度保证。

“爱国、敬业、诚信、友善”是公民个人层面的价值准则，回答了我们要培育什么样的公民的重大问题。爱国是基于个人对自己祖国依赖关系的深厚情感，也是调节个人与祖国关系的行为准则。它同社会主义紧密结合在一起，要求人们以振兴中华为己任，促进民族团结、维护祖国统一、自觉报效祖国。敬业是对公民职业行为准则的价值评价，要求公民忠于职守，克己奉公，服务人民，服务社会，充分体现了社会主义职业精神。诚信即诚实守信，强调以诚待人、重信守诺。友善强调公民之间应互相尊重、互相关心、互相帮助、和睦友好，努力形成社会主义的新型人际关系。

社会主义核心价值观是中国国家意识形态的高度价值浓缩，体现了社会主义意识形态的本质要求，体现了社会主义制度在思想和精神层面的质的规定性，是建设中国特色社会主义现代化强国、实现中华民族伟大复兴的价值引领。培育和践行社会主义核心价值观，对于巩固马克思主义在意识形态领域的指导地位、巩固全党全国人民团结奋斗的共同思想基础，对于促进人的全面发展、引领社会全面进步，对于集聚实现中华民族伟大复兴中国梦的强大正能量，具有重要现实意义和深远历史意义。

（二）社会主义核心价值观与乡村德治

党和政府一直重视社会主义核心价值观的培育和践行，倡导要发挥社会主义核心价值观的引领作用，将社会主义核心价值观融入到社会发展的各个方面。2021 年 2 月，《中共中央国务院关于全面推进乡村振兴加快农业农村现代化的意见》强调：全面推进乡村振兴，加快农业农村现代化，必须加强新时代农村精神文明建设，要“弘扬和践行社会主义核心价值观，以农民群众喜闻乐见的方式，深入开展习近平新时代中国特色社会主义思想学习教育。”①

1. 社会主义核心价值观为乡村德治提供价值引领与基本遵循

首先，国家层面“富强、民主、文明、和谐”的社会主义核心价值观传播，有助于改变部分农民“各人自扫门前雪”，对国家大事、社会问题漠不关心的情况，转变农民尚存在于其头脑中的“小富即安”小农思想，自私自利的利己意识。让农民们意识到，国家层面的价值目标落实到乡村，就是要建设“富强、民主、文明、和谐”的乡村；让农民们意识到，国家的发展和自我的发展是紧密联系的，有国才有家，国强则家强。正确的国家价值观使农民有意识去关注和了解国家的政策方针，增强对中国特色社会主义共同理想的价值认同，从而在乡村治理环节中，能够理解认同政府措施，更积极地配合村委会工作，使乡村德治建设能够积极推行。其次，社会层面“自由、平等、公正、法治”社会主义核心价值观传播，有助于改变传统农村的人情社会，打破乡村中残留的封建等级观念，使农民们能够突破旧思想的束缚，树立新时代新思想新风尚。第三，个人层面“爱国、敬业、诚信、友善”的社会主义核心价值观传播，有助于改善乡村风气，减少邻里争执，构建和谐文明的乡村人文环境。虽然我国经济在不断发展，人民生活水平日益提高，但传统小农意识还是影响了部分农民，在乡村公共资源的使用方面常有口角纷争。而个人层面的社会主义核心价值观传播，有利于构建新时代农民的新道德观念，为农民提

① 中共中央国务院关于全面推进乡村振兴加快农业农村现代化的意见［N］. 人民日报，2021-02-22：01.

供正确的价值引领，同时为乡村德治建设提供良好的思想基础与文化环境。

2. 社会主义核心价值观与乡村德治具有内在一致性

一方面，社会主义核心价值观与乡村德治在内容上具有内在一致性。社会主义核心价值观不仅是社会主义意识形态本质的深层次表达，其实质也是一种德，既讲究个人德，也是讲究国家德和社会德。富强、民主、文明、和谐是国家之德，自由、平等、公正、法治是社会之德，爱国、敬业、诚信、友善是个人之德。而乡村德治的“德”的价值取向体现在讲文明、讲礼貌，爱国家、爱集体、爱家庭，讲诚信、讲友情，敬业勤俭、敬老爱幼等内容中，这些内容与社会主义核心价值观内容完全一致。[①]

另一方面，社会主义核心价值观与乡村德治在实现目标上具有内在一致性。24个字的核心价值观回答了我们要建设什么样的国家、什么样的社会和什么样的公民的时代之问，为全国各族人民指明了奋斗的方向和目标。而“富强、民主、文明、和谐”折射于乡村振兴之上，就是要建设产业兴旺、生活富裕，资源节约、环境友好，生态宜居、人与自然和谐发展之新时代乡村；“自由、平等、公正、法治”反映到农村，就是指乡村振兴除了物质文明建设之外，也应该着力构建人与人之间诚信友爱、平等互利、守望相助、公平正义的人际关系，实现新时代乡村社会的“各美其美、美人之美、美美与共”；“爱国、敬业、诚信、友善”的价值目标追求投射到农村，就是要求培育有大格局、大境界、大修养、大胸襟的新时代中国特色社会主义乡村民众，做到既能够“修身”“齐家”，又“苟利国家生死以，岂因祸福避趋之”。[②] 乡村德治就是要通过一定的道德文化教育教化乡村人民，使其素养提高、精神风貌提升，不仅具有以爱国奉献、明礼守法、厚德仁爱、正直善良、勤劳勇敢为主要内容的良好个人品德，以尊老爱幼、男女平等、夫妻和睦、勤俭持家、邻里互助为主要内容的良好家庭美德，也具有以文明礼貌、助人为乐、爱护公物、保护环境、遵纪守法为主要内容的良好社会公德，从而使整个农村形成良好风尚，推动乡村

① 高艳芳，黄永林．论村规民约的德治功能及其当代价值——以建立“三治结合”的乡村治理体系为视角［J］．社会主义研究，2019（2）．

② 刘良军．重视德治在乡村振兴中的引领作用［J］．当代县域经济，2019（5）．

社会的进步发展和文明程度的提高。社会主义核心价值观三个层次的目标在乡村德治的目标中都有具象的反映。由此可见，二者在实现目标上具有高度契合的内在一致性。

五、新时期乡村德治实践的成效及存在问题

（一）新时期乡村德治建设实践及其成效

为有效推进乡村德治建设，推动乡村现代化治理体系的构建和乡村社会的发展，党中央统筹规划，为乡村德治建设提供了方向性指引。《中共中央国务院关于实施乡村振兴战略的意见》（以下简称《意见》）以及《乡村振兴战略规划（2018—2022 年）》（以下简称《规划》）这两份文件中都提出，要“深入挖掘乡村熟人社会蕴含的道德规范，结合时代要求进行创新，强化道德教化作用，引导农民向上向善、孝老爱亲、重义守信、勤俭持家。”在《意见》中，除了“道德教化”之外，新时代乡村德治还统摄了“建立道德激励约束机制”“广泛开展各类道德先进的评选表彰活动”“深入宣传道德模范”等三大方面；而在《规划》中，除了“道德教化”“建立道德激励约束机制”外，新时代乡村德治又囊括了“积极发挥新乡贤作用”“深入推进移风易俗”“加强无神论宣传教育”“深化农村殡葬改革”等四大方面。总体上看，乡村德治的顶层设计是从德治主体、德治内容、德治载体和德治保障机制这四个方面来进行的。各地则在遵循中央文件精神的基础上，因地制宜地进行了乡村德治建设实践，并取得了良好成效。

1. 德治主体方面：重视“新乡贤”，积极发挥“新乡贤”作用

乡贤治村是中国乡村社会治理的优良传统，古代乡贤因其才、德以及在农村中的较高声望管理农村、教化村民，在农村社会形成良好的风尚、稳定的社会秩序等方面发挥了非常重要的作用，也推动了农村社会的发展。新时代乡村治理不能不继承这一优良传统，充分发挥新时代乡贤在包括德治在内的乡村治理方面的作用。新乡贤是指与乡村有着密切联系、以自己的资源、经验、学识、技术等参与乡村建设和治理的人士，既可以是生于斯长于斯的长者，也可以是身在外地，但心系家乡的精英人才，或是

长期在乡村工作的外乡人。[①] 广大农村在发挥新乡贤的德治作用方面做了许多的有益探索。如将本村优秀人才和来乡、返乡创业的精英人才发展为新乡贤，使其成为乡村治理的主体，助力乡村发展。如浙江省德清县充分发掘和利用乡村精英资源，组成乡贤参事会助力农村社会治理，创新农村社会治理机制，其实践成为现代农村治理场域中德治模式的典型代表。乡贤参事会采取个人荐、群众推、组织选等方式，从德才兼备的身边典型人物、致仕经商的外出成功人士、投资兴业的外来创业精英等三类本土、离土和外来乡贤中推选产生，每届任期 3 年，自愿参与事务管理，不享受任何补助。乡贤参事会成立以来，对德清县农村社会治理产生了重要的作用。[②] 浙江省台州市自 2016 年就开展了“万名乡贤帮千村”的活动，凝聚了各方精英人才，仙居县田市镇更将乡贤发展成了村干部。王将是江苏省淮安市鑫泰置业有限公司董事长，同时，也是仙居县田市镇下街村的党支部书记。从前一两年回老家一次，当村干部后一个月 20 多天都在村子里，王将的奉献换来了村民的信任与配合，在王将和其他村干部的共同努力下，下街村的村容村貌大大改善，基础设施逐渐完善，乡风民风也逐渐向上向善。[③]

2. 德治内容方面：结合时代要求，充分挖掘各地优秀传统文化

中华优秀传统文化是中华民族的血液和灵魂，是民族精神的力量来源。各地都有各自的本土文化，本土文化资源多源于乡村，基层群众比较熟悉、比较认可，与基层群众有着天然的亲和力。所以，利用本土文化资源推进乡村德治更容易为基层群众所接受，效果更直接。而深入挖掘本地的优秀特色文化，会使乡村德治更具有本地特色也更有认同感、影响力。如石家庄晋州市李家庄村，该村的传统戏曲咳嗨腔、药王庙、王家大院均闻名遐迩。村“两委”把发扬传统文化、建设文化强村摆在突出位置，组织专人进一步挖掘、整理、弘扬优秀的传统文化，在李家庄村唱响了弘扬

① 胡鹏辉，高继波．新乡贤：内涵、作用与偏误规避［J］．南京农业大学学报（社会科学版）．2017（1）．

② 吴理财，杨刚，等，新时代乡村治理体系重构：自治、法治、德治的统一［J］．云南行政学院学报．2018（4）．

③ 于语和，白婧．乡村振兴视域下乡贤治村的实践路径［J］．原生态民族文化学刊，2019（5）．

真善美、传播正能量、树立新风尚的主旋律。[①] 广西壮族自治区的田林县立足家风家教、文明礼仪等文化习俗，深入挖掘德治的内涵，大力弘扬和培育乡村道德文化；组织县内作家、融媒体中心记者深入各镇村开展乡村文化挖掘活动，先后打造了家风家训文化村——潞城瑶族乡丰防村，书香文化村——利周瑶族乡福祥村，诚信文化村——乐里镇新宁村等 20 个各具特色的乡村道德文化示范点。[②]

3. 德治载体方面：完善乡规民约、搭建阵地平台

村规民约是乡村德治的重要载体，通过乡规民约实现对村民的教育教化和乡土社会的治理是中国乡村德治的重要传统，这在今天也具有借鉴意义。然而乡规民约作为道德文化的载体，不可避免地被刻上了时代的烙印，当中的有些条款对现今乡村治理还有积极意义，但也不乏同新时代民主文明法治理念不相适应甚至相冲突的地方。因而新时代乡村德治，便要结合时代特征、时代要求及本地实际，对乡规民约进行修订、补充和完善。在这一方面，许多农村地区也有所作为。如 2017 年 5 月，浙江省嘉兴市 L 村修订了新版村规民约，不仅包括婚姻家庭、邻里关系、美丽家园、平安建设、民主参与、奖惩措施等内容，也将美丽乡村建设、垃圾分类、三治融合等工作都及时纳入村规民约之中，并将其简约化为村民公约的形式进行展示与宣传，借以发挥村规民约的治理效果。[③] 又如广西壮族自治区田林县潞城瑶族乡丰防村在村理事会引导下，逐步摒弃了浓厚的“1234”瑶族传统婚俗，即女孩出嫁要有 1 套价值 3 万元以上的瑶族服饰，要有一男一女两个媒人等，有效树立了民俗新风。2019 年，该村被百色市委评为全市仅有的三个‘五旗村’之一。[④]

总体来看，在目前的乡村德治建设实践过程中，主要是基于三个方面发挥乡规民约作用：第一，基于当地村民个人之间关系的角度，使用乡规

---

① 李军利，张彦敏．河北省晋州市李家庄村：真抓实干　共建美丽乡村［EB/OL］. 中国文明网，http：//www. wenming. cn/wmcz2017/xf/201905/t20190530 _ 5133861. shtml.

② 冉俊彪．田林：坚持德治为先　推进乡村治理［EB/OL］. 广西百色政协网，http：//www. gxb szx. gov. cn/news _ view. php? id=124675.

③ 熊万胜，方垚．体系化：当代乡村治理的新方向［J］. 浙江社会科学，2019（11）.

④ 冉俊彪．田林：坚持德治为先　推进乡村治理［EB/OL］. 广西百色政协网，http：//www. gxbszx. gov. cn/news _ view. php? id=124675.

民约处理当地村民个人之间纠纷，构建和谐乡村人际关系；第二，基于村民个人和当地环境卫生的角度，采取乡规民约等方法重新建立新时代要求下的村民个人和环境卫生关系，推进村民改善当地村貌，保护当地环境卫生等，构建人与自然和谐共生的新型关系，建设美丽乡村；第三，基于村民个人和组织集体的角度，乡规民约中加入当地公益项目等内容，可积极倡导社会公德，形成村庄共同体意识，鼓励村民积极参与村庄公共事务，依靠当地村民集体力量对基层公共事务进行治理。

乡村德治的建设和实现也有赖于阵地的支持，它建设的如何对于德治效果有着重要影响。自乡村德治号角吹响以来，各地对于阵地建设也加大了投入。如推动乡村文化基础设施建设，保证投入比例，加大当地乡村文化供给，为优秀文化的传承、传播搭建好平台。广西田林在全县建成169个村（社区）级公共文化中心和169家农家书屋的基础上，大力推进文化墙、文化长廊、村史馆等文化设施建设。[①] 不仅田林，上文中提到的浙江省嘉兴市L村通过开展墙面彩绘、挂家风家训等形式，开展广泛宣传，使村规民约渗入百姓生活中。[②] 阵地建设强化了德治效果，也使得精神文明建设跟得上经济发展，可以充实当地乡村精神文化需求。

4. 德治保障机制方面：建立道德激励约束机制，完善制度建设

制度是道德文化建设的基石。为有效实现乡村振兴，许多地区不断完善当地道德激励约束体系，建立正确的社会价值导向。如洛阳的孟津县麻屯镇卢村，通过开展“十星文明户”评选，卢村村民争相向“文明户”看齐，积极参与村里的各项活动。今天的卢村，街道整洁、绿树掩映、邻里和睦，全村形成了学身边好人、做荣誉村民、当道德模范的浓厚氛围，成了远近闻名的“和谐村”。[③] 四川省雅安市天全县大坪乡村于2019年在全乡6个村建立家庭道德激励机制，其做法是把创建和评选活动与村民农户的切身利益挂起钩来，使群众感到政治上光荣，经济上实惠，对荣获

① 冉俊彪．田林：坚持德治为先　推进乡村治理［EB/OL］．广西百色政协网，http：//www.gxbszx.gov.cn/news_view.php?id=124675.

② 熊万胜，方垚．体系化：当代乡村治理的新方向［J］．浙江社会科学，2019（11）.

③ 李梦龙，郑锋龙．洛阳：用德治为乡村振兴加码［EB/OL］．洛阳网，http：//news.lyd.com.cn/system/2019/07/27/031435282.shtml.

“5好5星”星级文明户的家庭给予一定的政策优惠和经济鼓励；对连续两年一颗星也未达到的家庭，村委会及村民小组在村民大会上提出批评，给予适当经济处罚或限期整改，促进来年增星。[①] 道德约束机制建立主要基于两个方向：第一基于榜样引导作用的角度，弘扬主旋律，以褒扬好人好事为基础，树立文明风尚，引导群众尊重榜样，学习榜样，成为榜样，如组织开展最美乡村教师、最美医生、家庭好儿女、家庭好公婆等评选活动，宣扬新时代下的正能量。这也在农村中树立起了道德标杆，强化了道德榜样引领作用。第二基于惩罚机制的角度，坚持惩恶即是扬善，要约束和惩治失德、失信、失范行为，大幅增加不道德行为的成本，真正让“作恶者付出代价”。

（二）存在的问题及其原因

1. 乡村德治主体缺失

作为新时代乡村德治主体，新乡贤不可或缺。虽然各地都在积极发展新乡贤并注重发挥其作用，以促进德治水平提升，但也不能不看到，当前大部分农村面临着明显的“求贤若渴”却“求而不得”的尴尬境遇。一方面，由于我国目前城市化进程的跨越式发展，以及农业生产效率提高和农业生产资源集中化，农村地区产生劳动力剩余问题，这些剩余劳动力在农村得不到良好发展，为谋求出路，开始向城市大批转移，导致我国乡村地区出现空心化。在这些外出人员中不乏年富力强者和受过良好教育者。根据国家统计局的《2019年农民工监测调查报告》数据显示，2019年农民工总量达到29 077万人，比上年增加241万人，增长0.8%。在受教育水平上，大专及以上学历农民工占比有所提高，大专及以上学历占11.1%。大专及以上学历农民工所占比重比上年提高0.2个百分点。在年龄层次上，主要以青壮年为主，农民工平均年龄为40.8岁，40岁及以下农民工所占比重为50.6%。[②] 另一方面，虽然伴随着生产力的提高和现代化进程

① 四川省天全县人民政府．大坪乡家庭道德积分激励机制工作方案［EB/OL］．天全县人民政府网，http：//www.tqx.gov.cn/gongkai/show/20191125133712-32760-00-000.html.

② 国家统计局，2019年农民工监测调查报告［EB/OL］．国家统计局网站，http：//www.stats.gov.cn/tjsj/zxfb/202004/t20200430_1742724.html.

的加快，我国城市和农村的经济水平都显著提高，但农村地区的经济发展还是滞后于城市，又由于城市便捷的交通、优良的教育医疗资源和无限的发展机遇，对农村居民来说都是强大的吸引力，因而许多农村居民愿意奔向城市、留在城市。人才留不住、不愿来乡村，使得乡村缺乏传统意义上的中坚力量，从而导致乡村德治建设主体缺失。

2. 多种思潮冲击传统道德观念，新时代农村道德文化亟待发展

道德文化是乡村德治的内核。然而当前中国乡村在思想文化领域面临着严峻挑战：一方面，多种思潮冲击乡村传统道德观念，另一方面，新时代乡村道德规范体系尚未建成。

随着我国改革开放不断深入和社会主义市场经济的飞速发展，如今的乡村社会经济与以往大有不同，经济的高速发展让农民的生活水平得到了明显提高，其幸福感、获得感、安全感显著增强。伴随着经济发展，人们的思想观念也不断发生变化，这一变化同样体现在人们的生活方式与价值追求方面。在市场经济中，由于金钱的“异化”，拜金主义出现并逐渐盛行，享乐主义、极端个人主义也弥漫于社会。不辨荣辱、不分是非、一切向钱看，甚至“笑贫不笑娼”的现象并不少见。广大农村作为人类生活共同体的重要组成部分，不可能不受到这些思想的影响。四十多年的改革开放，使国人享受到了发展的红利，但也裹挟着不同意识形态泥沙俱下。受到不同思潮和不同外来意识形态的冲击与影响，多元文化交流交融交锋，我国传统道德文化体系受到冲击，作为其重要组成部分的农村传统道德规范和行为准则也未能幸免，以至于农村地区的道德滑坡事件频频发生，如兄弟阋墙、子不养亲等现象屡见不鲜。这些道德乱象的根源在于经济发展所引起的不同价值观的碰撞，而已有道德规范却逐渐失去其效能。道德乱象的治理便需要一个有权威的统一的道德文化体系。

不同时期的文化都来源于对过往的继承，[①] 以儒家思想为核心的传统道德文化仍深深影响着包括乡土村民在内的广大国人。我国乡村德治之“德”无论过去还是现在都以儒家道德为主要内容。虽然在市场经济冲击

① 刘婷婷，俞世伟．乡村德治重构与归位：历史之根和现代之源的成功链接［J］．行政论坛，2020（1）．

中这一道德思想在调节村民行为、整合村民利益关系等方面仍然发挥着重要作用，但儒家道德体系本质上是建立在古代中国小农经济基础之上，符合当时中国社会封闭、稳定的特点。而当代中国社会是一个法治社会、开放的社会，也是一个正在迅速现代化的社会。现代化的迅猛进程冲击了一切传统的生活方式和价值观念，必然引起乡村社会道德观念的变化。当代新儒家感叹儒学在当代中国已成“游魂”，并且“魂不附体”。儒学“魂不附体”的原因可以说是多方面的，但其最基本的原因，“或许还在于儒家之‘魂’已经不适应那个已经变化了的且仍在变化中的社会之体。”[①] 因此，结合新时代经济社会发展态势，当代乡村德治之“德”应不同于以儒家道德为主要内容的传统道德，而应该是以社会主义核心价值观为引领的社会主义新道德，其内容不仅包括个人之私德，而且包括个人的理想、信念，包括世界观、人生观、价值观，包括社会公德、职业道德、政治道德等。[②] 但这一符合新时代新要求具有新的内容的道德文化体系由于社会的历史的原因，在许多乡村还尚未建成。

3. 传统乡规民约具有局限性，且约束力较弱

乡规民约作为一种非正式的制度，其历史悠久，在保障农村地区的基层民主、管理乡村的公共事务、维持乡村社会秩序、培养村民的道德、规范村民行为、解决邻里争端等各个环节中都发挥了不可或缺的作用，是推进乡村治理的一种重要手段。如前文所述，许多乡村都已经设立了符合新时代中国特色社会主义核心价值观的新乡规民约，但还是有部分乡村仍沿用传统的乡约民规。这些传统乡约民规因其内容方面未做到“合时而著”，不能适应新时代的社会发展需求，甚至阻碍当地经济文化建设，致使其有效性大大减弱。加之它本质上是非强制性的教化思想、指引行为的公约，效力不及法治，因而约束力不足。此外，在目前大多数地区对于乡规民约缺少有效的奖惩制度，对于乡规民约的遵循者缺少奖励，对于违背乡规民约的行为也未能在符合法律的情况下进行惩罚。乡规民约受到部分村民的质疑，村民难以认可、不愿遵循，其约束力式微。

---

① 郑家栋．断裂中的传统［M］．北京：中国社会科学出版社，2001.

② 王海成，张丽君．“三治”结合背景下乡村德治的定位与转型［J］．西北农林科技大学学报（社会科学版），2020（6）.

4. 农村道德评价机制存在问题，传统榜样力量弱化

自“提升乡村德治水平”作为一项重要战略任务和价值追求被提出以来，我国许多乡村都纷纷开展道德评价相关活动，如开展好媳妇、好儿女、好公婆等评选表彰活动，开展寻找最美乡村教师、医生、村官、家庭等活动，旨在选出让广大农村有可示范的道德标杆，让广大农村居民有可遵循的道德榜样。愿望和出发点是好的，但在实际操作过程中一些地区却存在评选章程不明确、评选机构不完善以及人情影响评选等问题。甚至一些地区还存在评选毫无监督等问题。评选机制存在问题，以至严重影响到评选模范的引导作用，使得评选榜样的作用大大弱化。

此外，传统道德榜样力量弱化。如“勤以修身、俭以养德”“一粥一饭当思来之不易，半丝半缕恒念物力维艰”的节俭之义，“守望相助、出入相友、疾病相扶持”的互助理念，历来被提倡。但由于经济的飞速发展和人民生活水平的提高，原本的节俭美德却被认为是“抠门”，奢侈被认为是“大方”。而“个人主义”“功利主义”的传播，也使得乐于助人被当作“多管闲事”，投机取巧被看做“圆滑处世”、聪明。传统的善良美德受到讽刺、挖苦，而不当的道德行为却因其所带来的利益被竞相效仿。

六、新时期推进乡村德治建设的路径探析

实现乡村德治是提升乡村治理效果、实现乡村振兴的必然要求和重要助力。在这一过程中，乡村德治的实现不是一蹴而就的。当前我国农村出现的道德滑坡、主体缺失、文化断层等更加剧了以德治村的难度。由此，实现乡村德治，就要做好顶层设计、路径规划，也要做好各项具体事宜。德治主体、德治内容、德治载体和德治保障机制可以作为乡村德治具体实践的破题之处和着力点。

（一）扩大乡村人才队伍，积极发挥“新乡贤”作用，促进乡村人才有效参与德治建设

如前文所述，新乡贤是指与乡村有着密切联系、以自己的资源、经验、学识、技术等参与乡村建设和治理的人士，既可以是生于斯长于斯的

长者，也可以是身在外地但心系家乡的精英人才，或是长期在乡村工作的外乡人。[①]其内涵丰富，外延宽广，是“本土”精英，“离乡”和“外来”的精英的统一，乡村中的老党员、老干部、复退军人、企业经营者、道德模范、教师以及外来生产经营管理人才等都在之列。一方面这些人士心系乡村又具有新时代下乡村所需的价值观念和精神信仰，既可以体现出乡村文化的部分精髓，又能够通过自身努力加强当地优秀文化的建设；另一方面对国家的政策拥有更多认知和更强的理解力、预见力，同时由于他们自身的学识和德行而备受村民尊重，可以起到一定的示范作用和引导作用。他们发挥自身的引导力、组织力和建设力，引导当地村民调节社会行为，弥合社会分歧，加强对当地的认同感、责任感和责任感，协同发力加强新农村建设。

如何发挥“新乡贤”作用？以“情”动之，以“礼”厚之。一方面，多途径激发、厚植“新乡贤”的乡土情结。充分挖掘各村优秀道德文化并通过举办“书”“演”“画”“诵”等系列活动或利用新时代传媒予以展播，立体展示新时代乡村的厚重文化底蕴和发展的活力与潜力，加深包括“新乡贤”在内的广大人民对于新时代乡村的热爱和向往，激发人民效力乡村的愿望和热情。另一方面，对于这些新乡贤，也要“以礼待之”，给予其充分的尊重。不只是村民对其的尊重，而应该是整个村庄包括基层党组织、村委会、村民在内的、从上到下的对于他们的尊重。让这些热爱农村、热爱农民的人才更有获得感和幸福感，在一定程度上也使他们更具责任感。同时，要推动乡村精英思想建设和能力建设，让他们的智慧和良好德行能更好地引领当地村民进行德治实践。

（二）弘扬社会主义核心价值观，培育新时代乡村道德文化

其一，以社会主义核心价值观引领乡村道德建设。社会主义核心价值观体现了社会主义意识形态的本质要求，是乡村道德的精神内核和价值引领。近年来，随着乡村生产生活方式的变迁，乡村道德领域也呈现出多元

① 胡鹏辉，高继波．新乡贤：内涵、作用与偏误规避［J］．南京农业大学学报（社会科学版），2017（1）．

化、多样性、新旧交织的复杂态势。这一复杂态势的背后实质上是作为乡村道德的精神内核的共同价值观的缺失。社会主义核心价值观对社会意识形态、道德观念、伦理关系等具有强大的道德引领和塑造整合作用，通过社会主义核心价值观的培育和践行，重建乡村价值共识，是乡村道德建设的首要任务。农村基层党组织在乡村道德文化建设的过程中应该发挥领导和模范带头作用，营造良好的氛围，用社会主义核心价值观引领农村道德文化建设，把科学、文明、民主、法治等现代理念传递给广大村民，塑造社会主义新农民。

其二，积极发掘和改造乡村传统道德文化资源。尽管遭到现代化和市场经济的双重冲击，但乡村传统道德伦理观念中的某些成分在当代仍然有深厚的社会土壤和广泛的群众基础，通过合理的诠释，可以成为当代道德体系中的有机组成部分。习近平指出："要推动乡村文化振兴，加强农村思想道德建设和公共文化建设，以社会主义核心价值观为引领，深入挖掘优秀传统农耕文化蕴含的思想观念、人文精神、道德规范。"[①] 事实上，乡村道德从来就不是一成不变的，而是在传承过程中不断更新，以适应社会发展的需要。近代以来，受西方民主自由思想影响，部分农村宗族明确将自由、平等写入族谱，甚至规定宗族之组织原则必须合乎民主之精神。如常宁《殷氏五修族谱序》称："（宗族）重要原则，首要合乎民主精神，次则积极注重经济建设。故宗族之首要规定，即在全民族公共之事，应如何发动（族众）而始不为少数人所操纵，应如何监督，而始不为败类所侵蚀。"传统道德中的"忠"主要是"忠君"，在当代则一变而为提倡爱国主义和拥护社会主义国家及大政方针的道德要求，连农村祠堂供奉的"天地君亲师"也演变为"天地国亲师"。可见，乡村既有道德传统和乡土文化，是当代乡村道德建设的重要资源和优势，不能一概予以否定。尊重村庄既有的道德传统，在社会主义核心价值观引领下，对其进行创造性转化和创新性发展，是建构具有广泛认同的乡村道德规范，促进乡村德治顺利进行

① 中共中央党史和文献研究院．习近平关于"三农"工作论述摘编［M］．北京：中央文献出版社．2019.

的重要途径。[①]

（三）健全道德评议体系，挖掘榜样背后的力量

乡村基层组织应当开展一系列道德评议活动，加强新时代乡村道德文化建设。可以发挥基层民主的优越性，成立专项评议机构，让当地村民推选具有公信力的负责人员，被选举的相关评议机构负责人员应当具有坚定的政治立场，极强的责任心以及可以胜任的组织协调能力，争取使得绝大多数当地村民对评议机构信赖。同时，应当制定相关道德评议机构工作人员选举章程，规定定期评议模范、定期评议机构换届选举等相关细节。并且，相关评议章程需要结合当地情况进行制定，要利于当地村民接受，要易于当地村民理解，形成规范和系统的评议规则。当地需要充分发挥评议结果的示范和引导作用，好人好事等评议结果应当加大宣传力度，充分利用当地所拥有的宣传工具，进行传统媒体和新媒体两方面的新闻宣传。对于评议获得先进个人、道德模范等方面的典型事迹要深度挖掘，创造积极向上的乡村舆论氛围。对于不文明不道德的行为需要开展批评教育，根据当地实际情况可以将评选结果和需要整改的情况与当地村民评优评先考察相结合。此外还可以开展例如“致富标兵”“最美家庭”“身边好心人”等一系列活动，在当地营造村民知德，村民守德的美好乡村氛围。

加强引导和组织群众对于当地好人好事、模范典型的学习，通过乡村内的气氛带动村民，潜移默化中引导村民向好向善，激发出群众学习模范的内生动力。

（四）重视新时代乡规民约建设，发挥社会治理功能

乡规民约在不同时期具有不同的内涵，早期的乡规民约侧重于道德教化功能，进入新时代则更强调社会治理，解决乡村生活中面临的实际问题。面对当前乡村德治实践过程中村规民约的不足之处，需要着力完善之，使其更好地发挥应有的作用。

---

① 王海成，张丽君．“三治”结合背景下乡村德治的定位与转型［J］．西北农林科技大学学报（社会科学版），2020（6）．

首先，面对我国乡村传统的乡规民约既不能全盘否定，又不能全面继承，要深入调查当地乡村发展的主要矛盾，根据当地经济和文化传统，在符合我国法律法规的前提下进行扬弃和发展创新。应该结合当地实际情况，探索当地原有传统乡规民约中的可以引导和发扬的道德价值和传统美德，即符合社会主义核心价值观的内容。

其次，当地需加强引导，例如保护家谱、传统仪式等方面的当地传统民俗活动，宣传新时代社会主义核心价值观。对于乡规民约中已不适应新时代乡村发展的消极因素，应当在尊重当地居民利益诉求，结合当地经济建设方向，进行扬弃和发展，使其符合当地发展建设要求，完成向现有文化价值观的转换。

再次，要充分利用乡规民约在当地所拥有的社会基层治理功能。目前我国在基层法治层面存在一定的滞后性和法律法规调节不到位的情况。当地需要在符合法律法规和时代发展新要求下充分发挥乡规民约所存在的社会治理功能，增强乡规民约的约束能力，尽量做到有规可依，有约可循，解决目前一些地方所存在的占用耕地、维护农村公共设施、乡村卫生环境建设等问题。

最后，严格规范当地乡规民约的制定。乡规民约的制定一要注意法治理念的渗入，二要注意村民“主人翁”作用的发挥。德治若没有“法治”的参与，最后可能沦为“人治”。这有悖于现代社会治理理念，也会影响村规民约的效力。因而，在村规民约的制定和实施过程中，“法治”理念不能缺位。要制定村规民约制定程序，使其规范化、正式化，要采取收集意见——制定初稿——结合政策、民意，修整完善——最终审核——正式发布这一方式和流程。其在程序上做到多方参与，得到当地居民认可；在内容上尽量完善，执行方面有效实施。既充分发挥当地村民主观能动性，发挥其主人翁意识，使村规民约能画出广大村民“最大同心圆”，又使其因为具有法治理念而能发挥最大的规约效益。

第六章　坚持绿色发展，推进美丽乡村建设

推进农业绿色发展是农业发展观的一场深刻革命。从生产到生活，离开了绿色，乡村就失去了本色。2021 年 4 月 2 日，习近平同志在参加首都义务植树活动时强调，“生态文明建设是新时代中国特色社会主义的一个重要特征。加强生态文明建设，是贯彻新发展理念、推动经济社会高质量发展的必然要求，也是人民群众追求高品质生活的共识和呼声。中华民族历来讲求人与自然和谐发展，中华文明积累了丰富的生态文明思想。新发展阶段对生态文明建设提出了更高要求，必须下大气力推动绿色发展，努力引领世界发展潮流。”① 2017 年 10 月，党的十九大提出，经过长期努力，中国特色社会主义进入了新时代，我国社会主要矛盾已经转化为人民日益增长的美好生活需要和不平衡不充分的发展之间的矛盾。这个社会主要矛盾的变化是关系全局的历史性变化，对党和国家工作提出了许多新要求，必须在继续推动发展的基础上，着力解决好发展不平衡不充分问题，大力提升发展质量和效益，更好满足人民在经济、政治、文化、社会、生态等方面日益增长的需要，更好推动人的全面发展、社会全面进步。因此，在新的发展阶段，必须坚持新发展理念，“坚定不移贯彻创新、协调、绿色、开放、共享的发展理念”。②

---

① 新华社．习近平在参加首都义务植树活动时强调：倡导人人爱绿植绿护绿的文明风尚，共同建设人与自然和谐共生的美丽家园［N］．人民日报，2021-04-03：01.

② 习近平．决胜全面建成小康社会　夺取新时代中国特色社会主义伟大胜利——在中国共产党第十九次全国代表大会上的报告［N］．人民日报，2017-10-28：01.

实施乡村振兴战略，关系到农业农村现代化的实现，关系到社会主义现代化的全面实现，关系到第二个百年奋斗目标的实现。习近平同志强调，“实施乡村振兴战略，一个重要任务就是推行绿色发展方式和生活方式”，“坚持人与自然和谐共生，走乡村绿色发展之路。”[①] 坚持绿色发展理念，实施乡村振兴战略，就是要加快推进农业农村现代化建设，加快转变农业发展方式，构建现代农业产业体系，加强农村突出环境问题综合整治，统筹山水林田湖草系统治理，保护和修护乡村生态，加强农民的绿色发展理念和生态保护意识，提升农民的绿色生产技能，培养农民的绿色生活习惯，建设生态宜居的美丽乡村，增强农民的幸福感、获得感、安全感。

一、绿色发展和美丽乡村概述

（一）绿色发展概述

绿色发展是以效率、和谐、持续为目标的经济增长和社会发展方式。当今世界，绿色发展已经成为一个重要趋势。绿色发展是社会发展方式转变的产物，是应对生态环境问题，协调经济社会发展的可持续发展方式，标志着人类发展理念的转型。

1. 绿色发展理念提出溯源

绿色发展的理念是人类不断反思人与自然关系的结果。绿色发展理念的产生与人类对环境保护的认识、对经济增长方式以及对经济社会同步发展的理论与实践探索紧密相关。

1962 年，蕾切尔·卡森的《寂静的春天》揭示了人类无节制地使用化学农药对自然界的破坏，从人与自然关系角度揭示了科技的负面影响，是人类开始关注环境问题的奠基石[②]。1972 年 6 月 5—13 日，联合国在瑞典首都斯德哥尔摩召开了人类历史上第一次人类环境会议，此次会议代表了全球环境治理的开端。它是人类历史上第一次以环境问题为主题召开的

① 中共中央党史和文献研究院．习近平关于“三农”工作论述摘编［M］．北京：中央文献出版社．2019.

② 蕾切尔·卡森．寂静的春天［M］．吕瑞兰，李长生，译．长春：吉林人民出版社，1997.

政府间国际会议，会议通过了《人类环境宣言》《人类环境行动计划》，筹建并随后成立了联合国环境规划署。大会召开的这一天，即6月5日被联合国定为“世界环境日”。“人类环境会议”开启并初步奠定了全球环境治理的体系，开创了人类社会环境保护事业的新纪元，这是人类环境保护史上的第一座里程碑。从此，人类进入了全球性环境治理的新时代。[①]

绿色经济作为一个概念，最早见于英国环境经济学家皮尔斯在1989年所著的《绿色经济蓝皮书》中，第一次提出“绿色经济”的说法，强调不以破坏环境为代价的经济发展模式[②]。克莱夫・W.J. 格兰杰在其《经济学中的经验建模：设定与评价》中也明确指出要实现绿色发展就必须停止对生态环境的破坏[③]。但是作为一种新的能够引领世界经济活动走向的话语，却最早出自联合国秘书长潘基文之口。在2007年底联合国巴厘岛气候会议上，潘基文指出，“人类正面临着一次绿色经济时代的巨大变革，绿色经济和绿色发展是未来的道路”，“绿色经济正在为发展和创新产生积极的推动作用，它的规模之大可能是自工业革命以来最为罕见的”。[④] 随后，丹尼尔・科尔曼在《生态政治：建设一个绿色社会》中，从生态和绿色社会的视阈进行了研究[⑤]；安德鲁・多布森在《绿色政治思想》中也指出，绿色改革是解决生态问题的必要方式[⑥]。

绿色增长概念正式提出于2005年联合国亚太经社理事会(UNESCAP)的环境与发展部长会议，被UNESCAP视为一种低碳、可持续发展模式推向快速发展中的亚洲国家。当时的现实背景是，亚太地区经济的高速发展使区域资源环境约束日益加剧，可持续发展面临严峻挑战。因此，绿色增长理念强调各国在通过经济增长减少贫困和提高人类福祉的

① 编辑部．联合国“人类环境会议”和“环境与发展会议”［J］．中国地质大学学报（社会科学版），2012（2）．

② 大卫・皮尔斯．绿色经济蓝皮书［M］．北京：北京师范大学出版社，1997．

③ 克莱夫・W.J. 格兰杰．经济学中的经验与建模：设定与评价［M］．北京：中国人民大学出版社，2005．

④ 杨志，张洪国．气候变化与低碳经济、绿色经济、循环经济之辨析［J］．广东社会科学，2009（6）．

⑤ 丹尼尔・A. 科尔曼．生态政治：建设一个绿色社会［M］．梅俊杰，译．上海：上海译文出版社，2002．

⑥ 安德鲁・多布森．绿色政治思想［M］．济南：山东大学出版社，2005．

同时，应着力转变经济增长和消费活动方式，注重提高经济增长的生态效率，实现环境与经济的协调发展。随后，不少研究为绿色增长赋予了更丰富的内涵，比较有代表性的是2011年经济合作与发展组织（OECD）的界定：绿色增长是指能确保自然资产持续提供人类福祉所需资源和环境服务的经济增长，为了实现绿色增长的发展模式，应大力发挥投资和创新对可持续增长和新经济机会创造的作用。OECD的界定阐明了绿色增长如何定位经济发展、代际公平和环境保护之间的关系，也提出了具体的实践途径。①

绿色发展概念的理论渊源可以追溯到21世纪初联合国的几项重要举措，其中有代表性的是2008年10月为应对当时的经济危机推出的“全球绿色新政”理念，倡导各国在制定经济刺激计划时应着眼长远，构建绿色化制度体系，促进可持续发展，进而推动世界范围内的绿色变革。但是，国外对于绿色发展的关注重点仍多是在经济发展领域，也尚未形成成熟的理论体系和践行模式。中国是绿色发展理论和实践的积极参与者、重大贡献者和前沿引领者，通过生态文明建设为全球可持续发展贡献了绿色发展的中国方案。从国家治理层面看，绿色发展理念在2015年10月中国共产党第十八届五中全会上正式提出，根植于2005年提出的“绿水青山就是金山银山”理论，反映出生态文明建设在中国“五位一体”总体布局中的重要地位。近年来，与绿色经济和绿色增长一样，绿色发展研究也日益受到关注和认可，尤其是基于中国情境的相关研究成果不断涌现。②

2. 我国绿色发展的理念和实践探索概述

我国对绿色发展的探索虽然起步较晚，但历来也不缺乏对人与自然关系的探索。古代儒家主张天人合一，道家也有“道法自然”之说，《周易》中也有劝“节”的内容，这些都是先贤之圣见。从国家发展层面的战略安排进程来看，新中国成立后，我国对绿色发展的理念整体经历了“环境保护—可持续发展—科学发展—生态文明建设—绿色发展”这样一个认识、实践的过程。

① 张旭，李伦．绿色增长内涵及实现路径研究述评［J］．科研管理，2016（8）．

② 商迪，李华晶，等．绿色经济、绿色增长和绿色发展：概念内涵与研究评析［J］．外国经济与管理，2020（12）．

（1）逐渐重视环境保护阶段。1972 年 6 月，我国代表团参加了联合国召开的人类历史上第一次人类环境会议，代表团团长、燃料化学工业部副部长唐克在联合国人类环境会议全体会议上发言中指出，维护和改善人类环境，是关系到世界各国人民生活和经济发展的一个重要问题，中国政府和人民积极支持与赞助这个会议。[①] 1973 年 8 月 5—20 日，全国环境保护会议在北京召开。会议比较充分地揭露了我国在环境污染和生态破坏方面的严重问题。在提高认识的基础上，会议制定了著名的“三十二字”环境保护工作方针，即“全面规划、合理布局、综合利用、化害为利、依靠群众、大家动手、保护环境、造福人民”，同时还制定了《关于保护和改善环境的若干规定》。1973 年 11 月 17 日，国家计委、国家建委、卫生部联合批准颁布了我国第一个环境保护标准——《工业“三废”排放试行标准（GBJ 4－73）》。1974 年 1 月 13 日，国务院转发交通部关于《中华人民共和国防止沿海水域污染暂行规定》的文件。1974 年 6 月 25 日，国务院批转国家计划委员会关于研究解决天津市蓟运河污染等问题的情况报告。1974 年 8 月 27 日，国务院批转国家计委关于防止食品污染问题的报告。在环境保护组织机构方面，经周恩来的批准，国务院成立了环境保护领导小组。这样，我国历史上第一个环境保护机构诞生，中国的环境保护事业开始起步。[②]

（2）提出和实施可持续发展战略阶段。1992 年的世界环境和发展大会以“可持续发展”为指导方针，制定并通过了《21 世纪行动议程》和《里约宣言》等重要文件，正式提出了可持续发展战略。1994 年 3 月 25 日，经国务院第 16 次常务会议讨论通过，印发《中国 21 世纪议程——中国 21 世纪人口、环境与发展白皮书》，从我国具体国情和人口、环境与发展总体联系出发，提出人口、经济、社会、资源和环境相互协调、可持续发展的总体战略、对策和行动方案。[③] 1995 年 9 月，中共十四届五中全会

① 曲格平．环境觉醒：人类环境会议和中国第一次环境保护会议［M］．北京：中国环境科学出版社，2010.

② 任俊宏．周恩来推动中国参加第一次人类环境会议述论［J］．历史教学问题，2013（6）.

③ 国务院．关于贯彻实施中国 21 世纪议程——中国 21 世纪人口、环境与发展白皮书的通知［J］．中华人民共和国国务院公报，1994（16）.

正式将可持续发展战略写入《中共中央关于制定国民经济和社会发展“九五”计划和2010年远景目标的建议》，提出“必须把社会全面发展放在重要战略地位，实现经济与社会相互协调和可持续发展”。这是在党的文件中第一次使用“可持续发展”的概念。江泽民同志在会上发表《正确处理社会主义现代化建设中的若干重大关系》的讲话，强调“在现代化建设中，必须把实现可持续发展作为一个重大战略”。根据十四届五中全会精神，1996年3月，第八届全国人民代表大会第四次会议批准了《国民经济和社会发展“九五”计划和2010年远景目标纲要》，将可持续发展作为一条重要的指导方针和战略目标上升为国家意志。1997年中共十五大进一步明确将可持续发展战略作为我国经济发展的战略之一。实施可持续发展战略，体现了中国政府和人民对“我们生存的家园”的深切关怀，是一项惠及子孙后代的战略性举措，是中华民族对于全球未来的积极贡献。①

（3）提出和坚持科学发展观阶段。2003年10月，党的十六届三中全会召开。在充分肯定十一届三中全会开始改革开放、十四大确定社会主义市场经济体制改革目标以及十四届三中全会作出相关决定以来，我国经济体制改革在理论和实践上取得重大进展，社会主义市场经济体制初步建立，公有制为主体、多种所有制经济共同发展的基本经济制度已经确立，全方位、宽领域、多层次的对外开放格局基本形成的基础上，认为还存在经济结构不合理、分配关系尚未理顺、农民收入增长缓慢、就业矛盾突出、资源环境压力加大、经济整体竞争力不强等问题。其重要原因是我国处于社会主义初级阶段，经济体制还不完善，生产力发展仍面临诸多体制性障碍。为适应经济全球化和科技进步加快的国际环境，适应全面建设小康社会的新形势，必须加快推进改革，进一步解放和发展生产力，为经济发展和社会全面进步注入强大动力。在全会通过的《中共中央关于完善社会主义市场经济体制若干问题的决定》中，提出了“坚持以人为本，树立全面、协调、可持续的发展观，促进经济社会和人的全面发展”的科学发

① 新华社．新中国峥嵘岁月——可持续发展战略［EB/OL］．人民网，http：//cpc.people.com.cn/n1/2019/1029/c429559-31426432.html.

展观。[①] 2007年10月，党的十七大报告提出，“科学发展观，是立足社会主义初级阶段基本国情，总结我国发展实践，借鉴国外发展经验，适应新的发展要求提出来的”，“科学发展观，是对党的三代中央领导集体关于发展的重要思想的继承和发展，是马克思主义关于发展的世界观和方法论的集中体现，是同马克思列宁主义、毛泽东思想、邓小平理论和‘三个代表’重要思想既一脉相承又与时俱进的科学理论，是我国经济社会发展的重要指导方针，是发展中国特色社会主义必须坚持和贯彻的重大战略思想。”[②] 2012年11月，党的十八大召开，认为“科学发展观是马克思主义同当代中国实际和时代特征相结合的产物，是马克思主义关于发展的世界观和方法论的集中体现，对新形势下实现什么样的发展、怎样发展等重大问题作出了新的科学回答，把我们对中国特色社会主义规律的认识提高到新的水平，开辟了当代中国马克思主义发展新境界。科学发展观是中国特色社会主义理论体系最新成果，是中国共产党集体智慧的结晶，是指导党和国家全部工作的强大思想武器。科学发展观同马克思列宁主义、毛泽东思想、邓小平理论、‘三个代表’重要思想一道，是党必须长期坚持的指导思想。”[③] 要求全党必须更加自觉地把推动经济社会发展作为深入贯彻落实科学发展观的第一要义，牢牢扭住经济建设这个中心，不断解放和发展社会生产力，始终把实现好、维护好、发展好最广大人民根本利益作为党和国家一切工作的出发点和落脚点，统筹城乡发展、区域发展、经济社会发展、人与自然和谐发展、国内发展和对外开放，统筹各方面利益关系，充分调动各方面积极性，努力形成全体人民各尽其能、各得其所而又和谐相处的局面。

（4）加强生态文明建设阶段。2007年10月，胡锦涛同志在中国共产党第十七次全国代表大会上的报告中提出实现全面建设小康社会奋斗目标的新要求时强调，要“建设生态文明，基本形成节约能源资源和保护生态

---

① 中共中央．关于完善社会主义市场经济体制若干问题的决定［EB/OL］．中国共产党历次全国代表大会数据库．http：//cpc.people.com.cn/GB/64162/64168/64569/65411/4429165.html.

② 胡锦涛．高举中国特色社会主义伟大旗帜　为夺取全面建设小康社会新胜利而奋斗——在中国共产党第十七次全国代表大会上的报告［N］．人民日报，2007-10-25：01.

③ 中共中央文献编辑委员会．胡锦涛文选（第三卷）［M］．北京：人民出版社，2016.

环境的产业结构、增长方式、消费模式。循环经济形成较大规模，可再生能源比重显著上升。主要污染物排放得到有效控制，生态环境质量明显改善。生态文明观念在全社会牢固树立。”[①] 2012 年 11 月，党的十八大报告强调，“必须更加自觉地把全面协调可持续作为深入贯彻落实科学发展观的基本要求，全面落实经济建设、政治建设、文化建设、社会建设、生态文明建设五位一体总体布局，促进现代化建设各方面相协调，促进生产关系与生产力、上层建筑与经济基础相协调，不断开拓生产发展、生活富裕、生态良好的文明发展道路”[②]，把生态文明建设提升到与经济、政治、文化、社会建设同样的高度，构建了“五位一体”总体布局。要求必须树立尊重自然、顺应自然、保护自然的生态文明理念，把生态文明建设放在突出地位，融入经济建设、政治建设、文化建设、社会建设各方面和全过程，努力建设美丽中国，实现中华民族永续发展。并从优化国土空间开发格局、全面促进资源节约、加大自然生态系统和环境保护力度、加强生态文明制度建设等四个方面细化了生态文明建设的具体任务。

（5）坚持绿色发展理念的提出及实施阶段。绿色发展的理念是科学发展观的时代升华。2010 年 6 月，胡锦涛同志在中国科学院第十五次院士大会、中国工程院第十次院士大会上的讲话中出，“绿色发展，就是要发展环境友好型产业，降低能耗和物耗，保护和修复生态环境，发展循环经济和低碳技术，使经济社会发展与自然相协调。”[③] 2012 年 11 月，党的十八大提出，要“坚持节约资源和保护环境的基本国策，坚持节约优先、保护优先、自然恢复为主的方针，着力推进绿色发展、循环发展、低碳发展，形成节约资源和保护环境的空间格局、产业结构、生产方式、生活方式，从源头上扭转生态环境恶化趋势，为人民创造良好生产生活环境，为

① 胡锦涛．高举中国特色社会主义伟大旗帜　为夺取全面建设小康社会新胜利而奋斗——在中国共产党第十七次全国代表大会上的报告［N］．人民日报，2007-10-25：01.

② 中共中央文献编辑委员会．胡锦涛文选（第三卷）［M］．北京：人民出版社，2016.

③ 胡锦涛．在中国科学院第十五次院士大会、中国工程院第十次院士大会上的讲话［N］．光明日报，2010-06-08：02.

全球生态安全作出贡献。”① 2015 年 10 月，党的十八届五中全会通过的《中共中央关于制定国民经济和社会发展第十三个五年规划的建议》提出，“实现‘十三五’时期发展目标，破解发展难题，厚植发展优势，必须牢固树立创新、协调、绿色、开放、共享的发展理念”，“绿色是永续发展的必要条件和人民对美好生活追求的重要体现。必须坚持节约资源和保护环境的基本国策，坚持可持续发展，坚定走生产发展、生活富裕、生态良好的文明发展道路，加快建设资源节约型、环境友好型社会，形成人与自然和谐发展现代化建设新格局，推进美丽中国建设，为全球生态安全作出新贡献”，“坚持创新发展、协调发展、绿色发展、开放发展、共享发展，是关系我国发展全局的一场深刻变革”②，要求全党要充分认识这场变革的重大现实意义和深远历史意义，统一思想，协调行动，深化改革，开拓前进，推动我国发展迈上新台阶。2017 年 10 月，党的十九大召开，提出中国特色社会主义进入了新时代，形成了新时代中国特色社会主义思想，并把绿色发展作为新时代中国特色社会主义思想中的新发展理念写入报告。强调要坚持新发展理念，“必须坚定不移贯彻创新、协调、绿色、开放、共享的发展理念。必须坚持和完善我国社会主义基本经济制度和分配制度，毫不动摇巩固和发展公有制经济，毫不动摇鼓励、支持、引导非公有制经济发展，使市场在资源配置中起决定性作用，更好发挥政府作用，推动新型工业化、信息化、城镇化、农业现代化同步发展，主动参与和推动经济全球化进程，发展更高层次的开放型经济，不断壮大我国经济实力和综合国力。”③

3. 我国绿色发展理念的内涵

党的十八届五中全会创造性地提出了绿色发展理念，并把它作为指导我国经济与社会发展的五大理念之一，贯穿于中国特色社会主义事业的各

① 胡锦涛．坚定不移沿着中国特色社会主义道路前进　为全面建成小康社会而奋斗——在中国共产党第十八次全国代表大会上的报告［N］．人民日报，2012-11-18：01.

② 新华社．中共中央关于制定国民经济和社会发展第十三个五年规划的建议［N］．人民日报．2015-11-04：01.

③ 习近平．决胜全面建成小康社会　夺取新时代中国特色社会主义伟大胜利——在中国共产党第十九次全国代表大会上的报告［N］．人民日报，2017-10-28：01.

个方面。从绿色发展概念提出，到成为国家层面上的新发展理念，其间的内涵也是一个不断丰富和发展的过程。《中国科学发展报告2010》将绿色发展的内涵定义为“生态健康、经济绿化、社会公平、人民幸福”四个层面的有机统一。[①] 生态健康就是要在生态平衡健康发展的基础上推进社会建设，把生态文明理念时刻融入发展的进程中；经济绿化就是要把促进经济发展与绿色发展相结合，经济社会发展不能破坏生态自然系统的平衡，必须按自然规律办事；社会公平就是在实现经济效率的基础上确保与社会的协调发展，营造经济物质利益均衡、社会公平的社会环境；人民幸福就是在经济社会持续协调发展的机能作用下，奋力实现人民幸福的终极目标，为人的自由而全面的发展提供适宜的大环境。

2015年10月，习近平同志在党的十八届五中全会提出创新、协调、绿色、开放、共享“五大发展理念”，将绿色发展作为关系我国发展全局的一个重要理念后，体现了我们党对经济社会发展规律认识的深化，将指引我们更好实现人民富裕、国家富强、中国美丽、人与自然和谐，实现中华民族永续发展。绿色发展理念作为我们党科学把握发展规律的创新理念，明确了新形势下完成第一要务的重点领域和有力抓手，为我们党切实担当起新时期执政兴国使命指明了前进方向。绿色发展的内涵也更加丰富，主要体现在以下五个方面。[②]

（1）推进绿色富国。富国为强国之基，资源环境为富国之本。绿色发展理念鲜明提出绿色富国的重大命题，彰显了我们党对新时期富国之道的科学把握。绿色低碳循环发展是当今时代科技革命和产业变革的方向，是最有前途的发展领域；节能环保产业是方兴未艾的朝阳产业，我国在这方面潜力巨大，可以形成很多新的经济增长点。推进绿色发展、绿色富国，将促进发展模式从低成本要素投入、高生态环境代价的粗放模式向创新发展和绿色发展双轮驱动模式转变，能源资源利用从低效率、高排放向高效、绿色、安全转型，节能环保产业将实现快速发展，循环经济将进一步推进，产业集群绿色升级进程将进一步加快，绿色、智慧技术将加速扩散

① 牛文元．中国科学发展报告2010［M］．北京：科学出版社，2010.

② 任理轩．坚持绿色发展（深入学习贯彻习近平同志系列重要讲话精神）——“五大发展理念”解读之三［N］．人民日报，2015-12-22：07.

和应用，从而推动绿色制造业和绿色服务业兴起，实现“既要金山银山，又要绿水青山”。综合来看，绿色发展已成为我国走新型工业化道路、调整优化经济结构、转变经济发展方式的重要动力，成为推动中国走向富强的有力支撑。

（2）推进绿色惠民。治政之要在于安民，安民必先惠民。绿色发展理念以绿色惠民为基本价值取向，彰显了我们党对新时期惠民之道的深刻认识。习近平同志指出，良好生态环境是最公平的公共产品，是最普惠的民生福祉。生态环境一头连着人民群众生活质量，一头连着社会和谐稳定；保护生态环境就是保障民生，改善生态环境就是改善民生。随着经济社会发展和人民生活水平提高，人们对生态环境的要求越来越高，生态环境质量在幸福指数中的地位不断凸显。但是，当前我国生态环境质量还不尽如人意，成为影响人们生活质量的一块短板。生态环境恶化已成为突出的民生问题，搞不好还可能演变成社会政治问题，“这里面有很大的政治”。坚持绿色发展、绿色惠民，为人民提供干净的水、清新的空气、安全的食品、优美的环境，关系最广大人民的根本利益，关系中华民族发展的长远利益，是我们党新时期增进民生福祉的科学抉择。

（3）推进绿色生产。绿色生产方式是绿色发展理念的基础支撑、主要载体，直接决定绿色发展的成效和美丽中国的成色，是我们党执政兴国需要解决的重大课题。面对人与自然的突出矛盾和资源环境的瓶颈制约，只有大幅提高经济绿色化程度，推动形成绿色生产方式，才能走出一条经济增长与碧水蓝天相伴的康庄大道。推动形成绿色生产方式，就是努力构建科技含量高、资源消耗低、环境污染少的产业结构，加快发展绿色产业，形成经济社会发展新的增长点。绿色产业包括环保产业、清洁生产产业、绿色服务业等，致力于提供少污染甚至无污染、有益于人类健康的清洁产品和服务。发展绿色产业，要求尽量避免使用有害原料，减少生产过程中的材料和能源浪费，提高资源利用率，减少废弃物排放量，加强废弃物处理，促进从产品设计、生产开发到产品包装、产品分销的整个产业链绿色化，以实现生态系统和经济系统良性循环，实现经济效益、生态效益、社会效益有机统一。

（4）建设美丽中国。“不谋万世者不足谋一时”。引领执政兴国伟业的发展理念，既立足当下、规划现实蓝图，又着眼长远、勾勒未来规划。习近平同志指出，走向生态文明新时代，建设美丽中国，是实现中华民族伟大复兴中国梦的重要内容。[①] 从“盼温饱”到“盼环保”，从“求生存”到“求生态”，绿色正在装点当代中国人的新梦想。绿色发展理念以建设美丽中国为奋斗目标，不仅明确了我国当前发展的重要目标取向，而且丰富了中国梦的美好蓝图。坚持绿色发展、建设美丽中国，为当代中国人和我们的子孙后代留下天蓝、地绿、水清的生产生活环境，是新时期我们党执政兴国的重大责任和使命。为此，我们党提出坚持节约资源和保护环境的基本国策，坚定走生产发展、生活富裕、生态良好的文明发展道路，加快建设资源节约型、环境友好型社会。绿色发展理念的提出和践行，将为建设美丽中国插上腾飞的翅膀，使包含美丽中国这一重要内容的中国梦飞得更高、飞得更远。

（5）形成绿色发展价值导向。绿色发展理念洞悉发展规律、深察民生福祉、彰显执政担当，是全体人民在发展问题上的“最大公约数”之一。绿色发展人人有责、人人共享，要求我们在价值取向、思维方式、生活方式上实现全面刷新和深刻变革，在身体力行中走向生态文明新时代。

形成绿色价值取向。习近平同志关于“绿水青山”与“金山银山”的重要论述，强调优美的生态环境就是生产力、就是社会财富，凸显了生态环境在经济社会发展中的重要价值。“既要金山银山，又要绿水青山”，强调生态环境和经济社会发展相辅相成、不可偏废，要把生态优美和经济增长“双赢”作为科学发展的重要价值标准。“宁要绿水青山，不要金山银山”，强调绿水青山是比金山银山更基础、更宝贵的财富；当生态环境保护与经济社会发展产生冲突时，必须把保护生态环境作为优先选择。坚持绿色发展，需要我们形成绿色价值取向，正确处理经济发展同生态环境保护的关系，牢固树立保护生态环境就是保护生产力、改善生态环境就是发展生产力的理念，更加自觉地推动绿色发展、低碳发展、循环发展，绝不以牺牲生态环境为代价换取一时的经济增长。

---

① 本书编辑组．习近平谈治国理政［M］．北京：外文出版社，2014.

形成绿色思维方式。思维方式是理念的延伸和具体化，直接影响人们对事物的认识、分析和判断，影响人们认识和实践的成效。树立和践行绿色发展理念，要求我们形成绿色思维方式。具体说来，应形成“绿色”问题思维，坚持问题导向，抓住影响绿色发展的关键问题深入分析思考，着力解决生态保护和环境治理中的一系列突出问题；形成“绿色”创新思维，用新方法处理生态文明建设中的新问题，克服先污染后治理、注重末端治理的旧思维、老路子；形成“绿色”底线思维，推动经济社会发展既考虑满足当代人的需要，又顾及子孙后代的需要，不突破环境承载能力底线；形成“绿色”法治思维，用法治思维和法治方式谋划绿色发展，以科学立法、严格执法、公正司法、全民守法引领、规范、促进、保障生态文明建设；形成“绿色”系统思维，把生态文明建设放到中国特色社会主义“五位一体”总布局中来把握，把绿色发展作为系统工程科学谋划、统筹推进。

形成绿色生活方式。绿色生活方式与我们每个人的生活息息相关，体现我们对绿色发展理念的认同度、践行力，对绿色发展和生态文明的最终实现具有基础意义、关键作用。习近平同志要求，要像保护眼睛一样保护生态环境，像对待生命一样对待生态环境。也就是说，保护环境，人人有责；绿色发展，人人应为。这个“应为”，就是倡导和践行勤俭节约、绿色低碳、文明健康的生活方式与消费模式。推动形成绿色生活方式，需要我们坚持节约优先，强化集约意识，在衣、食、住、行、游等方面形成节约集约的行动自觉；倡导环境友好型消费，推广绿色服装、提倡绿色饮食、鼓励绿色居住、普及绿色出行、发展绿色旅游，抵制和反对各种形式的奢侈浪费、不合理消费。促进生活方式绿色化，时时可做、处处可为。大到购买节能与新能源汽车、高能效家电、节水型器具等节能环保产品，小到减少塑料购物袋、餐盒等一次性用品使用，以至随手关灯、拧紧水龙头，都是在践行绿色生活方式和消费理念，都是在为绿色发展作贡献。绿色发展是理念，更是实践；需要坐而谋，更需起而行。只要我们坚持知行合一、从我做起，坚持步步为营、久久为功，就一定能换来蓝天常在、青山常在、绿水常在，就一定能开创社会主义生态文明新时代、赢得中华民族永续发展的美好未来。

4. 坚持绿色发展的重要意义

绿色发展是马克思主义生态文明观与中国具体实际相结合的产物，是破解系列生态环境问题的良好模式，也是促使中国实现可持续发展的重要途径。

（1）绿色发展是人类社会发展的必然。绿色是人民美好生活的底色，“良好的生态环境是最普惠的民生福祉”①，绿色发展是实现全人类美好生活的重要内容和途径。

（2）绿色发展是“五位一体”总体布局的题中应有之义。坚持绿色发展是应对经济新常态的需要。习近平同志在党的十八届五中全会上指出，“发展不平衡、不协调、不可持续问题依然存在，科技创新能力不足，产业结构不合理，农业基础依然薄弱，资源环境约束加剧，制约科学发展的体制机制障碍较多，深化改革开放和转变经济发展方式任务艰巨”②。绿色发展与政治建设密切相关。2013 年 4 月 25 日，习近平同志在中央政治局常委会会议上指出，“我们不能把加强生态文明建设、加强生态环境保护、提倡绿色低碳生活方式等仅仅作为经济问题。这里面有很大的政治。”③ 绿色发展使新时代绿色文化建设与时俱进。倡导发展理念的时代转型和道德重构，冲破人类中心主义这一工业文明的哲学核心的束缚，有利于处理好人类社会的发展同人的全面发展之间的关系④。坚持绿色发展是建设环境友好型社会的有效途径。《中共中央关于制定国民经济和社会发展第十三个五年规划的建议》中明确提到，“绿色是永续发展的必要条件和人民对美好生活追求的重要体现。必须坚持节约资源和保护环境的基本国策，坚持可持续发展，坚定走生产发展、生活富裕、生态良好的文明发展道路，加快建设资源节约型、环境友好型社会，形成人与自然和谐发

① 中共中央宣传部．习近平总书记系列重要讲话读本［M］．北京：学习出版社、人民出版社，2014.

② 中共中央文献研究室．十八大以来重要文献选编（上）［M］．北京：中央文献出版社，2014.

③ 中共中央文献研究室．习近平关于全面深化改革论述摘编［M］．北京：中央文献出版社，2014.

④ 郝栋．绿色发展是建设生态文明的必然道路选择［J］．中国党政干部论坛，2013（1）.

展现代化建设新格局，推进美丽中国建设，为全球生态安全作出新贡献。”[①] 坚持绿色发展是推进生态现代化进程的重要路径。习近平同志指出，“要把生态环境保护放在更加突出位置，像保护眼睛一样保护生态环境，像对待生命一样对待生态环境”[②]。

（3）绿色发展是“四个全面”战略布局的重要内容。要实现人民对美好生活的期盼，即“期盼有更好的教育、更稳定的工作、更满意的收入、更可靠的社会保障、更高水平的医疗卫生服务、更舒适的居住条件、更优美的环境，期盼孩子们能成长得更好、工作得更好、生活得更好”[③] 的奋斗目标，就必须坚持绿色发展，满足以人民为中心的发展的需要。全面深化改革，只有在建立严格的生态环境保护制度基础上，才能实现绿色发展道路。正如2015年发布的《生态文明体制改革总体方案》中，就对坚持经济发展与生态环境保护相统一做了总体要求[④]。全面依法治国，包含了体系严密的以绿色发展推进生态文明建设的法律法规，集中体现了全民依法治国指导下的绿色发展道路。全面从严治党，为绿色发展提供了坚定的政治保障。针对目前的自然环境现状和人与社会发展的需要，中共中央提出了生态文明绩效考核和责任追究制度[⑤]，要求政府官员必须加强生态环保的监督和管理，有利于促使各级领导干部树立正确的绿色政绩观。

（4）绿色发展是实现中华民族伟大复兴中国梦的内在要求。良好的生态环境，不仅关系中国人民福祉，还关乎中华民族的未来。习近平同志指出，“把生态文明建设纳入中国特色社会主义事业五位一体总体布局，大力推进生态文明建设，努力建设美丽中国，实现中华民族永续发展。”[⑥]

---

① 新华社．中共中央关于制定国民经济和社会发展第十三个五年规划的建议［N］．人民日报，2015-11-04：01.

② 新华社．习近平在云南考察工作时强调：坚决打好扶贫开发攻坚战　加快民族地区经济社会发展［N］．人民日报，2015-01-22：01.

③ 中共中央宣传部．习近平总书记系列重要讲话读本［M］．北京：学习出版社、人民出版社，2014.

④⑤ 新华社．中共中央国务院印发《生态文明体制改革总体方案》［N］．人民日报，2015-09-22：14.

⑥ 习近平．习近平谈治国理政（第一卷）［M］．北京：外文出版社，2018.

实现中华民族伟大复兴的中国梦，坚持绿色发展理念，强调经济发展与环境保护协调共进，也是“走向生态文明新时代，建设美丽中国，实现中华民族伟大复兴中国梦的重要内容”[①]。

（二）美丽乡村概述

1. 美丽乡村概念的提出及演变

中国要美，农村必须美。习近平同志指出，乡村振兴了，环境变好了，乡村生活也越来越好了。要继续完善农村公共基础设施，改善农村人居环境，重点做好垃圾污水治理、厕所革命、村容村貌提升，把乡村建设得更加美丽。[②] 2018 年 2 月，《中共中央国务院关于实施乡村振兴战略的意见》提出要“塑造美丽乡村新风貌”，“持续推进宜居宜业的美丽乡村建设。”[③] 2018 年 4 月，习近平同志强调，“要结合实施农村人居环境整治三年行动计划和乡村振兴战略，进一步推广浙江好的经验做法，建设好生态宜居的美丽乡村。”[④] 梳理美丽乡村的提出及发展脉络，对于实施乡村振兴战略，建设美丽乡村有着重要的理论和实践意义。

中国共产党历来重视农村工作，重视农村的发展。新民主主义革命时期，发动农民，开展土地革命；抗日战争时期，执行减租减息政策，开展大生产运动，实现了自己动手、丰衣足食；解放战争时期，党的土地政策由实行减租减息到实现耕者有其田的转变。新中国成立后，中国共产党有步骤地进行土地改革，到 1952 年底，基本完成了全国土地改革，全国 3 亿多无地少地的农民获得了约 7 亿亩[⑤]土地和大量生产资料，成为土地的主人和独立的个体经营者。为了克服农民在分散经营中的困难，党领导

① 中共中央文献研究室．习近平关于实现中华民族伟大复兴的中国梦论述摘编［M］．北京：中央文献出版社，2013.

② 2019 年 7 月 15—16 日，习近平总书记在内蒙古考察并指导开展“不忘初心、牢记使命”主题教育时的讲话。

③ 中共中央国务院关于实施乡村振兴战略的意见［N］．人民日报，2018-02-05：01.

④ 新华社．建设好生态宜居的美丽乡村——习近平总书记对“千村示范、万村整治”工程的重要指示在浙江引起热烈反响［EB/OL］．央广网，https：//baijiahao.baidu.com/s? id=1598709819611390032&wfr=spider&for=pc.

⑤ 亩为非法定计量单位，1 亩≈667 平方米，下同。

农民开展互助合作，发展集体经济，恢复农业生产。动员农民群众大规模开展农田水利建设，兴修小水电、小塘坝，扩大灌溉面积，农业抗灾能力明显增强。积极发展农用工业，筹建化肥、农机制造企业。大办农村教育，解决农村儿童上学。开展合作医疗，解决农村缺医少药。总之，党对改变农村面貌进行了不断探索，取得了了不起的成就。党的十一届三中全会召开以后，我国改革从农村起步，实行家庭联产承包责任制，极大地调动了亿万农民的积极性，带来农业生产力的飞跃。①

进入21世纪，党把农村工作纳入现代化建设的重点工作。2005年10月，党的十六届五中全会提出，“建设社会主义新农村是我国现代化进程中的重大历史任务，要按照生产发展、生活宽裕、乡风文明、村容整洁、管理民主的要求，扎实稳步地加以推进。”② 美丽乡村的实质就是建设社会主义新农村，就是实现这个重大历史任务提出的“生产发展、生活宽裕、乡风文明、村容整洁、管理民主”等具体要求。2007年10月，党的十七大提出，“要统筹城乡发展，推进社会主义新农村建设”。③ “十一五”期间，全国很多省市按十六届五中全会的要求，为加快社会主义新农村建设，努力实现生产发展、生活富裕、生态良好的目标，纷纷制定美丽乡村建设行动计划并付之行动，并取得了一定的成效。2008年，浙江省安吉县正式提出“中国美丽乡村”计划，出台《建设“中国美丽乡村”行动纲要》，提出用10年左右时间，把安吉县打造成为中国最美丽乡村。④ 2013年2月，农业部办公厅印发了《关于开展“美丽乡村”创建活动的意见》，将美丽乡村的建设提高到全国实行的战略高度。2015年4月，国家标准委员会正式发布了《美丽乡村建设指南》，对“美丽乡村”的内涵进行了确定，即“规划布局科学、村容整洁、生产发展、乡风文明、管理民主，

① 方言．中国共产党领导农村发展之路和基本经验［N］．学习时报，2021-04-02：01.

② 新华社．中共中央第十六届五中全会公报［EB/OL］．中国共产党历次全国代表大会数据库．http：//cpc.people.com.cn/GB/64162/64168/64569/65414/4429222.html.

③ 胡锦涛．高举中国特色社会主义伟大旗帜　为夺取全面建设小康社会新胜利而奋斗——在中国共产党第十七次全国代表大会上的报告［N.］人民日报，2007-10-25：01.

④ 国际在线编辑部．关于美丽乡村［EB/OL］．国际在线，http：//news.cri.cn/gb/42071/2015/07/01/147s5016122.htm.

且宜居宜业的可持续发展的乡村”①。标准的发布改变了以往美丽乡村建设从方向性概念转化为定性、定量、可操作的工作实践，为全国提供了框架性、方向性技术指导，成为全国首个指导美丽乡村建设的国家标准。这不仅对美丽乡村的丰富内涵进行了明确规定，也确定了新时代建设美丽乡村的方向定位。

2. 美丽乡村建设指南的主要内容

美丽中国，美在乡村。2012 年 11 月，党的十八大提出，“面对资源约束趋紧、环境污染严重、生态系统退化的严峻形势，必须树立尊重自然、顺应自然、保护自然的生态文明理念，把生态文明建设放在突出地位，融入经济建设、政治建设、文化建设、社会建设各方面和全过程，努力建设美丽中国、实现中华民族永续发展。”② 这一论述吹响了建设美丽中国、创建美丽乡村的号角。保护和建设好农村环境，实现农业可持续发展，是中国现代化建设的重要内容；建设环境优美、生活甜美、社会和美的美丽乡村更是广大人民群众的殷切期盼，是千千万万民众的美丽梦想，也是最基本、最贴近民生的“民心”工程。2015 年 4 月，国家标准委员会正式发布了《美丽乡村建设指南》（GB/T 32000—2015）国家标准，对“美丽乡村”的内涵进行了确定，于 2015 年 6 月 1 日起正式实施。标准由 12 个章节组成，基本框架分为总则、村庄规划、村庄建设、生态环境、经济发展、公共服务、乡风文明、基层组织、长效管理等 9 个部分 21 项量化指标，就美丽乡村建设给予目标性指导。

（1）建设主体与目标。坚持政府引导、村民主体、以人为本、因地制宜的原则，持续改善农村人居环境。规划先行，统筹兼顾，生产、生活、生态和谐发展。村务公开，村务管理民主规范，村民参与积极性高。集体经济发展，公共服务改善，村民生活品质提升。

（2）村庄规划因地制宜，村民参与，合理布局，节约用地。根据乡村资源禀赋，因地制宜编制村庄规划，注重传统文化的保护和传承，维护乡

① 国家质量监督检验检疫总局，国家标准化管理委员会．关于批准发布《美丽乡村建设指南》国家标准的公告［EB/OL］．中国国家标准化管理委员会网站，http：//www.sac.gov.cn/gzfw/ggcx/gjbzgg/201511/.

② 中共中央文献编辑委员会．胡锦涛文选（第三卷）［M］．北京：人民出版社，2016.

村风貌，突出地域特色。村庄规模较大、情况较复杂时，宜编制经济可行的村庄整治等专项规划。历史文化名村和传统村落应编制历史文化名村保护规划和传统村落保护发展规划。村庄规划编制应深入农户实地调查，充分征求意见，并宣讲规划意图和规划内容。村庄规划应经村民会议或村民代表会议讨论通过，规划总平面图及相关内容应在村庄显著位置公示，经批准后公布、实施。村庄规划应符合土地利用总体规划，做好与镇域规划、经济社会发展规划和各项专业规划的协调衔接，科学区分生产生活区域，功能布局合理、安全、宜居、美观、和谐，配套完善。结合地形地貌、山体、水系等自然环境条件，科学布局，处理好山形、水体、道路、建筑的关系。村庄规划应科学、合理、统筹配置土地，依法使用土地，不得占用基本农田，慎用山坡地。公共活动场所的规划与布局应充分利用闲置土地、现有建筑及设施等。

（3）村庄规划以需求和问题为导向，提出村庄建设与治理、产业发展和村庄管理的总体要求。统筹村民建房、村庄整治改造，并进行规划设计，包含建筑的平面改造和立面整饰。确定村民活动、文体教育、医疗卫生、社会福利等公共服务和管理设施的用地布局和建设要求。确定村域道路、供水、排水、供电、通信等各项基础设施配置和建设要求，包括布局、管线走向、敷设方式等。确定农业及其他生产经营设施用地。确定生态环境保护目标、要求和措施，确定垃圾、污水收集处理设施和公厕等环境卫生设施的配置和建设要求。确定村庄防灾减灾的要求，做好村级避灾场所建设规划；对处于山体滑坡、崩塌、地陷、地裂、泥石流、山洪冲沟等地质隐患地段的农村居民点，应经相关程序确定搬迁方案。确定村庄传统民居、历史建筑物与构筑物、古树名木等人文景观的保护与利用措施。

（4）村庄建设应按规划执行。新建、改建、扩建住房与建筑整治应符合建筑卫生、安全要求，注重与环境协调；宜选择具有乡村特色和地域风格的建筑图样；倡导建设绿色农房。保持和延续传统格局和历史风貌，维护历史文化遗产的完整性、真实性、延续性和原始性。整治影响景观的棚舍、残破或倒塌的墙体，清除临时搭盖，美化影响村庄空间外观视觉的外墙、屋顶、窗户、栏杆等，规范太阳能热水器、屋顶空调等设施的安装。逐步实施危旧房的改造、整治。

在生活设施上，村主干道建设应进出畅通，路面硬化率达100%。村内道路应以现有道路为基础，顺应现有村庄格局，保留原始形态走向，就地取材。村主干道应按照GB 5768.1和GB 5768.2的要求设置道路交通标志，村口应设村名标识；历史文化名村、传统村落、特色景观旅游景点应设置指示牌。利用道路周边、空余场地，适当规划公共停车场（泊位）。桥梁安全美观，与周围环境相协调，体现地域风格，提倡使用本地天然材料，保护古桥。维护、改造可采用加固基础、新铺桥面、增加护栏等措施，并设置安全设施和警示标志。

饮水应根据村庄分布特点、生活水平和区域水资源等条件，合理确定用水量指标、供水水源和水压要求。应加强水源地保护，保障农村饮水安全，生活饮用水的水质应符合GB 5749的要求。

供电上农村电力网建设与改造的规划设计应符合DL/T 5118的要求，电压等级应符合GB/T 156的要求，供电应能满足村民基本生产生活需要。电线杆应排列整齐，安全美观，无私拉乱接电线、电缆现象。合理配置照明路灯，宜使用节能灯具。

通信上广播、电视、电话、网络、邮政等公共通信设施齐全、信号通畅，线路架设规范、安全有序；有条件的村庄可采用管道下地敷设。

农业生产设施上要结合实际开展土地整治和保护；适合高标准农田建设的重点区域，按GB/T 30600的要求进行规范建设。开展农田水利设施治理；防洪、排涝和灌溉保证率等达到GB 50201和GB 50288的要求；注重抗旱、防风等防灾基础设施的建设和配备。结合产业发展，配备先进、适用的现代化农业生产设施。

（5）注重生态环境建设。大气、声、土壤环境质量应分别达到GB 3095、GB 3096、GB 15618中与当地环境功能区相对应的要求。村域内主要河流、湖泊、水库等地表水体水质，沿海村庄的近岸海域海水水质应分别达到GB 3838、GB 3097中与当地环境功能区相对应的要求。农业污染防治上推广植物病虫害统防统治，采用农业、物理、生物、化学等综合防治措施，不得使用明令禁止的高毒高残留农药，按照GB 4285、GB/T 8321的要求合理用药。推广测土配方施肥技术，施用有机肥、缓释肥；肥料使用符合NY/T 496的要求。农业固体废物污染控制和资源综合利用可按 HJ 588 的要求进行；农药瓶、废弃塑料薄膜、育秧盘等农业生产废弃物及时处理；农膜回收率≥80%；农作物秸秆综合利用率≥70%。畜禽养殖场（小区）污染物排放应符合 GB 18596 的要求，畜禽粪便综合利用率≥80%；病死畜禽无害化处理率达 100%；水产养殖废水应达标排放。

工业污染防治上村域内工业企业生产过程中产生的废水、废气、噪声、固体废物等污染物达标排放，工业污染源达标排放率达 100%。生活污染防治上应建立生活垃圾收运处置体系，生活垃圾无害化处理率≥80%。应合理配置垃圾收集点、建筑垃圾堆放点、垃圾箱、垃圾清运工具等，并保持干净整洁、不破损、不外溢。推行生活垃圾分类处理和资源化利用；垃圾应及时清运，防止二次污染。生活污水处理应以粪污分流、雨污分流为原则，综合人口分布、污水水量、经济发展水平、环境特点、气候条件、地理状况，以及现有的排水体制、排水管网等确定生活污水收集模式。应根据村落和农户的分布，可采用集中处理或分散处理或集中与分散处理相结合的方式，建设污水处理系统并定期维护，生活污水处理农户覆盖率≥70%。应科学使用并逐步减少木、草、秸秆、竹等传统燃料的直接使用，推广使用电能、太阳能、风能、沼气、天然气等清洁能源，使用清洁能源的农户数比例≥70%。

加强生态保护与治理，对村庄山体、森林、湿地、水体、植被等自然资源进行生态保育，保持原生态自然环境。开展水土流失综合治理，综合治理技术按 GB/T 16453 的要求执行；防止人为破坏造成新的水土流失。开展荒漠化治理，实施退耕还林还草。规范采砂、取水、取土、取石行为。按 GB 50445 的要求对村庄内坑塘河道进行整治，保持水质清洁和水流通畅，保护原生植被。岸边宜种植适生植物，绿化配置合理、养护到位。改善土壤环境，提高农田质量，对污染土壤按 HJ 25.4 的要求进行修复。实施增殖放流和水产养殖生态环境修复。外来物种引种应符合相关规定，防止外来生物入侵。

加强村容整治，村域内不应有露天焚烧垃圾和秸秆的现象，水体清洁、无异味。道路路面平整，不应有坑洼、积水等现象；道路及路边、河道岸坡、绿化带、花坛、公共活动场地等可视范围内无明显垃圾。房前屋后整洁，无污水溢流，无散落垃圾；建材、柴火等生产生活用品集中有序存放。按规划在公共通道两侧划定一定范围的公用空间红线，不得违章占道和占用红线。宣传栏、广告牌等设置规范，整洁有序；村庄内无乱贴乱画乱刻现象。划定畜禽养殖区域，人畜分离；农家庭院畜禽圈养，保持圈舍卫生，不影响周边生活环境。规范殡葬管理，尊重少数民族的丧葬习俗，倡导生态安葬。村庄绿化宜采用本地果树林木花草品种，兼顾生态、经济和景观效果，与当地的地形地貌相协调；林草覆盖率山区≥80%，丘陵≥50%，平原≥20%。庭院、屋顶和围墙提倡立体绿化和美化，适度发展庭院经济。古树名木采取设置围护栏或砌石等方法进行保护，并设标志牌。实施农村户用厕所改造，户用卫生厕所普及率≥80%，卫生应符合 GB 19379 的要求。合理配置村庄内卫生公厕，不应低于 1 座/600 户，按 GB 7959 的要求进行粪便无害化处理；卫生公厕有专人管理，定期进行卫生消毒，保持干净整洁。村内无露天粪坑和简易茅厕。按照 GB/T 27774 的要求组织进行鼠、蝇、蚊、蟑螂等病媒生物综合防治。

（6）发展经济，形成主导产业。制定产业发展规划，三产结构合理、融合发展，注重培育惠及面广、效益高、有特色的主导产业。创新产业发展模式，培育特色村、专业村，带动经济发展，促进农民增收致富。村级集体经济有稳定的收入来源，能够满足开展村务活动和自身发展的需要。

农业上发展种养大户、家庭农场、农民专业合作社等新型经营主体。发展现代农业，积极推广适合当地农业生产的新品种、新技术、新机具及新种养模式，促进农业科技成果转化；鼓励精细化、集约化、标准化生产，培育农业特色品牌。发展现代林业，提倡种植高效生态的特色经济林果和花卉苗木；推广先进适用的林下经济模式，促进集约化、生态化生产。发展现代畜牧业，推广畜禽生态化、规模化养殖。沿海或水资源丰富的村庄，发展现代渔业，推广生态养殖、水产良种和渔业科技，落实休渔制度，促进捕捞业可持续发展。

工业上结合产业发展规划，发展农副产品加工、林产品加工、手工制作等产业，提高农产品附加值。引导工业企业进入工业园区，防止化工、印染、电镀等高污染、高能耗、高排放企业向农村转移。

服务业上依托乡村自然资源、人文禀赋、乡土风情及产业特色，发展形式多样、特色鲜明的乡村传统文化、餐饮、旅游休闲产业，配备适当的基础设施。发展家政、商贸、美容美发、养老托幼等生活性服务业。鼓励发展农技推广、动植物疫病防控、农资供应、农业信息化、农业机械化、农产品流通、农业金融、保险服务等农业社会化服务业。

在公共服务上建立健全基本公共卫生服务体系。建有符合国家相关规定、建筑面积≥60平方米的村卫生室；人口较少的村可合并设立，社区卫生服务中心或乡镇卫生院所在地的村可不设。建立统一、规范的村民健康档案，提供计划免疫、传染病防治及儿童、孕产妇、老年人保健等基本公共卫生服务。公共文化教育上，村庄幼儿园和中小学建设应符合教育部门布点规划要求。村庄幼儿园、中小学学校建设应分别符合GB/T 29315、建标109的要求，并符合国家卫生标准与安全标准。普及学前教育和九年义务教育。学前一年毛入园率≥85%；九年义务教育目标人群覆盖率达100%，巩固率≥93%。通过宣传栏、广播等渠道加强村民普法、科普宣传教育。建设具有娱乐、广播、阅读、科普等功能的文化活动场所。建设篮球场、乒乓球台等体育活动设施。少数民族村能为村民提供本民族语言文字出版的书刊、电子音像制品。定期组织开展民俗文化活动、文艺演出、讲座展览、电影放映、体育比赛等群众性文体活动。

加强文化保护与传承，发掘古村落、古建筑、古文物等乡村物质文化，进行整修和保护。搜集民间民族表演艺术、传统戏剧和曲艺、传统手工技艺、传统医药、民族服饰、民俗活动、农业文化、口头语言等乡村非物质文化，进行传承和保护。历史文化遗存村庄应挖掘并宣传古民俗风情、历史沿革、典故传说、名人文化、祖训家规等乡村特色文化。建立乡村传统文化管护制度，编制历史文化遗存资源清单，落实管护责任单位和责任人，形成传统文化保护与传承体系。

（7）做好社会保障和公共安全。村民普遍享有城乡居民基本养老保险，基本实现全覆盖。鼓励建设农村养老机构、老人日托中心、居家养老照料中心等，实现农村基本养老服务。家庭经济困难且生活难以自理的失能半失能65岁及以上村民基本养老服务补贴覆盖率≥50%。农村五保供养目标人群覆盖率达100%，集中供养能力≥50%。村民享有城乡居民基本医疗保险参保率≥90%。被征地村民按相关规定享有相应的社会保障。

加强劳动就业工作，加强村民的素质教育和技能培训，培养新型职业农民。协助开展劳动关系协调、劳动人事争议调解、维权等权益保护活动。收集并发布就业信息，提供就业政策咨询、职业指导和职业介绍等服务；为就业困难人员、零就业家庭和残疾人提供就业援助。

抓好公共安全管理和服务，根据不同自然灾害类型建立相应防灾设施和避灾场所，并按有关要求管理。应制定和完善自然灾害救助应急预案，组织应急演练。农村消防安全应符合 GB 50039 的要求。农村用电安全应符合 DL 493 的要求。健全治安管理制度，配齐村级综治管理人员，应急响应迅速有效，有条件的可在人口集中居住区和重要地段安装社会治安动态视频监控系统。建有具备综合服务功能的村便民服务机构，提供代办、计划生育、信访接待等服务，每一事项应编制服务指南，推行标准化服务。村庄有客运站点，村民出行方便。按照生产生活需求，建设商贸服务网点，鼓励有条件的地区推行电子商务。

（8）移风易俗，乡风文明。组织开展爱国主义、精神文明、社会主义核心价值观、道德、法治、形势政策等宣传教育。制定并实施村规民约，倡导崇善向上、勤劳致富、邻里和睦、尊老爱幼、诚信友善等文明乡风。开展移风易俗活动，引导村民摒弃陋习，培养健康、文明、生态的生活方式和行为习惯。

（9）加强领导，健全管理机制。应依法设立村级基层组织，包括村党组织、村民委员会、村务监督机构、村集体经济组织、村民兵连及其他民间组织。遵循民主决策、民主管理、民主选举、民主监督。制定村民自治章程、村民议事规则、村务公开、重大事项决策、财务管理等制度，并有效实施。具备协调解决纠纷和应急的能力。建立并规范各项工作的档案记录。

通过健全村民自治机制等方式，保障村民参与建设和日常监督管理，充分发挥村民主体作用。村民可通过村务公开栏、网络、广播、电视、手机信息等形式，了解美丽乡村建设动态、农事、村务、旅游、商务、防控、民生等信息，参与并监督美丽乡村建设。鼓励开展第三方村民满意度调查，及时公开调查结果。

建立健全村庄建设、运行管理、服务等制度，落实资金保障措施，明确责任主体、实施主体，鼓励有条件的村庄采用市场化运作模式。建立并实施公共卫生保洁、园林绿化养护、基础设施维护等管护机制，配备与村级人口相适应的管护人员，比例不低于常住人口的2‰。综合运用检查、考核、奖惩等方式，对美丽乡村的建设与运行实施动态监督和管理。

3. 美丽乡村建设“浙江经验”的主要内容

2019年3月，中共中央办公厅、国务院办公厅转发了《中央农办、农业农村部、国家发展改革委关于深入学习浙江“千村示范、万村整治”工程经验　扎实推进农村人居环境整治工作的报告》，并发出通知，要求各地区各部门结合实际认真贯彻落实。通知指出，改善农村人居环境，是以习近平同志为核心的党中央从战略和全局高度作出的重大决策。早在2003年，时任浙江省委书记的习近平同志亲自调研、亲自部署、亲自推动，启动实施“千村示范、万村整治”工程（以下简称“千万工程”）。15年来，浙江省委和省政府始终践行“绿水青山就是金山银山”的重要理念，一以贯之地推动实施“千万工程”，村容村貌发生巨大变化。目前，全省农村生活垃圾集中处理建制村全覆盖，卫生厕所覆盖率98.6%，规划保留村生活污水治理覆盖率100%，畜禽粪污综合利用、无害化处理率97%，村庄净化、绿化、亮化、美化，造就了万千生态宜居美丽乡村，为全国农村人居环境整治树立了标杆。“千万工程”被当地农民群众誉为“继实行家庭联产承包责任制后，党和政府为农民办的最受欢迎、最为受益的一件实事”。2018年9月，浙江“千万工程”获联合国“地球卫士奖”。习近平同志多次作出重要批示，要求结合农村人居环境整治三年行动计划和乡村振兴战略实施，进一步推广浙江好的经验做法，建设好生态宜居的美丽乡村。①

15年来，浙江省以实施“千万工程”、建设美丽乡村为载体，聚焦目标，突出重点，持续用力，先后经历了示范引领、整体推进、深化提升、转型升级4个阶段，不断推动美丽乡村建设取得新进步。总结浙江省15年推动“千万工程”的坚守与实践，主要有以下7方面经验。

① 中共中央办公厅，国务院办公厅．转发《中央农办、农业农村部、国家发展改革委关于深入学习浙江“千村示范、万村整治”工程经验　扎实推进农村人居环境整治工作的报告》的通知［EB/OL］．中国政府网，http：//www.gov.cn/zhengce/2019-03/06/content_5371291.htm.

（1）始终坚持以绿色发展理念引领农村人居环境综合治理。15年来，浙江省通过深入学习和广泛宣传教育，让“绿水青山就是金山银山”理念深入人心，成为推进“千万工程”的自觉行动。把可持续发展、绿色发展理念贯穿于改善农村人居环境的各阶段各环节全过程，扎实持续改善农村人居环境，发展绿色产业，为增加农民收入、提升农民群众生活品质奠定基础，为农民建设幸福家园和美丽乡村注入动力。

（2）始终坚持高位推动，党政“一把手”亲自抓。习近平同志在浙江工作期间，每年都出席全省“千万工程”工作现场会，明确要求凡是“千万工程”中的重大问题，地方党政“一把手”都要亲自过问。浙江省历届党委和政府坚持农村人居环境整治“一把手”责任制，成立由各级主要负责同志挂帅的领导小组，每年召开一次全省高规格现场推进会，省委省政府主要领导同志到会部署。全省上下形成了党政“一把手”亲自抓、分管领导直接抓、一级抓一级、层层抓落实的工作推进机制。省委省政府把农村人居环境整治纳入为群众办实事内容，纳入党政干部绩效考核和末位约谈制度，强化监督考核和奖惩激励。注重发挥各级农办统筹协调作用，发展改革、财政、国土、环保、住建等部门配合，明确责任分工，集中力量办大事。

（3）始终坚持因地制宜，分类指导。浙江省注重规划先行，从实际出发，实用性与艺术性相统一，历史性与前瞻性相协调，一次性规划与量力而行建设相统筹，专业人员参与与充分听取农民意见相一致，城乡一体编制村庄布局规划，因村制宜编制村庄建设规划，注意把握好整治力度、建设程度、推进速度与财力承受度、农民接受度的关系，不搞千村一面，不吊高群众胃口，不提超越发展阶段的目标。坚持问题导向、目标导向和效果导向，针对不同发展阶段的主要矛盾问题，制定针对性解决方案和阶段性工作任务。不照搬城市建设模式，区分不同经济社会发展水平，分区域、分类型、分重点推进，实现改善农村人居环境与地方经济发展水平相适应、协调发展。

（4）始终坚持有序改善民生福祉，先易后难。浙江省坚持把良好的生态环境作为最公平的公共产品、最普惠的民生福祉，从解决群众反映最强烈的环境脏乱差做起，到改水改厕、村道硬化、污水治理等提升农村生产生活的便利性，到实施绿化亮化、村庄综合治理提升农村形象，到实施产业培育、完善公共服务设施、美丽乡村创建提升农村生活品质，先易后难，逐步延伸。从创建示范村、建设整治村，以点串线，连线成片，再以星火燎原之势全域推进农村人居环境改善，探索农村人居环境整治新路子，实现了从“千万工程”到美丽乡村、再到美丽乡村升级版的跃迁。

（5）始终坚持系统治理，久久为功。浙江省坚持一张蓝图绘到底，一件事情接着一件事情办，一年接着一年干，充分发挥规划在引领发展、指导建设、配置资源等方面的基础作用，充分体现地方特点、文化特色，融田园风光、人文景观和现代文明于一体。坚决克服短期行为，避免造成“前任政绩、后任包袱”。推进“千万工程”注重建管并重，将加强公共基础设施建设和建立长效管护机制同步抓实抓好。坚持硬件与软件建设同步进行，建设与管护同步考虑，通过村规民约、家规家训“挂厅堂、进礼堂、驻心堂”，实现乡村文明提升与环境整治互促互进。

（6）始终坚持真金白银投入，强化要素保障。浙江省建立政府投入引导、农村集体和农民投入相结合、社会力量积极支持的多元化投入机制，省级财政设立专项资金、市级财政配套补助、县级财政纳入年度预算，真金白银投入。据统计，15 年来浙江省各级财政累计投入村庄整治和美丽乡村建设的资金超过 1 800 亿元。积极整合农村水利、农村危房改造、农村环境综合整治等各类资金，下放项目审批、立项权，调动基层政府积极性主动性。

（7）始终坚持强化政府引导作用，调动农民主体和市场主体力量。浙江省坚持调动政府、农民和市场三方面积极性，建立“政府主导、农民主体、部门配合、社会资助、企业参与、市场运作”的建设机制。政府发挥引导作用，做好规划编制、政策支持、试点示范等，解决单靠一家一户、一村一镇难以解决的问题。注重发动群众、依靠群众，从“清洁庭院”鼓励农户开展房前屋后庭院卫生清理、堆放整洁，到“美丽庭院”绿化因地制宜鼓励农户种植花草果木、提升庭院景观。完善农民参与引导机制，通过“门前三包”、垃圾分类积分制等，激发农民群众的积极性、主动性和创造性。注重发挥基层党组织、工青妇等群团组织贴近农村、贴近农民优势。通过政府购买服务等方式，吸引市场主体参与。同时，通过宣传、表彰等方式，调动引导社会各界和农村先富起来的群体关心支持农村人居环境，广泛动员社会各界力量，形成全社会共同参与推动的大格局。

二、党的十九大以来坚持以绿色发展引领乡村振兴取得的成效

（一）领导机制明确，实施乡村振兴战略开局良好

党的十九大作出了实施乡村振兴战略的重大决策部署，明确提出了产业兴旺、生态宜居、乡风文明、治理有效、生活富裕的总要求。党的十九大以来，党和国家坚持绿色发展理念，推进乡村振兴战略实施，取得了显著的成效。习近平同志对推进乡村振兴高度重视，作出了一系列重要指示批示，要求全面推进乡村产业振兴、人才振兴、文化振兴、生态振兴、组织振兴。目前，乡村振兴战略规划明确的 7 个方面、59 项重点任务进展顺利，82 项重大工程、重大行动、重大计划有序推进。各地开展了乡村振兴示范引领工作，探索形成了人居环境整治、产业园区带动、美丽乡村建设、乡风文明建设等一批典型范例，乡村振兴开局良好。[①]

1. 普遍建立了五级书记抓乡村振兴的领导机制

中央出台了《中国共产党农村工作条例》，明确了五级书记抓乡村振兴的领导责任。31 个省（区、市）全部成立了实施乡村振兴战略工作领导机构，多数省是省委书记、省长任领导小组双组长。建立乡村振兴实绩考核制度，将工作任务细化成考核指标，强化考核监督。

2. 基本形成了规划先行、梯次推进的工作局面

党中央、国务院印发了乡村振兴战略规划，确定了到 2020 年的乡村振兴目标任务，31 个省（区、市）都科学编制了本区域的地方规划，落实落细国家规划任务，做到上下衔接。县域村庄布局正在加快推进，一些有条件的村编制了“多规合一”的实用性村庄规划。农业农村部先后与浙江、广东、江苏、山东等东部沿海发达省份开展部省合作，推进东部沿海

① 国务院．国务院新闻办发布会介绍“十三五”时期农业农村发展主要成就有关情况［EB/OL］．中国政府网，http：//www.gov.cn/xinwen/2020-10/27/content_5555058.htm.

发达地区等有条件的地区率先基本实现农业农村现代化。广大中西部贫困地区把打好精准脱贫攻坚战作为实施乡村振兴战略的优先任务，即将取得全面胜利。

3. 乡村振兴的政策框架基本构建

中央出台了农村人居环境整治、乡村产业振兴、乡村治理、乡风文明建设等多个重要文件，设立了“中国农民丰收节”。相关部门先后制定了金融服务、人才下乡、科技服务、“四好”农村路建设以及乡村教育、医疗、便民服务等支持政策，城乡基础设施统一规划、统一建设、统一管护的机制加快构建，城乡基本公共服务按照标准统一、制度并轨的目标加快迈进。

4. 一批标志性的重大工程启动实施

围绕抓重点、补短板、强弱项，实施了农村人居环境整治、高标准农田建设、农业科技创新、国家现代农业产业园建设、东北黑土地保护性耕作、农产品仓储保鲜冷链物流设施建设等一批基础性、长远性的工程项目，进一步夯实了农业农村发展的物质基础。

（二）农业基础设施建设明显改善，农村改革持续深化

实施乡村振兴战略，发展现代农业，必须有现代化设施作支撑。近年来，国家持续加大农业基础设施建设投入力度，农业基础设施建设明显改善，物质技术装备条件加快提升。

1. 大规模建设高标准农田

到“十三五”期末，完成8亿亩旱涝保收、高产稳产的高标准农田建设任务，农业抗灾减灾能力显著增强，亩均粮食产能提高约100千克。实施耕地地力保护与提升行动，加强东北黑土地保护利用，启动退化耕地治理，2019年全国耕地平均等级达到4.76等，较2014年提升0.35个等级，农业高效节水灌溉设施加快建设，农田灌溉有效利用系数达到0.559。

2. 国家良种生产保障能力显著提升

建设以海南、甘肃、四川三大国家级育制种基地为核心，52个国家级制种大县和100个区域性良种繁育基地为骨干的种业基地“国家队”，农业用种供给保障能力显著提升。即将建成的国家农作物种质资源库，保

存能力达 150 万份，保存能力和水平居世界第一。现代种业“芯片”不断创新突破，主要农作物新一轮更新换代成效显著，自主选育品种面积超过 95%，实现了中国粮主要用中国种。

3. 农业机械化全程全面发展

农业机械物质装备水平加快提升，全国农业机械总动力达到 10.28 亿千瓦。已建成 453 个主要农作物生产全程机械化示范县，丘陵山区农田宜机化改造加快推进，农作物耕种收机械化率超过 70%，畜牧养殖和水产养殖机械化率分别达到 34%和 30%，农业机械化正在从耕种收环节向植保、秸秆处理、烘干等全程延伸拓展。

4. 畜牧水产养殖设施加快升级改造

畜禽圈舍、自动饲喂、疫病防控等设施设备加快建设，畜禽养殖规模化率达到 64.5%，规模养殖场粪污处理设施装备配套率达到 93%。大力实施奶业振兴计划，支持奶牛养殖场设施改造，建成一批优质饲草料基地，奶牛规模养殖比重达到 64%。推进渔业转型升级，创建国家级水产健康养殖示范场 5 400 多个。①

5. 农村改革持续深化

农村基本经营制度进一步巩固完善，2 亿多农户领到土地承包经营权证。第二轮土地承包到期后再延长三十年政策出台，农村承包地所有权、承包权、经营权“三权分置”取得重大进展，新一轮农村宅基地改革试点启动实施。农村集体资产清产核资基本完成，6 亿多人集体成员身份得到确认。农业支持保护制度逐步健全，以绿色生态为导向的农业补贴制度初步建立，调整完善土地出让收入使用范围优先支持乡村振兴政策出台，农村改革“四梁八柱”基本构建。

（三）经济发展与绿色发展的协调工作持续推进

1. 现代化农业发展步伐显著加快

在国际经济形势日益严峻，农业农村发展面临诸多约束的情况下，中

① 国务院．国务院新闻办发布会介绍“十三五”时期农业农村发展主要成就有关情况［EB/OL］．中国政府网，http：//www.gov.cn/xinwen/2020－10/27/content_5555058.htm.

共中央、国务院在《乡村振兴战略规划（2018—2022年）》中提出，要加快农业现代化步伐，坚持质量兴农、品牌强农，深化农业供给侧结构性改革，构建现代农业产业体系、生产体系、经营体系，推动农业发展质量变革、效率变革、动力变革，持续提高农业创新力、竞争力和全要素生产率[①]。2021年2月，《中共中央国务院关于全面推进乡村振兴加快农业农村现代化的意见》指出，"'十三五'时期，现代农业建设取得重大进展，乡村振兴实现良好开局。粮食年产量连续保持在1.3万亿斤[②]以上，农民人均收入较2010年翻一番多……农业农村发展取得新的历史性成就，为党和国家战胜各种艰难险阻、稳定经济社会发展大局，发挥了'压舱石'作用。"[③] 尤其是农业科技进步贡献率突破60%，全国农作物耕种收综合机械化率超过70%，主要农作物良种实现全覆盖。全国家庭农场超过100万家，农民合作社达到222.5万家，农业社会化服务组织达到89.3万个，成为引领现代农业发展的主力军，有力推动了小农户与现代农业有机衔接。化肥、农药施用量连续3年实现负增长，农产品质量安全监测合格率稳定在97%以上，质量兴农、绿色兴农成为现代农业主旋律。[④]

2. 农村环境资源协调工作持续推进

党和政府在加快乡村经济建设的同时，高度重视农村环境资源协调工作。习近平同志指出，"实施乡村振兴战略，一个重要的任务就是推行绿色发展方式和生活方式。"[⑤]"良好生态环境是最普惠的民生福祉，坚持生态惠民、生态利民、生态为民，重点解决损害群众健康的突出环境问题，不断满足人民日益增长的优美生态环境需求。"[⑥]"十三五"期间，绿色正

---

① 新华社．中共中央国务院印发《乡村振兴战略规划（2018—2022年）》［N］．人民日报，2018-09-27：01.

② 斤为非法定计量单位，1斤=500克，下同。

③ 中共中央国务院关于全面推进乡村振兴加快农业农村现代化的意见［N］．人民日报，2021-02-22：01.

④ 国务院．国务院新闻办发布会介绍"十三五"时期农业农村发展主要成就有关情况［EB/OL］．中国政府网，http：//www.gov.cn/xinwen/2020-10/27/content_5555058.htm.

⑤ 中共中央党史和文献研究院．习近平关于"三农"工作论述摘编［M］．北京：中央文献出版社．2019.

⑥ 人民日报社．习近平在全国生态环境保护大会上强调：坚决打好污染防治攻坚战，推动生态文明建设迈上新台阶［N］．人民日报，2018-05-20：01.

在成为我国经济高质量发展的鲜明底色，大力发展绿色建筑、绿色交通，经济社会全方位绿色转型的步伐加快。生活垃圾分类，公共交通出行，节约粮食、反对浪费等绿色生活方式成为全社会的共识。[①] 尤其是农村人居环境整治全面推开，95%以上的村庄开展了清洁活动，村容村貌明显改善；全国农村卫生厕所普及率达到65%以上，2018年以来累计新改造农村户厕3 000多万户；农村生活垃圾收运处置体系已覆盖全国90%以上的行政村，全国排查出的2.4万个非正规垃圾堆放点中99%已完成整治，农村生活污水治理水平有新的提高。[②]

3. 绿色产业经济助力农村发展

习近平同志指出，“绿色循环低碳发展，是当今时代科技革命和产业变革的方向，是最有前途的发展领域，我国在这方面的潜力相当大，可以形成很多新的经济增长点”[③]，“实现生产系统和生活系统循环链接”[④]。近年来，全国各地各部门认真贯彻落实党中央、国务院关于加快乡村产业发展的决策部署，依托农业农村资源，加快发展乡村富民产业，取得了显著成效。一是大力发展农产品加工业。2019年，全国建成农产品加工园1 600个，发展规模以上农产品加工企业8.1万家，农产品加工业营业收入超过22万亿元，吸纳3 000多万人就业。二是大力推进乡村特色产业发展。建设了一批产值超过10亿元的特色产业镇和超1亿元的特色产业村，发掘了一批乡土特色工艺。三是加速发展乡村休闲旅游业。建设了一批休闲旅游精品景点，推介了一批休闲旅游精品线路。近年来，农业农村部累计推介了1 000条乡村旅游精品线路，在每年“十一”节日期间成为大部分城市人员下乡旅游的首选地。2019年，休闲农业接待游客32亿人次，营业收入超过了8 500亿元。四是推动乡村新型服务业发展。2019年，农林牧渔业及辅助性活动产值6 500亿元，各类涉农电商超过3万

① 新华社．生态环境显著改善　人与自然和谐共生——回眸“十三五”系列述评之绿色发展篇［EB/OL］．人民网，https：//baijiahao.baidu.com/s? id=1681155315420660245&wfr=spider&for=pc.

② 国务院．国务院新闻办发布会介绍“十三五”时期农业农村发展主要成就有关情况［EB/OL］．中国政府网，http：//www.gov.cn/xinwen/2020-10/27/content_5555058.htm.

③ 中共中央文献研究室．十八大以来重要文献选编（中）［M］．北京：中央文献出版社，2014.

④ 习近平．决胜全面建成小康社会夺取新时代中国特色社会主义伟大胜利——在中国共产党第十九次全国代表大会上的报告［M］．人民日报，2017-10-28：01.

家，农村网络销售额 1.7 万亿元，其中农产品网络销售额 4 000 亿元。在各项政策的有力支持下，乡村产业发展的平台载体加快培育，现在全国已经建立国家级现代农业产业园 151 个，带动各省建立现代农业产业园 3 000 多个，发展农业产业化联合体 1 000 多家，农业产业强镇 800 多个。乡村产业加快发展，农村一二三产业加快融合，已经成为农民就业增收的重要支撑和乡村经济发展的重要增长极。①

三、新时期农业农村坚持绿色发展的内涵及存在的问题

（一）新时期农业农村坚持绿色发展的内涵

乡村既是生产空间，也是生活空间，乡村人口几乎每天都在生产空间和生活空间之间切换。因此，建设生态宜居的美丽乡村包括农业生产空间和农村生活空间的绿色发展。

农业绿色发展包含四个部分的内容：资源利用节约高效、产地环境清洁、生态系统稳定和绿色供给能力提升。资源利用节约高效是指通过实行农田轮作休耕、降低耕地使用强度、土地整治等提高耕地资源水平和使用效率；通过推行农业灌溉用水总量控制和定额管理、取水许可管理、农业水价综合改革、推广农业节水技术等提高农业用水效率；加强农业生物资源保护与利用。产地环境清洁包含两方面的涵义：一是减少农业投入品使用，如减少化肥农药施用、推广有机肥、控释肥、测土配方施肥、生物农药等；二是农业废弃物资源化利用，如秸秆资源化利用、畜禽粪污资源化利用、废旧地膜和包装废弃物回收。生态系统稳定是指实现田园、草原、森林、湿地、水域等生态系统的稳定。绿色供给是指提高农产品质量安全水平，提高品牌农产品占比，加快休闲农业和乡村旅游业的发展。

农村绿色发展是指农村人居环境整治，以农村垃圾、污水、厕所治理

① 国务院．国务院新闻办发布会介绍“十三五”时期农业农村发展主要成就有关情况［EB/OL］．中国政府网，http：//www.gov.cn/xinwen/2020－10/27/content_5555058.htm.

为主要内容。在垃圾治理方面，推行垃圾就地分类和垃圾资源化利用，建立生活垃圾收运处置体系，重点整治垃圾山、垃圾围村等。在污水治理方面，通过城镇污水管网向周边村庄覆盖延伸或推广低成本易维护高效率的污水处理技术，实现污水治理和资源利用，重点实施房前屋后河塘沟渠的清淤疏浚，消除农村黑臭水体。在卫生厕所建设方面，根据各地区经济发展水平和环境容量普及不同水平的卫生厕所，同时与污水治理、畜禽粪污治理相结合。[①]

（二）新时期农业农村绿色发展存在的问题

近年来，在坚持绿色发展理念的引领下，乡村振兴战略实施顺利，取得了显著成效，但部分问题也逐渐浮现，如资源约束日趋紧张、环境污染问题突出和农村地区资源环境管理体制机制不健全是新时期农业农村绿色发展存在的主要问题。[②] 要坚定不移贯彻以绿色发展引领乡村振兴的要求，推进农业农村高质量发展，实现产业强、生态美、农民富相统一，生产、生活、生态相协调，不断满足人民群众对美好生活的新期待，推进美丽乡村建设。

1. 自然资源紧张，农业生产基础设施老化

（1）水资源短缺与浪费并存。我国人均水资源占有量 2 240 立方米，约为世界人均的四分之一。水资源的时空分布非常不均匀，大约有 80%的水资源集中在长江以南地区，该地区耕地占全国总面积的 35%；20%的水资源分布在长江以北广大地区，该地区耕地面积占全国总面积的65%，特别是黄河、淮河、海河、辽河四个流域，耕地面积占全国的43%，而水资源仅有 9.8%。我国农业生产一方面受到水资源短缺的制约，另一方面农业用水不合理及浪费的情况大量存在。2019 年全国 400多处大型灌区骨干建筑物的完好率不到 60%；大约三分之二的灌溉面积还在沿用传统落后的灌溉方法，只有 30%多的灌溉面积采取了节水措施。

① 靳乐山，朱凯宁．农业农村绿色发展：乡村振兴的关键和路径［EB/OL］．光明网，https://theory.gmw.cn/2019-12/30/content_33440340.htm.

② 张宇，朱立志．关于“乡村振兴”战略中绿色发展问题的思考［J］．新疆师范大学学报（哲学社会科学版），2019（1）.

2018 年、2019 年农田灌溉用水有效利用系数分别为 0.554 和 0.559。尽管有效利用系数有所提升，但并不是很高，意味着有 44%的水在灌溉过程中被浪费掉了。[①] 现有农田水利设施和设备老化失修，已建成的灌溉耕地上的农田水利设施，普遍存在灌溉设施标准低、配套差、老化失修、功能退化、灌不进、排不出等问题。

（2）耕地数量减少且质量下降。近年来，我国耕地总体数量不断减少，2016 年人均耕地面积为 1.46 亩，是世界平均水平的 40%，远远低于世界发达国家水平。同时随着经济快速发展，建设用地与耕地之间的矛盾日趋突出，耕地面积持续下降、耕地资源严重不足。长期以来一直采用资源掠夺式的耕作模式，导致耕地土壤用养失衡、土壤肥力下降，土壤有机质平均含量不足 1%，远低于发达国家 3%的水平。农业生产生活中产生的污水灌溉、农药残留、废弃农膜对耕地质量影响严重，全国大约有六分之一的耕地遭受到不同程度的污染。与此同时，乱砍森林、草原过牧、盲目开垦等造成水土流失、沙漠化土壤次生盐渍化问题严重，截至 2016 年年底，全国由于水土流失、盐碱化等质量退化的耕地面积已占全国总耕地面积的 40%。

2. 农业环境污染问题突出，农业面源污染隐患较大

（1）工业化快速发展和城镇化的无序扩张，造成工业“三废”和城市生活污染大面积扩散，镉、汞、砷等重金属不断向水土渗透，工业“三废”日益向农村蔓延。我国每年因重金属污染而减产粮食 1 000 多万吨。此外，重金属污染还导致农产品有毒成分超标，威胁人体健康。中国 5.5 万千米河段有 23.7%的水质不符合灌溉要求，4.3%的河段严重污染、鱼虾绝迹，大面积农田受重金属和固体废弃物污染。在公布的全球大气污染最严重的 20 个地区中，中国占有 10 个。我国一年排放烟尘和二氧化硫量高达 3 000 万吨，导致酸雨面积超过 300 万平方千米，全年排放污水达 400 亿吨，污水灌溉面积达 533.3 万公顷左右，因固体废物堆存侵占和污泥运用不当而污染的面积超过 90 万公顷。

（2）随着我国农业和农村经济的快速发展，内源性农业面源污染问题

① 吉蕾蕾．水资源利用率更高了农业节水空间还不小［EB/OL］．中国政府网，http：//www.gov.cn/xinwen/2020-08/07/content_5532973.htm.

状况堪忧。根据2010年第一次全国污染源普查结果，农业面源化学需氧量、总氮、总磷年排放量已达1 320万吨、270.5万吨和28.5万吨，分别占全国排放总量的43.7%、57.2%和67.4%。农业面源污染不仅造成农业资源质量下降、环境污染，同时也给农产品质量安全带来严重隐患。产生农业内源性面源污染的原因来自于养殖及种植过程中的各个方面：①畜禽粪污资源化处理滞后。随着畜禽养殖业的发展，我国畜禽养殖规模不断扩大，然而养殖废弃物处理利用设施建设却严重滞后，大量粪污由传统农家肥直接转变成了污染物，给农村环境造成巨大压力。根据《全国第一次污染源普查公报》显示，畜禽养殖业排放的化学需氧量（COD）、总氮、总磷分别为1 268.26万吨、102.48万吨、16.04万吨，分别占全国排放总量的41.9%、21.7%、37.9%，占农业源污染物排放量的96%、38%和56%。②化肥施用量快速增加。由于种植生产需要，我国化肥施用量持续增加，2021年化肥年施用量达到5 700万吨左右，是世界上化肥使用强度最高的国家之一。据测算，我国化肥当季利用率约为35%左右，第一次污染源普查显示种植业源总氮流失占农业源总氮流失量的59.1%，成为引起水体富营养化的重要原因。③农药不科学合理使用。我国是农作物病虫害频发、重发国家，化学防治仍是控制病虫灾害的主要手段，年化学农药使用量达100万吨以上（商品量），亩均使用量500克以上，而有效利用率仅35%左右。过度依赖化学农药防病治虫，加之使用不科学、不合理，农药废弃包装物随意丢弃等，导致农药在土壤、水体等环境中不断富集，成为面源污染主要成因之一。④蔬菜残体和农作物秸秆随意抛弃、焚烧现象严重。农作物秸秆产量大、分布广、种类多，长期以来一直是农民生活和农业发展的宝贵资源。随着粮食产量实现“十八连丰”，近年来农作物秸秆产生量逐年增多，但由于缺乏有效利用途径，带来一系列环境问题。⑤农膜残膜回收比例低。由于现行农膜生产标准偏低、回收手段落后、鼓励回收的体制机制缺失等原因，农膜残膜回收困难，残留污染现象日益严重，特别是新疆、甘肃等北方旱作农业地区，一些地方农膜土壤残留率高达40%。

3. 农村地区资源环境管理体制机制不健全

目前农村地区资源环境管理体制机制严重滞后于农业经济发展，难以对生态环境污染、资源滥用等外部性问题进行有效制约，而用于弥补政府失灵的市场机制尚未建立，不能形成对环境友好型绿色生产生活方式的有效激励。突出问题表现在：①资源环境管理体系不健全。水、土地、森林等资源由不同部门交叉管理，造成管理重复和缺位，在一定程度上影响了资源开发利用与生态环境保护的效率。各级农业部门虽然设置了农业环保监测点，但缺少有效的动态评估和评价方法，监测到的数据和信息也不能及时应用于农业农村的生态建设中。②对农村地区绿色发展激励不足。区域发展不协调、功能定位不明确，区域间资源有偿使用机制不完善。森林、草原、湿地、水土保持、水生生物资源等生态补偿制度不健全，江河源头区、重要水源地、重要水生态修复治理区生态补偿机制尚未建立。以市场为主导的资源配置机制在实践中运用很少，农业生产过程中产生的污染责任主体不明确，造成通过经济手段治理农业环境污染政策的缺位。③农业绿色标准体系不完善。国家尚未制定一套完整的，包括绿色农产品标准、环境要素标准、农业模式标准、生产技术标准和加工质量标准的绿色农业标准体系。截至 2018 年已发布的农业相关标准接近 200 个，但是针对绿色农业的较少，可操作性差，很难适应农业的绿色发展。[①]

4. 城乡差异仍然存在，农民绿色生态意识有待增强

实施乡村振兴战略，推进美丽乡村建设，目的就是要推进城乡融合发展，加快农业农村现代化。但在实际工作中，城乡二元结构的差别依然表现突出。

（1）农村产业结构调整步伐滞缓。我国农村具有人多地少、耕作地块细碎、靠天吃饭、传统要素投入大的基本特点，同时，从事农业投资的风险大收益低、农业现代化发展不足，目前尚未完全建立现代产业体系[②]。此外，乡村公益性设施用地不多，新产业发展用地供应不到位，农业设施用地标准不高，办理程序复杂，而且对农业现代化发展有推动作用的配套

① 张宇，朱立志．关于“乡村振兴”战略中绿色发展问题的思考［J］．新疆师范大学学报（哲学社会科学版），2019（1）．

② 姜德波，彭程．城市化进程中的乡村衰落现象：成因及治理——“乡村振兴战略”实施视角的分析［J］．南京审计大学学报，2018（1）．

设施审批越来越难①，这些都阻碍了农村产业结构调整的推进。

（2）农村人居环境整治和公共服务体系建设亟待加强。调研资料表明，现阶段在安徽省，农村无害化厕所普及率不足百分之五十，污水处理设施不足百分之五十；在广东省，自然村中未使生活污水集中处理设施的占比百分之七十②，农村人居环境的改善还有较大的提升空间。在农村，基本公共服务想要使人民对美好生活的需求得以满足是很难的，例如医疗卫生、教育等③，无论是医疗服务能力还是基础教育等都存在普惠性不足的问题。

（3）农民的生态意识需进一步提高。一方面，受传统生活模式的束缚，我国农民大都认为自然资源是大自然的馈赠，往往过度开采、乱砍滥伐，导致生态环境遭受破坏；另一方面，由于教育水平和地理位置受限，个别农民群体缺乏责任意识，把乡村建设视为国家和政府应尽的职责，将自身置之度外，从而忽略甚至漠视对乡村绿色发展的保护，不愿积极承担自己应尽的责任和义务。只有进一步增强农民的生态意识，发挥其主体作用，才能实现人与自然协调，建设美丽乡村。

四、坚持绿色发展，推进美丽乡村建设

（一）坚持绿色发展，以科学理念推进美丽乡村建设

马克思指出，“人创造环境，同样环境也创造人。”④ 习近平总书记指出，要“坚持人与自然和谐共生……坚持节约资源和保护环境的基本国策，像对待生命一样对待环境。”⑤ 美丽乡村建设必须是在绿色发展理念指导下的建设。绿色发展观不仅把人、自然与社会视为一个整体，而且强调它们之间存在着协同的发展关系。建设美丽乡村，要将生态文明建设贯

①②③　全国人民代表大会农业与农村委员会．乡村振兴战略实施情况的调查与思考［J］．求是，2019（3）．

④　中共中央马恩列斯著作编译局．马克思恩格斯选集（第1卷）［M］．北京：人民出版社，1995．

⑤　习近平：决胜全面建成小康社会夺取新时代中国特色社会主义伟大胜利——在中国共产党第十九次全国代表大会上的报告［N］．人民日报，2017-10-28：01．

穿其中，推行绿色发展方式与生活方式，正确处理好人与自然、经济发展与环境保护的关系，坚持人的价值、自然价值与经济价值的有机统一，把良好生态环境作为最普惠的民生福祉，迈向绿色小康，让广大农民享有更多的获得感、幸福感与安全感。

（二）坚持绿色兴农，夯实美丽乡村的产业基础

党的十九大报告指出，“我们要建设的现代化是人与自然和谐共生的现代化，既要创造更多物质财富和精神财富以满足人民日益增长的美好生活需要，也要提供更多优质生态产品以满足人民日益增长的优美生态环境需要。”① 传统乡村产业发展主要依靠要素投入的增加，形成“高消耗、高排放、低效益”的发展模式。坚持绿色兴农，引领乡村产业革命，主要通过发展高新技术、提升生产效率、调整产业结构、促进产业生态化、增进循环经济和低碳经济发展等方式实现。借助于循环经济、低碳经济模式的载体，不仅有利于提升农业产品质量和服务供给能力，而且能够持续提高农业创新力、竞争力和全要素生产率，使生态经济真正成为农业供给侧结构性改革的强大动力。发展绿色安全、优质高效的乡村产业体系，必须明确农业供给侧结构性改革的方向，创新相关体制机制和制度保障，推进农业农村产业体系、生产体系和经营体系建设，为美丽乡村建设打下坚实的经济基础。要发展农产品加工业，引导加工企业重心下沉，把更多的就业机会和增值收益留在农村、留给农民。大力发展乡村特色产业，增加绿色优质农产品供给，满足城乡居民多样化需求。发掘乡村多种功能，发展乡村旅游、休闲康养、电子商务等新产业新业态，拓展农民就业增收空间。推进农村创业创新，培育返乡农民工、入乡科技人员、在乡能人等创业主体，增强乡村产业发展动能。②

---

① 习近平：决胜全面建成小康社会夺取新时代中国特色社会主义伟大胜利——在中国共产党第十九次全国代表大会上的报告［N］. 人民日报，2017-10-28：01.

② 郁静娴. 乡村振兴实现良好开局　下一步将重点抓好四方面工作［N］. 人民日报，2021-01-14：02.

（三）加强生态文明建设，构建美丽乡村的生态环境保护和治理机制

乡村生态环境的保护和治理是美丽乡村建设的一个重要问题。农村生态环境保护和治理的基本路径是要把资源消耗、环境损害、生态效益纳入农业绿色发展的评价体系，构建起新的体现农村生态文明建设要求的治理体制。这是一场涉及人的价值理念、经济运行模式以及社会生活方式重构的全新革命，因此需要政府、市场以及社会各方面力量的介入，充分发挥各自的优势，共同达成预期发展目标。作为生态环境治理制度执行主体的各级政府，需要根据整体发展规划与布局的任务要求，综合运用行政、经济、法律、信息、技术等一系列治理手段，构建起以生态理念贯穿物质资料生产全过程的生态政策体系、经济运行机制和管理运作体制。同时，要通过制定激励、约束机制，营造良好的制度环境和社会氛围，充分发挥市场在资源配置中的决定性作用，引导各类市场主体主动承担起农村突出生态环境问题综合治理的社会责任。①进而统筹推进生产、生活环境的生态环境保护和治理，严格控制农业污染，建设生态宜居的乡村环境，以优美生态助力美丽乡村建设。

（四）完善管理制度，强化美丽乡村建设政策推动

实施乡村振兴战略，建设美丽乡村，必须重视政策法规等上层建筑的完善。一是健全和完善生态环境保护与治理方面的制度。习近平总书记指出，“推动绿色发展，建设生态文明，重在建章立制，用最严格的制度、最严密的法治保护生态环境。”②这其中就包括完善《环境基本法》《生态环境保护规划》等系列法律法规，加强农业执法，构建绿色发展的现代生态秩序和制度。二是进行乡村规划，发展乡村产业，促进乡村经济发展方面的制度。三是整治乡村人居环境，保证满足群众民生需求的乡村基本公共服务制度。四是加强农村社会治理，促进农村社会建设，实现乡风文明

① 李兴平．以绿色发展引领乡村振兴的哲学意蕴［N］．光明日报，2020-01-02：06.

② 中共中央文献研究室．习近平关于社会主义生态文明建设论述摘编［M］．北京：中央文献出版社．2017.

的领导机制、协商制度、加强乡村文化建设等方面的制度。突出加强农村基层党组织建设，创新乡村治理方式，加强社会主义精神文明建设。大力弘扬和践行社会主义核心价值观，提高农民科技文化素质，推动形成文明乡风、良好家风、淳朴民风。总之，只有按照党的十九大提出的“产业兴旺、生态宜居、乡风文明、治理有效、生活富裕”的总要求，坚持系统思维，做好顶层设计，健全和完善涉及乡村产业、经济、生态、治理、文化等方面的法律规范和相关政策，才能保证美丽乡村建设的法治化、规范化和科学化。

第七章　弥合城乡“数字鸿沟”，推进数字乡村建设

数字乡村是伴随网络化、信息化和数字化在农业农村经济社会发展中的应用，以及农民现代信息技能的提高而内生的农业农村现代化发展和转型进程，既是乡村振兴的战略方向，也是建设数字中国的重要内容。2017年10月，党的十九大提出要“推动新型工业化、信息化、城镇化、农业现代化同步发展”①，实施乡村振兴战略。2018年2月，《中共中央国务院关于实施乡村振兴战略的意见》中提出要“实施数字乡村战略……弥合城乡数字鸿沟。”② 推进数字乡村建设，既是新时期贯彻落实习近平新时代中国特色社会主义思想的重要举措，也是新形势下实施乡村振兴战略，推进农业农村现代的重要任务。

一、数字乡村建设的内涵

所谓数字乡村建设，就是新时期坚持绿色发展理念，以信息技术为基础，运用网络技术、数字技术和相关科技创新成果，实现农村经济发展数字化、农村社会管理治理能力现代化、农村基本公共服务网络化等，建设绿色智慧乡村的过程。2018年9月，中共中央国务院印发《乡村振兴战略规划（2018—2022年）》，提出“实施数字乡村战略，加快物联网、地

① 习近平．决胜全面建成小康社会　夺取新时代中国特色社会主义伟大胜利——在中国共产党第十九次全国代表大会上的报告［N］．人民日报，2017-10-28：01.

② 中共中央国务院关于实施乡村振兴战略的意见［N］．人民日报，2018-02-05：01.

理信息、智能设备等现代信息技术与农村生产生活的全面深度融合，深化农业农村大数据创新应用，推广远程教育、远程医疗、金融服务进村等信息服务，建立空间化、智能化的新型农村统计信息系统。”① 2019 年 5 月，中共中央办公厅、国务院办公厅印发了《数字乡村发展战略纲要》提出建设数字乡村，就是要“着力发挥信息技术创新的扩散效应、信息和知识的溢出效应、数字技术释放的普惠效应，加快推进农业农村现代化；着力发挥信息化在推进乡村治理体系和治理能力现代化中的基础支撑作用，繁荣发展乡村网络文化，构建乡村数字治理新体系；着力弥合城乡‘数字鸿沟’，培育信息时代新农民，走中国特色社会主义乡村振兴道路，让农业成为有奔头的产业，让农民成为有吸引力的职业，让农村成为安居乐业的美丽家园。”②。2020 年 5 月，中央网信办等四部门联合印发《2020 年数字乡村发展工作要点》，从“统筹做好农村疫情防控和经济社会发展工作、推进乡村新型基础设施建设、推动乡村数字经济发展、促进农业农村科技创新、推进乡村治理能力现代化、建设绿色智慧乡村、激发乡村振兴内生动力、加强数字乡村发展的统筹协调”③ 等八个方面明确了 2020 年数字乡村发展工作目标和任务。综合以上内容，建设数字乡村，主要包含以下五个方面的内容。

（一）推进乡村新型基础设施建设

深化电信普遍服务，加快农村地区宽带网络和第四代移动通信网络覆盖步伐；加快物联网、地理信息、智能设备等现代信息技术与农村生产生活的全面深度融合，深化农业农村大数据创新应用，推广远程教育、远程医疗、金融服务进村等信息服务，建立空间化、智能化的新型农村统计信息系统；加快乡村基础设施数字化转型，同步规划、同步建设、同步实施

---

① 新华社．中共中央国务院印发《乡村振兴战略规划（2018—2022 年）》［N］．人民日报，2018－09－27：01.

② 新华社．中共中央办公厅国务院办公厅印发数字乡村发展战略纲要［N］．人民日报，2019－05－17：07.

③ 赵超．中央网信办等四部门联合印发《2020 年数字乡村发展工作要点》［EB/OL］．人民网，http：//it. people. com. cn/n1/2020/0509/c1009－31703061. html.

网络安全工作。

（二）推进乡村治理能力现代化

着力发挥信息化在推进乡村治理体系和治理能力现代化中的基础支撑作用，加强农村网络文化阵地建设和网络文化引导，繁荣发展乡村网络文化；构建乡村数字治理新体系，推动“互联网＋党建”，提高农村社会综合治理精细化、现代化水平。

（三）推动乡村数字经济发展，促进农业农村科技创新

夯实数字农业基础，推动农业农村基础数据整合共享，实现农业数字化转型；创新农村流通服务体系，深化乡村邮政和快递网点普及，深化农村电子商务改革，促进线上线下渠道融合发展；积极发展乡村新业态，促进游憩休闲、健康养生、创意民宿等新产业发展，规范有序发展乡村共享经济；推动农业装备智能化，推动信息化与农业装备、农机作业服务和农机管理融合应用。

（四）着力弥合城乡“数字鸿沟”，培育信息时代新农民

优化农业科技信息服务，深入推动乡村教育信息化，完善民生保障信息服务；支持新型农业经营主体和服务主体发展，大力培育新型职业农民；加强农民信息素养培训，增强农民网络安全防护意识和技能。

（五）坚持绿色发展理念，建设绿色智慧乡村

推广农业绿色生产方式，推动化肥农药减量使用，发展绿色农业；提升乡村生态保护信息化水平，统筹山水林田湖草系统治理数据，强化农田土壤生态环境监测与保护，全面提升美丽乡村建设水平；倡导乡村绿色生活方式，引导公众积极参与农村环境网络监督，共同维护绿色生活环境。

二、新时期推进数字乡村建设的背景及其重要性

（一）新时期推进数字乡村建设的背景

1. 全球数字经济发展呈现新特点

（1）数字经济成为全球经济增长的新动能。伴随着云计算、大数据、人工智能、工业互联网的发展，数字经济快速发展并产生巨大活力，正成为全球经济增长的新动能。大力发展数字经济，也成为全球共识。国家网信办发布的《数字中国建设发展报告（2018年）》显示，2018年我国数字经济规模达到31.3万亿元，较上年增长20.9%，占GDP比重达34.8%。据埃森哲公司分析，数字化程度每提高10%，人均GDP将增长0.5%～0.62%。尤其是在全球经济增长乏力的当下，数字经济更是被视为撬动全球经济的新杠杆。据预测，数字技能和技术的应用将使全球经济到2020年有望累计增加2万亿美元；到2025年，全球经济总值的一半来自于数字经济。[①]

（2）数字经济已成为一种新型经济形态。2019年10月，中国信息通信研究院发布《全球数字经济新图景2019》显示，2018年全球47个国家数字经济总规模超过30.2万亿美元，占GDP比重高达40.3%。其中约半数国家数字经济规模超过1 000亿美元，美国数字经济规模居全球第一，达到12.34万亿美元，中国居全球第二大数字经济体地位，规模达到4.73万亿美元。[②] 2020年7月，中国信通院发布的《中国数字经济发展白皮书（2020年）》提出，“数字经济是以数字化的知识和信息作为关键生产要素，以数字技术为核心驱动力，以现代信息网络为重要载体，通过数字技术与实体经济深度融合，不断提高数字化、网络化、智能化水平，加

---

① 李曦子．全球央行成数字货币发行正规军［EB/OL］．人民网，http：//blockchain.people.com.cn/n1/2019/0514/c417685－31083584.html.

② 中国信息通信研究院．全球数字经济新图景（2019年）［EB/OL］．搜狐网，https：//www.sohu.com/a/346223894_120025397.

速重构经济发展与治理模式的新型经济形态”[①]，并明确了数字经济的数字产业化、产业数字化、数字化治理、数据价值化“四化”框架和内涵。

（3）数字经济上升为国家发展战略。数字经济发展以信息与通信技术产业为基础，通过互联网连接所有产品和服务，运用现代信息技术实现对社会全领域的数字化管理，应用于数字家庭、数字城市、数字国家，已成为各国的国家战略目标。美国早在20世纪90年代就开始推动数字经济的发展，并以基础设施建设为引领，抢占数字经济制高点，率先在全球提出了“信息高速公路”和“数字地球”的概念。2010年，美国商务部提出了“数字国家”（Digital Nation）概念。2018年，美国商务部经济分析局又发布了工作文件《数字经济的定义和衡量》，为美国未来数字经济的发展制定了新的内涵和衡量标准。英国在2008年启动了“数字英国”战略项目，2009年8月联合发布《数字英国实施计划》，2015年出台了《2015—2018年数字经济战略》，倡导通过数字化创新来驱动经济社会发展，战略目标是把英国建设成为未来的数字化强国。日本于2014年率先制定并实施了《数字安全基本法案》，于2015年专门成立了隶属于内阁的数字安全战略小组，制定实施国家数字安全战略。[②] 中国信通院《2019年全球数字经济新图景》数据显示，2018年，美国数字产业化规模达到1.5万亿美元，位居全球第一，中国、日本、德国、韩国、英国、法国、印度数字产业化规模均超过1 000亿美元。[③]

2. 我国乡村基础设施建设为实施数字乡村战略奠定了坚实基础

（1）乡村互联网基础设施快速发展。实施宽带中国战略，加快推进宽带乡村工程建设，农村互联网基础设施快速发展，达到世界领先水平。资料表明，2019年10月，我国行政村通光纤和通4G比例均已超过98%[④]。截至2020年3月，我国农村网民规模为2.55亿，农村地区互联网普及率

① 中国信息通信研究院．中国数字经济发展白皮书（2020年）[EB/OL]. http://www.caict.ac.cn/kxyj/qwfb/bps/202007/t20200702_285535.htm.

② 鲁俊群．大力发展数字经济是高质量发展必由之路 [J]. 红旗文稿，2019（3）.

③ 中国信息通信研究院．全球数字经济新图景（2019年）[EB/OL]. 搜狐网，https://www.sohu.com/a/346223894_120025397.

④ 王政．全国行政村通光纤比例超98% [N]. 人民日报，2019-08-02：01.

为46.2%。[①] 农村网民数量逐年增加，农村及偏远地区宽带网络基础设施不断提升，为乡村振兴和打赢脱贫攻坚战提供了坚实的网络保障。

（2）乡村基础设施水平不断提升。截至2018年年底，全国落实水利建设投资6 873亿元，172项节水供水重大水利工程累计开工133项，在建投资规模达1万亿元；全国农村公路（含县道、乡道、村道）里程达404万千米，通公路的乡（镇）占全国乡（镇）总数的99.99%，行政村通公路比例达99.44%，全国乡（镇）、行政村通客车率超过99%和97%；全国55万个行政村村民足不出村就可以收到邮件包裹，邮政普遍服务均等化水平得到明显提升。[②]

（3）农业农村信息服务体系不断完善。农业农村部新版门户网站上线运行，成为服务农民最有权威性、最受欢迎的农业综合门户网站，日均点击量超300万次，全国信息联播栏目年点击量超3亿次；深入实施信息进村入户工程，截至2019年8月，全国建成村级益农信息社29万个，累计培训村级信息员62.5万人次，为农民和新型农业经营主体提供公益服务7 112万人次，开展便民服务2.22亿人次，实现电子商务交易额178亿元；截至2018年底，全国建成乡镇气象信息服务站7.8万个，乡镇覆盖率达93.6%，气象信息员70.8万名，行政村覆盖率达99.7%；创新移动端农业农村信息服务，农业农村部行政审批手机客户端“益农e审”APP上线，与农业农村部行政审批综合办公系统等业务办理系统无缝对接。[③]

（二）新时期推进数字乡村建设的重要性

近年来，农业农村信息化发展态势喜人，成效显著。仅就农村电商发展而言，据商务部资料表明，全国农村网络零售额由2014年的1 800亿

---

① 管璇悦．精细开垦数字乡村［N］．人民日报，2020-07-29：12.

② 农业农村部市场与信息化司．中国数字乡村发展报告（2019）［EB/OL］．中华人民共和国农业农村部网站，http：//www.moa.gov.cn/xw/bmdt/201911/t20191119_6332027.htm.

③ 农业农村部市场与信息化司．中国数字乡村发展报告（2019）［EB/OL］．中华人民共和国农业农村部网站．http：//www.moa.gov.cn/xw/bmdt/201911/t20191119_6332027.htm.

增长到2019年的1.7万亿元，规模总体扩大8.4倍。[①] 2019年全国农产品网络零售额达到3 975亿元[②]。尤其是到2020年6月，随着全国新冠肺炎疫情防控常态化，国务院联防联控机制发布数据显示，一季度全国电子商务发展势头迅猛，农村电商突破1 300万家。[③] 从乡村振兴战略视角来看，无论是促进农村产业发展，促进农民增收，推进农业农村现代化，还是促进城乡融合发展，建设生态宜居的美丽乡村，推进数字乡村建设都有着极其重要的意义。[④]

1. 实施乡村振兴战略的重要举措

2017年10月，党的十九大提出实施乡村振兴战略，要坚持农业农村优先发展，按照产业兴旺、生态宜居、乡风文明、治理有效、生活富裕的总要求，建立健全城乡融合发展体制机制和政策体系，加快推进农业农村现代化。2018年9月，中共中央国务院印发《乡村振兴战略规划(2018—2022年)》，提出全面建成小康社会和全面建设社会主义现代化强国，最艰巨最繁重的任务在农村，最广泛最深厚的基础在农村，最大的潜力和后劲也在农村。[⑤] 2019年1月，中共中央国务院《关于坚持农业农村优先发展做好“三农”工作的若干意见》提出实施数字乡村战略，深入推进“互联网+农业”，扩大农业物联网示范应用；推进重要农产品全产业链大数据建设，加强国家数字农业农村系统建设；继续开展电子商务进农村综合示范，实施“互联网+”农产品出村进城工程；全面推进信息进村入户，依托“互联网+”推动公共服务向农村延伸[⑥]。经济全球化的现实表明，信息化已经成为世界各国推动经济社会发展的重要手段，已经成为资源配置的有效途径，信息化水平已经成为衡量一个国家现代化水平的重

① 王俊岭．农村电商发展成效显著［EB/OL］．人民网，https：//baijiahao. baidu. com/s? id=1666526469500544452&wfr=spider&for=pc

② 浩子．农村电商，拼流量更要拼质量［N］．人民日报，2020-05-08：18.

③ 央视网．一季度全国电子商务发展势头迅猛　农村电商突破1 300万家［EB/OL］．https：//baijiahao. baidu. com/s? id=1665762432911345355&wfr=spider&for=pc.

④ 张禧，毛平，朱雨欣．乡村振兴背景下的农村基本公共服务问题研究［M］．北京：中国农业出版社，2020.

⑤ 中共中央，国务院．乡村振兴战略规划（2018—2022年）［N］．人民日报，2018-09-27：01.

⑥ 中共中央，国务院．关于坚持农业农村优先发展做好“三农”工作的若二意见［N］．人民日报，2019-02-20：01.

要标志。因此，实施乡村战略，加快推进农业农村现代化，必须加快推进农业农村信息化。

2. 发展现代农业的现实选择

发展现代农业既是全面建成小康社会的需要，也是加快农业发展方式转变的关键所在。当前，国际经济形势复杂严峻，全球气候变化影响不断加深，现代农业发展面临着资源、环境、市场等多重约束。中共中央国务院在《乡村振兴战略规划（2018—2022年）》中提出，要加快农业现代化步伐，坚持质量兴农、品牌强农，深化农业供给侧结构性改革，构建现代农业产业体系、生产体系、经营体系，推动农业发展质量变革、效率变革、动力变革，持续提高农业创新力、竞争力和全要素生产率①。加强农业农村信息化建设，推动信息技术与传统农业深度融合，不断提高农业生产经营的标准化、智能化、集约化、产业化和组织化水平，努力提升资源利用率、劳动生产率和经营管理效率，是我国农业突破约束、实现产业升级的根本出路。

3. 促进农民增收的有效途径

当前，农业农村信息服务基础薄弱，农民信息获取能力差、信息需求难以得到有效满足，成为制约农民增收的重要因素。中共中央国务院《关于坚持农业农村优先发展做好“三农”工作的若干意见》提出，发展壮大乡村产业，拓宽农民增收渠道②，提出了要加快发展乡村特色产业、大力发展现代农产品加工业、发展乡村新型服务业、实施数字乡村战略、促进农村劳动力转移就业、支持乡村创新创业等六条增收措施。因此，加强农业农村信息化建设，加快建立低成本、多样化、广覆盖的“三农”综合信息服务和有利于农产品顺畅销售的电子商务体系，为农业生产经营主体提供及时有效、适用性强的政策法规、生产技术、市场流通等信息服务，是培育有文化、懂技术、会经营的新型农民，提高农民综合劳动技能和市场营销能力，保持农民收入持续较快增长的有效途径。

4. 促进城乡融合发展的客观要求

坚持城乡融合发展是实施乡村振兴战略的基本原则之一。《中共中央

① 中共中央，国务院．乡村振兴战略规划（2018—2022年）[N]. 人民日报，2018-09-27：01.

② 中共中央，国务院．关于坚持农业农村优先发展做好“三农”工作的若干意见[N]. 人民日报，2019-02-20：01.

国务院关于实施乡村振兴战略的意见》提出，坚持城乡融合发展，要推动新型工业化、信息化、城镇化、农业现代化同步发展，加快形成工农互促、城乡互补、全面融合、共同繁荣的新型工农城乡关系。[①] 当前，我国经济社会的城乡二元结构仍然十分突出，城乡数字鸿沟、信息孤岛仍然普遍存在。加强农业农村信息化建设，全面提升农业农村综合信息服务能力，努力提高农村经济社会管理的科学化水平，不断满足农民群众日益增长的生产经营和文化生活的信息需求，实现城乡公共服务均等化，保障农民群众公平地分享现代化发展成果，是不断缩小城乡差距，促进城乡融合发展的客观要求。

三、我国农业农村信息化取得的新成效

实施数字乡村战略，推进数字乡村建设是贯彻落实习近平新时代中国特色社会主义思想的重要举措，是践行数字乡村战略和“三农”工作重要部署的重点任务。近年来，通过党和政府的高度重视，全国农业农村各条战线紧抓机遇、迎接挑战，在数字乡村领域顺势而为、开拓创新，不断深化应用先进的数字化技术，在推进农业生产数字化、农村经营网络化、乡村治理现代化、乡村基本公共服务信息化以及智慧绿色乡村建设、网络扶贫等方面均取得了巨大的成效[②]。

（一）推进农业生产数字化转型

1. 完善农业资源数据库建设

——建设新型农业经营主体大数据。按照“部级统一部署、经营主体一次填报、多级多方共享利用”的方式，建设集经营主体身份、就业、生产管理、补贴发放、监管检查、投入品使用、培训营销等多种信息为一体的新型农业经营主体数据库，逐步实现经营主体全覆盖、生产经营信息动态监测。

① 中共中央国务院关于实施乡村振兴战略的意见［N］. 人民日报，2018-02-05：01.

② 农业农村部市场与信息化司．中国数字乡村发展报告（2019）［EB/OL］. 中华人民共和国农业农村部网站，http：//www.moa.gov.cn/xw/bmdt/201911/t20191119_6332027.htm.

——建设农业自然资源大数据。建设了耕地基本信息数据库，形成基本地块权属、面积、空间分布、质量、种植类型等大数据，形成覆盖内陆水域以及全球重要海域和渔场的渔业水域资源大数据，搭建全国草原基本信息大数据，草原确权登记颁证和确权登记数据库建设显著加快；绘制全国农田建设一张图，构建农田建设监测监管数据库，实现农田建设与保护全程数字化网络化动态监测和监管。

——建设重要农业生物资源大数据。加强农作物、畜禽等重要农业生物资源动态监测，整合利用现有种质资源等数据，建设全国重要农业生物和种质资源大数据、动植物表型组和基因组数据库，绘制全国遗传资源分布底图，为农业育种、病虫害综合防控、生态产品开发提供大数据支持。健全重要畜牧品种遗传评估信息系统，建立生猪、奶牛全基因组选择分子育种数据库。

——推进重点农产品全产业链大数据建设。完善农业监测统计发布制度，提升信息服务综合能力，推进大数据建设探索。按照“快速、权威、客观、有效”的要求，重点打造“农产品批发价格200指数”，组织建设重点农产品市场信息平台，构建农业数据网络频道，开展重点品种农产品监测，完善形成农产品“日报、周报、月报”“季度、年度定期发布”“在线实时查询”的信息监测服务体系，强化为广大社会服务和政府决策支撑。按照“推进以产品产业为主线的大数据共享共建”的目标，出台农业农村大数据指导意见，推动开展单品种全产业链大数据建设探索，组织苹果、生猪等产品单品种大数据建设，推进大豆、天然橡胶等大数据中心建设，推动打通数据“信息孤岛”，建立覆盖全产业链的信息共建共享机制。

2. 强化种植业数字化技术应用

——构建种植业农情监测体系。整合优化农情调度系统，形成全国统一的农情信息调度平台。健全会商机制，建设省级农情调度远程视频会商系统。开发数据分析功能，提高田间定点数据自动化比对分析水平。扩展经济作物监测信息系统，完善蔬菜生产信息监测系统、花卉产业综合统计系统，实现网上填报全覆盖。实施园艺作物数字农业试点，2018年试点总数达16个，覆盖全国12个省（区、市），在重点县采集跟踪30种蔬菜42个产品的生产信息。

——丰富种植业技术指导服务。科学施肥信息服务成效明显，测土配方施肥补贴项目启动实施以来，积累了大量数据和信息，建立了县域科学施肥专家咨询系统，依托信息化手段提升了测土配方施肥技术的入户率。优化绿色高质高效行动平台设计，收录粮油作物生产技术应用情况，开展横向关联、纵向比较，为绿色高质高效技术推广提供重要支撑。升级全国农作物重大病虫害监测预警信息系统，完善物联网监测设备和数据的接入功能。

——上线种植业行政管理服务平台。上线中国农药数字监督管理平台，初步建立全国农药质量追溯体系，实现"一瓶一码"可追溯。平台已归集农药生产许可证 901 个，经营许可证 19 万个，生成追溯码约 38 亿条。开发农资进销存系统，建立电子经销台账，14 万家单位注册安装农资进销存系统。肥料登记审批系统持续完善，实现肥料登记全程网上审批、信息公开，向社会公众开放查询和监督功能。

3. 提升畜禽养殖数字化水平

——创新畜禽养殖精准管理模式。研究编制"畜牧业生产经营单位信息代码"，赋予每个经营单位唯一"身份证号"，完成了畜牧业信息系统整合和数据共享。持续推进"畜禽规模养殖信息云平台"和"数字奶业信息服务云平台"建设，平台信息服务延伸至养殖场户，实现鲜乳收购站监管监测一体化。完善升级草原生态保护补助奖励机制管理信息系统，项目管理细化到户。开发"粮改饲"试点项目管理系统，实现项目动态管理。

——大力推进兽药"二维码"追溯管理。基本实现兽药生产企业入网全覆盖，兽药产品入网全覆盖。在全国范围内开展兽药经营环节追溯试点，完善升级"国家兽药查询"手机客户端，扫描和查询效率大幅提升。

——完善动物标识及疫病可追溯系统。研究编制《动物标识及动物产品追溯系统数据对接规则》，加强对各省数据中心技术支撑。开发追溯系统企业端数据同步、SIM 卡管理、二维码耳标管理等生产控制模块，进一步完善追溯系统功能。

4. 推进渔业数字化技术发展

——实施渔业资源环境动态监测。建立健全遥感立体观测体系与卫星应用体系，遥感卫星技术在基础地理信息底图绘制、鱼类资源及关键栖息地监测与保护、水生生态环境监测、渔业资源分析与评估、近海与内陆养殖水域空间分布监测与规划、近海与内陆养殖区域生态灾害遥感监测与预警、渔情渔场分布预测预报等资源环境监测方面作用显著。

——探索渔业装备数字化技术应用。水产养殖装备工程化、技术精准化、生产集约化和管理智能化水平大大提高。数字化技术逐步应用于水体环境实时监控、饵料自动投喂、水产类病害监测预警、循环水装备控制、网箱升降控制等领域。沿海 11 省和大连、青岛、宁波、厦门 4 个计划单列市完成海洋渔船通道与安全装备升级改造 89 654 台（套），建设数字渔业岸台基站 147 座，开发海洋渔船动态监控管理系统，确保海洋渔船“看得见”“联得上”“管得住”。

——完善国家水产种质资源平台。整合完善国家水产种质资源平台，根据水产种质资源生态分布特点，按照各海区和内陆主要流域建立两级平台运行体系。平台包含 129 个数据库，标准化记录了 3.5 万条资源数据，鱼类图像识别、鱼病诊断准确率提升等方面研究取得积极进展。

5. 种业数字化技术迅速推进

——完善种业信息服务体系。整合共享农作物种子生产经营主体、品种及标准样品等数据库的资源，汇集全国 5 000 多家企业及 30 多万种子门店生产经营的品种信息，为各级种业管理部门开展现场核查提供重要依据。建设完善“中国种业大数据平台”，平台每年提供 700 多万条种业企业生产经营数据、130 多万条品种田间测试数据、1 000 多万条种子市场和品种田间表现数据，基本实现生产经营许可、种子进出口、品种审定等 20 余个业务一网通办。推广“种业通”手机 APP，提供品种、企业、零售主体等内容一键查询功能。

——建立农业种质资源数字化保护体系。建成世界第二大作物种质资源数据库和信息系统，整合 200 种作物的 50 多万份种质信息，总数据量达 260GB，累计共享 3 000 多万个数据项值的种质信息。建立濒危畜禽遗传资源动态监测预警信息系统，强化珍稀、濒危种质遗传资源保存工作，对列入《国家级畜禽遗传资源保护名录》的品种进行品种性能特性登记、评估及分析。

——建设作物育种信息管理平台。建成商业化作物育种信息管理平台——“金种子育种平台”，在多家龙头企业和科研单位开展应用。通过建立分析模型，连接基因型数据与表型数据，为育种企业和专家提供辅助决策，品种创新效率大幅提升。

6. 推进农业装备数字化技术应用

——有序推进农业装备数字化发展。加快推进农机装备信息化应用，在全国开展10个大田种植数字农业试点项目。建设以“北斗”定位为基础的农机精准作业系统、“天空地”一体化大田农情监测系统、农业生产精准管理决策系统和农业高效生产公共服务系统，农机装备数字化水平显著提升。

——实现农机作业服务精准对接。开发“农机直通车·全国农机化生产信息服务平台”及手机APP，推行“嘀嘀农机”APP，促进农机作业服务供需对接；创建“智慧农场”，集成作业智能监测技术，实现高速精量播种、变量施药、精准施肥、高效灌溉，有效提升农业生产过程管理的精准化水平。

——推广农机装备数字化管理服务。在拖拉机和深松机上安装传感器，运用信息化方式开展农机作业补助监管，信息化监测率达90%。利用APP全面推广远程农机购置补贴申领，购机农民“最多跑一次”成为现实。上线运行全国农机试验鉴定管理服务平台，全面公开农机鉴定信息。在全国推广补贴机具信息化自主投档平台（软件）应用，与农机购置补贴平台数据互联互通。推广农机使用维修技能学习平台，开辟100多个学习专题，发布维修技能教学视频。

7. 推进农产品加工业数字化升级

——建设完成农产品加工基础数据库。建立了大宗农产品加工品质与专用品质基础数据库。开展了大宗粮油、果蔬、畜禽食材的资源调查、品种收集、品质分析、加工特性与加工适宜性评价、专用品质分级、特征指纹图谱构建等研究工作，共收集农作物品种2 624个，测定品质数据284 835条，绘制大宗农产品特征成分指纹图谱2 289份和加工专用品种DNA指纹图谱273份，筛选出加工专用品种430个。

——构建农产品加工监测分析与预警体系。建立农产品加工监测分析与预警信息平台，启动农产品加工行业监测分析与预警，有序开展农产品加工行业数据监测、统计与分析，为行业发展预测和突发事件预警提供重要支撑。

8. 提升新型农业经营主体数字化监管水平

——全面推进家庭农场监管服务数字化。家庭农场名录系统于 2017 年在全国推广使用，目前系统已收录全国 59 万多个家庭农场信息，提供家庭农场名录建设、跟踪监测、示范评定等日常维护功能，为家庭农场经营者提供支持服务，有效提升了查询、统计、管理等工作效率。

——提高农民合作社的监管数字化水平。全国农民合作社示范社监测系统采集了 6 800 余家农民合作社示范社数据，遴选出 2018 年全国农民合作社发展百强榜单，示范引领农民合作社高质量发展，开展全程电子化农民合作社登记试点，不断优化对农民合作社的数字化服务能力。

（二）农村经营网络化稳健发展

1. 大力发展农村电子商务

——建立健全政策体系。《电子商务法》于 2019 年 1 月 1 日实施，建立了电子商务的法律框架，同时以法律条文明确“国家促进农业生产、加工、流通等环节的互联网技术应用，鼓励各类社会资源加强合作，促进农村电子商务发展，发挥电子商务在精准扶贫中的作用。”国务院出台了《关于大力发展电子商务加快培育经济新动力的意见》《国务院办公厅关于促进农村电子商务加快发展的指导意见》两个专门文件，对发展农村电商作出了总体布局。商务部、农业部等 19 部门于 2015 年印发的《关于加快发展农村电子商务的意见》提出了 4 个方面 15 项重要任务。农业部、发展改革委、商务部于 2015 年印发《推进农业电子商务发展行动计划》，明确了 5 方面重点任务和 20 项行动计划。按照 2018 年 6 月 27 日国务院常务会议部署和 2019 年中央 1 号文件要求，农业农村部牵头谋划实施“互联网＋”农产品出村进城工程。

——完善农村电商物流体系。农村物流基础设施逐渐完善，电商生态体系逐步建立，新业态、新模式不断涌现。2018 年，全国农村电商超过 980 万家，累计建设县级电子商务服务中心和县级物流配送中心 1 000 多个，乡村服务站8万多个，快递网点已覆盖乡镇超过3万个，全国快递网点乡镇覆盖率达96.36%，形成了覆盖县、乡、村的三级物流配送体系。大力推动村级邮政电商服务站点建设，2019年前三季度全国新增“邮乐购”站点2.5万个，累计建设数量超过53万个，搭建起“工业品下乡”与“农产品进城”双向渠道。

——推动农产品产销对接。把电商企业作为产销对接的重要手段，充分发挥农业农村部门牵线搭桥的作用，积极引导农产品上线销售。2018年农民丰收节期间举办“庆丰收全民购物节”活动，其间各大电商平台农产品销售额超过200亿元。2019年农民丰收节期间举办“庆丰收消费季”活动，其间各大电商平台农产品销售额超过300亿元。

——开展农村电商试点。开展电子商务进农村综合示范，截至2018年底，综合示范县总数达到1 016个，覆盖国家级贫困县737个，占国家级贫困县总数的88.6%。通过试点，在鲜活农产品“基地＋城市社区”直配模式、“批发市场＋宅配”模式以及标准体系、追溯体系建设等方面做出了有益探索，总结了一批成功模式。

——农村电商快速发展。2018年全国农村网络零售额达1.37万亿元，同比增长30.4%，全国农产品网络零售额达2 305亿元，同比增长33.8%，县域农产品、农产品加工品及农业生产资料网络零售额为4 018亿元，继续保持高速增长。农产品电商的产业链条向上下游延伸，与生产、加工、流通的各环节合作，倒逼生产的标准化、规模化、品牌化，提升产品品质、降低生产成本，确保产品稳定供应。农村电商呈现多层次特征，针对不同细分领域，进行错位竞争，内容电商、专业电商发展迅速，以移动社交为中心的社交电商模式正在成为新增量市场。

2. 培育壮大乡村产业

——打造乡村产业园区与产业集群。各地积极推进农村产业园区和产业集群建设，实现园区内部政策集成、要素集聚、功能集合、企业集中，产业链条首尾相连、上下衔接、前后呼应。2018年，全国已建成各类乡村产业园1万多个，带动1亿多小农户就业增收。

——积极发展乡村旅游新业态。积极推动乡村旅游信息平台建设，完善网上预订、支付、交流等功能，推动乡村旅游智慧化。2019年上半年，乡村旅游经营户拥有在线支付及预订系统的占比为71.5%，乡村旅游点无线网络覆盖占比为84%。

——引导人才返乡创业就业。各地实施乡村就业创业促进行动，“育主体、树典型、搭平台、搞服务”，加强创业培训指导，搭建服务平台，促进“能人返乡、企业兴乡、市民下乡”。2018年，返乡下乡创业创新人员780万，创办630多万个乡村民营企业，62个国家级产业园吸引返乡下乡就业人员14.2万，撬动社会资金近1 800亿元，成为带领广大农民兴业致富、促进乡村振兴的主力军。

（三）乡村治理现代化持续创新

1. 提升农村基层党建数字化水平

推动农村“互联网+党建”发展，不断完善农村基层党建信息平台，优化升级全国党员干部现代远程教育网络。2019年，70.5万个村（社区）基层服务点接通全国党员干部现代远程教育网，初步建成从中央直达基层的远程教育体系；开办党员教育网站4.7万个、电视栏目（频道）1 988个、手机报4 483个、微信易信公众号5.8万个、移动客户端8 052个。

2. 加快升级农村电子政务服务

——有序推动政务服务平台建设。依托国家政务服务平台，积极推进农村残疾人两项补贴在线查询和办理，为农村残疾人提供高效、便捷的两项补贴申请服务。基本建成国家数据共享交换平台体系，开通包括农产品价格监测、种子生产经营等1 200余个数据服务接口，提供在线数据查询核验7.19亿次，支撑跨部门、跨地区数据共享交换量达512亿条。

——优化整合涉农行政审批系统。对农业农村部7家单位、23个部门的行政许可业务开展全面梳理，整合优化67个业务子项，完成45项全流程优化改造，增加证照信息采集功能。在行政审批系统优化整合基础上，增建90个行政确认和公共服务事项线上办理子项，涉及农业农村部11家单位30余部门。

3. 提高农村治理现代化水平

——积极推进农村“雪亮工程”建设。加大城乡结合部、农村地区公共区域的视频监控系统建设力度，“雪亮工程”建设向农村延伸，逐步开展农村社会治理、农村养老、生态保护、精准扶贫等领域应用。积极探索网格化管理方式，实现“平安乡村”建设。2016 年起，全国 249 个市（地、州、盟）已开展“雪亮工程”示范和重点支撑项目建设。

——不断提高村务管理透明度。“阳光村务工程”推动村务、财务网上公开，打通政府密切联系群众的“最后一公里”。2018 年，利用专用财务软件处理财会业务的村共 38.8 万个，占总村数的 66%，全国实现村级财务网上审计和公开的乡镇分别为 4 569 个和 18 423 个，分别占乡镇总数的 12.7%和 51.4%。

4. 推进乡村资产管理数字化

——建成农村集体资产监督管理平台。全国农村集体资产清产核资管理系统上线运行，截至 2019 年 9 月，全国 59 万个村完成清产核资系统上报工作。平台建设坚持上下贯通、资源共享、严谨规范的原则，集体资产管理监督效率显著提升，数据填报准确性、时效性和规范性得到保证。

——推进农村集体资产大数据建设。我国农村集体资产总量规模庞大，全国农村集体账面资产总额达 3.44 万亿元，集体所有土地资源共 66.9 亿亩。建立集成登记、保管、使用、处置等功能的集体资产管理电子台账，利用信息化手段，全面提升了农村集体资产清产核资工作效率。建设全国农村集体资产大数据，持续推进全国农垦国有农业资产管理数字化升级，引导农村产权规范流转和交易，加强了国有农业资产的占有、使用、收益和处置等监管工作。

——构建农村宅基地数据库。利用第三次全国土地调查、卫星遥感数据信息，构建全国农村宅基地数据库，涵盖宅基地单元、空间分布、面积、权属、对标、限制及利用状况等大数据信息，加强宅基地分配、审批、流转、利用、监管、统计调查等管理工作的信息化建设，持续完善基础数据，不断提升农村宅基地管理的科学化、精细化水平。

（四）乡村信息服务体系日趋完善

1. 繁荣发展农村网络文化

——完善农村公共数字文化服务。依托公共数字文化工程，初步建成覆盖城乡的公共数字文化服务网络。截至 2018 年底，全国共建成 2 843 个数字文化服务县级支中心，32 179 个乡镇基层服务点，32 719 个乡镇公共电子阅览室，在乡镇以下的草原牧场、边防哨所、边境口岸、边贸集市、贫困村等地建设了 14 136 个数字文化驿站。推进文物数字资源进乡村，13 万处文物保护单位和近 5 000 个博物馆通过门户网站、手机 APP、公众号等多种渠道，更加便捷地走进乡村。

——推进乡村优秀文化资源数字化。丰富文化艺术、惠农服务、生活服务等领域的数字文化资源，满足各地文化特色和基层群众基本文化需求，丰富基层数字文化资源内容。运用数字化手段，记录和保存了一批国家级非遗文化项目。各省市文物部门积极推进名镇、名村及传统村落文物资源数字化，建立数字文物资源信息库，加强农村优秀传统文化保护与传承，已完成 76.7 万处不可移动文物和 1.08 亿件/套可移动文物信息数据采集，实现乡村文物资源数字化全覆盖。

2. 农村远程教育实现精准服务

——搭建“全国农业科教云平台”。运用现代信息技术，聚集各类农业农村科技教育资源，上线运行“全国农业科教云平台”。截至 2019 年 6 月，云平台注册用户数已达 425 万，其中农业专家和农技人员 35 万人，农民用户 390 万人，上线高素质农民培育课程 4 600 多门，“农科讲堂”专家讲座视频 80 个，累计在线解答农民问题 2 550 万条，发布有效服务日志 700 余万条、有效农情 100 余万条。

——加快补齐农村教育资源短板。加快实施学校联网攻坚行动，通过光纤、宽带卫星等接入方式，进一步推动了农村中小学互联网应用普及，基本实现乡村小规模学校和乡镇寄宿制学校宽带网络全覆盖。通过发展“互联网＋教育”，有效促进了城市优质教育资源与乡村学校对接，促使乡村学校开足开好开齐国家课程。

3. 优化农村远程医疗服务

促进优质医疗资源下沉。互联网技术有效促进了优质医疗资源对接偏远落后地区，解决贫困地区缺医少药、资源配套不足、行业标准缺失、信息孤岛凸显等问题。不断完善覆盖乡村的社会保障与社会救助系统，全面实现城乡居民基本医疗保险异地就医直接结算、社会保险关系网上转移接续。全国已开设269家互联网医院，19个省份建成统一规划的省级远程医疗服务平台，"互联网+"医疗保障结算服务稳步推进。医保系统与国家数据共享交换平台对接，提供异地就医定点医疗机构查询共享服务。建设完善中医馆健康信息平台，国家、省两级平台共接入各地中医馆1.3万家，注册医生3.3万多人，填写中医特色电子病历46万多份，创建中医特色病历模板8 000多个，开具辨证论治处方近81万张，中医馆在农村地区的服务能力显著提升。

4. 支持农村普惠金融发展

完善农村金融服务。推动大中型商业银行以乡村服务为重点，运用互联网等新兴技术，为农村居民提供数字普惠金融服务，普及数字金融知识。网络支付、移动支付、网络信贷等普惠金融发展环境不断改善，金融机构与金融服务深入覆盖乡村，为农村居民提供足不出村的金融服务。截至2019年6月，银行业金融机构覆盖全国3.08万个乡镇，覆盖率为95.7%，基础金融服务覆盖53.85万个行政村，覆盖率为99.2%，保险服务覆盖3.07万个乡镇，覆盖率为95.5%，银行卡助农取款服务点已达82.3万个。

（五）开展智慧绿色乡村建设

1. 推广绿色农业生产方式

推进农业投入品使用减量增效，开展绿色农业生产试点，果菜茶有机肥替代化肥试点扩大到150个县，主要农作物绿色防控覆盖率稳步提高。开展农业废弃物资源化利用工作，新增204个县推进畜禽粪污资源化利用，支持168个县推进秸秆综合利用，建设100个农膜回收行动示范县。加强农业资源养护，耕地轮作休耕试点超3 000万亩，推进东北黑土地保护试点和耕地土壤污染管控与修复，启动长江水生生物保护区禁捕和黄河禁渔，清理取缔"三无"船舶9 000余艘、违规渔具50万余张。

2. 普及农村绿色生活方式

开展农村人居环境整治行动，开发农村人居环境整治信息平台，加强农村人居环境监测管理。针对农村水源地、农村生活垃圾处理点、农业废弃物处理站点等重点地区、关键环节和重点主体，持续实施自动化、智能化远程监测。积极开展农村人居环境基本情况摸底调查与定期监测，建立农村人居环境基础数据库。其中，65.3%的自然村实现饮用水集中净化处理，83.6%的自然村实现垃圾集中处理，53.5%的行政村完成集中改厕。

3. 完善农村生态监测体系

提升农村生态保护信息化水平，积极采用卫星遥感技术、无人机、高清远程视频监控系统对农村生态系统脆弱区和敏感区实施重点监测，全面建设美丽乡村。建立全国农村生态系统监测平台，统筹山水林田湖草系统治理数据，全国河长制信息管理系统与12个省级系统完成对接，同步河湖基础数据。开发河湖督查APP，支撑河湖暗访工作，上报问题3 000余个。开展河湖治理保护本底数据遥感调查，对全国主要河流、湖泊的疑似问题进行调查，解译图斑，筛选出重点疑似“四乱”问题约5 800个，有效支撑河湖管理督查工作。

（六）网络扶贫行动向纵深发展

1. 网络覆盖工程加快弥合贫困地区“数字鸿沟”

贫困地区网络覆盖水平持续提升。深入实施电信普遍服务试点，2018年基本完成前三批试点，完成4.3万个贫困村光纤建设项目，贫困村通宽带比例达到97%。加快推进民族语言语音技术应用和推广，研发的藏文、彝文智能翻译及交互式语音系统分别在四川省成都市、凉山彝族自治州发布，蒙古智能语音翻译软件在内蒙古自治区呼和浩特市发布，为国家通用语言文字教育基础薄弱地区的少数民族群众销售网络扶贫项目带来了便利。

2. 农村电商工程带贫作用日益明显

依托电商精准扶贫工程，电子商务进农村综合示范向贫困县倾斜。2018年全国832个国家级贫困县实现网络零售额1 109.9亿元，同比增长29.5%，高出农村整体增速7.1个百分点，带动贫困群众持续增收。

3. 网络扶智工程促进扶贫和扶志、扶智相结合

互联网在推动教育资源向偏远地区覆盖、提升贫困人口发展水平与务工经商的技能等方面具有独特优势，网络扶智让山沟里的孩子也能享受到优质教育，增强贫困人口脱贫的信心和决心。教育部开展卫星联校试点工作，通过卫星和网络给偏远贫困地区的孩子共享优质教育资源。

4. 信息服务工程助力精准扶贫、精准脱贫

国务院扶贫办组织开展扶贫对象管理和信息采集录入工作，对贫困户开展脱贫、返贫、新识别等动态调整，对信息系统数据及时更新，并抽取22个省49个县开展专项核查，重点监测贫困发生率高、贫困人口规模大的县和村，了解真实贫困情况，开展数据核实，实现“六个精准”的扶贫目标。

5. 网络公益工程引导社会力量广泛参与脱贫攻坚

中央网信办、国家发展改革委、国务院扶贫办、供销合作总社组织资源力量，搭建开通了面向832个国家级贫困县的“国家贫困县名优特产品网络博览会”，打造贫困地区特色农产品展示交易平台。国务院扶贫办指导建设中国社会扶贫网，构建爱心帮扶、电商扶贫、扶贫众筹、扶贫展示、扶贫评价五大功能平台，搭建连接贫困人口和社会爱心人士、爱心企业的网络服务平台。

四、新时期推进数字乡村建设的战略目标及重点任务

（一）新时期推进数字乡村建设的战略目标

面对新时代的国情、农情，推动数字乡村建设，必须注重构建以知识更新、技术创新、数据驱动为一体的乡村经济发展政策体系，注重建立层级更高、结构更优、可持续性更好的乡村现代化经济体系，注重建立灵敏高效的现代乡村社会治理体系，开启城乡融合发展和现代化建设新局面。为此，中共中央办公厅国务院办公厅印发的《数字乡村发展战略纲要》，提出了从2019年到本世纪中叶推进数字乡村建设的“四步走”战略①。

——到2020年，数字乡村建设取得初步进展。全国行政村4G覆盖率超过98%，农村互联网普及率明显提升。农村数字经济快速发展，建成一批特色乡村文化数字资源库，“互联网＋政务服务”加快向乡村延伸。网络

① 新华社．中共中央办公厅国务院办公厅印发数字乡村发展战略纲要［N］．人民日报，2019-05-17：07.

扶贫行动向纵深发展，信息化在美丽宜居乡村建设中的作用更加显著。

——到2025年，数字乡村建设取得重要进展。乡村4G深化普及、5G创新应用，城乡“数字鸿沟”明显缩小。初步建成一批兼具创业孵化、技术创新、技能培训等功能于一体的新农民新技术创业创新中心，培育形成一批叫得响、质量优、特色显的农村电商产品品牌，基本形成乡村智慧物流配送体系。乡村网络文化繁荣发展，乡村数字治理体系日趋完善。

——到2035年，数字乡村建设取得长足进展。城乡“数字鸿沟”大幅缩小，农民数字化素养显著提升。农业农村现代化基本实现，城乡基本公共服务均等化基本实现，乡村治理体系和治理能力现代化基本实现，生态宜居的美丽乡村基本实现。

——到本世纪中叶，全面建成数字乡村，助力乡村全面振兴，全面实现农业强、农村美、农民富。

（二）新时期推进数字乡村建设的重点任务

在实施乡村振兴战略背景下，推进数字乡村建设，必须遵循乡村发展规律和信息化发展规律，坚持城乡融合、改革创新、安全发展、以人民为中心等原则，统筹推进农村经济、政治、文化、社会、生态文明和党的建设等各领域信息化建设，助力乡村全面振兴。

1. 加快乡村信息基础设施建设

——大幅提升乡村网络设施水平。加强基础设施共建共享，加快农村宽带通信网、移动互联网、数字电视网和下一代互联网发展。持续实施电信普遍服务补偿试点工作，支持农村地区宽带网络发展。推进农村地区广播电视基础设施建设和升级改造。在乡村基础设施建设中同步做好网络安全工作，依法打击破坏电信基础设施、生产销售使用“伪基站”设备和电信网络诈骗等违法犯罪行为。

——完善信息终端和服务供给。鼓励开发适应“三农”特点的信息终端、技术产品、移动互联网应用（APP）软件，推动民族语言音视频技术研发应用。全面实施信息进村入户工程，构建为农综合服务平台。

——加快乡村基础设施数字化转型。加快推动农村地区水利、公路、电力、冷链物流、农业生产加工等基础设施的数字化、智能化转型，推进智慧水利、智慧交通、智能电网、智慧农业、智慧物流建设。

2. 发展农村数字经济

——夯实数字农业基础。完善自然资源遥感监测“一张图”和综合监管平台，对永久基本农田实行动态监测。建设农业农村遥感卫星等基础设施，大力推进北斗卫星导航系统、高分辨率对地观测系统在农业生产中的应用。推进农业农村大数据中心和重要农产品全产业链大数据建设，推动农业农村基础数据整合共享。

——推进农业数字化转型。加快推广云计算、大数据、物联网、人工智能在农业生产经营管理中的运用，促进新一代信息技术与种植业、种业、畜牧业、渔业、农产品加工业全面深度融合应用，打造科技农业、智慧农业、品牌农业。建设智慧农（牧）场，推广精准化农（牧）业作业。

——创新农村流通服务体系。实施“互联网＋”农产品出村进城工程，加强农产品加工、包装、冷链、仓储等设施建设。深化乡村邮政和快递网点普及，加快建成一批智慧物流配送中心。深化电子商务进农村综合示范，培育农村电商产品品牌。建设绿色供应链，推广绿色物流。推动人工智能、大数据赋能农村实体店，促进线上线下渠道融合发展。

——积极发展乡村新业态。推动互联网与特色农业深度融合，发展创意农业、认养农业、观光农业、都市农业等新业态，促进游憩休闲、健康养生、创意民宿等新产业发展，规范有序发展乡村共享经济。

3. 强化农业农村科技创新供给

——推动农业装备智能化。促进新一代信息技术与农业装备制造业结合，研制推广农业智能装备。鼓励农机装备行业发展工业互联网，提升农业装备智能化水平。推动信息化与农业装备、农机作业服务和农机管理融合应用。

——优化农业科技信息服务。建设一批新农民新技术创业创新中心，推动产学研用合作。建立农业科技成果转化网络服务体系，支持建设农业技术在线交易市场。完善农业科技信息服务平台，鼓励技术专家在线为农民解决农业生产技术难题。

4. 建设智慧绿色乡村

——推广农业绿色生产方式。建立农业投入品电子追溯监管体系，推动化肥农药减量使用。加大农村物联网建设力度，实时监测土地墒情，促进农田节水。建设现代设施农业园区，发展绿色农业。

——提升乡村生态保护信息化水平。建立全国农村生态系统监测平台，统筹山水林田湖草系统治理数据。强化农田土壤生态环境监测与保护。利用卫星遥感技术、无人机、高清远程视频监控系统对农村生态系统脆弱区和敏感区实施重点监测，全面提升美丽乡村建设水平。

——倡导乡村绿色生活方式。建设农村人居环境综合监测平台，强化农村饮用水水源水质监测与保护，实现对农村污染物、污染源全时全程监测。引导公众积极参与农村环境网络监督，共同维护绿色生活环境。

5. 繁荣发展乡村网络文化

——加强农村网络文化阵地建设。利用互联网宣传中国特色社会主义文化和社会主义思想道德，建设互联网助推乡村文化振兴建设示范基地。全面推进县级融媒体中心建设。推进数字广播电视户户通和智慧广电建设。推进乡村优秀文化资源数字化，建立历史文化名镇、名村和传统村落“数字文物资源库”“数字博物馆”，加强农村优秀传统文化的保护与传承。以“互联网＋中华文明”行动计划为抓手，推进文物数字资源进乡村。开展重要农业文化遗产网络展览，大力宣传中华优秀农耕文化。

——加强乡村网络文化引导。支持“三农”题材网络文化优质内容创作。通过网络开展国家宗教政策宣传普及工作，依法打击农村非法宗教活动及其有组织的渗透活动。加强网络巡查监督，遏制封建迷信、攀比低俗等消极文化的网络传播，预防农村少年儿童沉迷网络，让违法和不良信息远离农村少年儿童。

6. 推进乡村治理能力现代化

——推动“互联网＋党建”。建设完善农村基层党建信息平台，优化升级全国党员干部现代远程教育，推广网络党课教育。推动党务、村务、财务网上公开，畅通社情民意。

——提升乡村治理能力。提高农村社会综合治理精细化、现代化水平。推进村委会规范化建设，开展在线组织帮扶，培养村民公共精神。推动“互联网＋社区”向农村延伸，提高村级综合服务信息化水平，大力推动乡村建设和规划管理信息化。加快推进实施农村“雪亮工程”，深化平安乡村建设。加快推进“互联网＋公共法律服务”，建设法治乡村。依托全国一体化在线政务服务平台，加快推广“最多跑一次”“不见面审批”等改革模式，推动政务服务网上办、马上办、少跑快办，提高群众办事便捷程度。

7. 深化信息惠民服务

——深入推动乡村教育信息化。加快实施学校联网攻坚行动，推动未联网学校通过光纤、宽带卫星等接入方式普及互联网应用，实现乡村小规模学校和乡镇寄宿制学校宽带网络全覆盖。发展“互联网＋教育”，推动城市优质教育资源与乡村中小学对接，帮助乡村学校开足开好开齐国家课程。

——完善民生保障信息服务。推进全面覆盖乡村的社会保障、社会救助系统建设，加快实现城乡居民基本医疗保险异地就医直接结算、社会保险关系网上转移接续。大力发展“互联网＋医疗健康”，支持乡镇和村级医疗机构提高信息化水平，引导医疗机构向农村医疗卫生机构提供远程医疗、远程教学、远程培训等服务。建设完善中医馆健康信息平台，提升中医药服务能力。完善面向孤寡和留守老人、留守儿童、困境儿童、残障人士等特殊人群的信息服务体系。

8. 激发乡村振兴内生动力

——支持新型农业经营主体和服务主体发展。完善对农民合作社和家庭农场网络提速降费、平台资源、营销渠道、金融信贷、人才培训等政策支持，培育一批具有一定经营规模、信息化程度较高的生产经营组织和社会化服务组织，促进现代农业发展。

——大力培育新型职业农民。实施新型职业农民培育工程，为农民提供在线培训服务，培养造就一支爱农业、懂技术、善经营的新型职业农民队伍。实施“互联网＋小农户”计划，提升小农户发展能力。

——激活农村要素资源。因地制宜发展数字农业、智慧旅游业、智慧产业园区，促进农业农村信息社会化服务体系建设，以信息流带动资金流、技术流、人才流、物资流。创新农村普惠金融服务，改善网络支付、移动支付、网络信贷等普惠金融发展环境，为农民提供足不出村的便捷金融服务。降低农村金融服务门槛，为农业经营主体提供小额存贷款、支付结算和保险等金融服务。依法打击互联网金融诈骗等违法犯罪行为。

9. 推动网络扶贫向纵深发展

——助力打赢脱贫攻坚战。深入推动网络扶贫行动向纵深发展，强化对产业和就业的扶持，充分运用大数据平台开展对脱贫人员的跟踪及分析，持续巩固脱贫成果。

——巩固和提升网络扶贫成效。打赢脱贫攻坚战后，保持过渡期的政策稳定，继续开展网络扶志和扶智，不断提升贫困群众生产经营技能，激发贫困人口内生动力。

10. 统筹推动城乡信息化融合发展

——统筹发展数字乡村与智慧城市。强化一体设计、同步实施、协同并进、融合创新，促进城乡生产、生活、生态空间的数字化、网络化、智能化发展，加快形成共建共享、互联互通、各具特色、交相辉映的数字城乡融合发展格局。鼓励有条件的小城镇规划先行，因地制宜发展“互联网＋”特色主导产业，打造感知体验、智慧应用、要素集聚、融合创新的“互联网＋”产业生态圈，辐射和带动乡村创业创新。

——分类推进数字乡村建设。引导集聚提升类村庄全面深化网络信息技术应用，培育乡村新业态。引导城郊融合类村庄发展数字经济，不断满足城乡居民消费需求。引导特色保护类村庄发掘独特资源，建设互联网特色乡村。引导搬迁撤并类村庄完善网络设施和信息服务，避免形成新的“数字鸿沟”。

——加强信息资源整合共享与利用。依托国家数据共享交换平台体系，推进各部门涉农政务信息资源共享开放、有效整合。统筹整合乡村已有信息服务站点资源，推广一站多用，避免重复建设。促进数字乡村国际交流合作。

五、新时期推进数字乡村建设的工作目标及展望

（一）新时期推进数字乡村建设的工作目标

2020 年 5 月，中央网信办、农业农村部、国家发展改革委、工业和信息化部联合印发了《2020 年数字乡村发展工作要点》，明确了 2020 年数字乡村发展工作的四项目标：农村信息基础设施建设加快推进，基本实

现行政村光纤网络和4G普遍覆盖；农业农村数字化转型快速推进，遥感监测、物联网、大数据等信息技术在农业生产经营管理中广泛应用；乡村数字普惠金融覆盖面进一步拓展；网络扶贫行动目标任务全面完成。

在明确工作目标的基础上，从八个方面细化了22项重点任务[①]：

1. 统筹做好农村疫情防控和经济社会发展工作

主要任务有：充分利用互联网、大数据、人工智能等技术，为乡村疫情防控提供信息化支撑；运用互联网实时发布农资、农产品需求等涉农信息，积极应用远程智能农机装备、无人机植保技术，做好春耕备耕，加强企业与农村地区的用工信息对接，鼓励用工单位采用线上招聘、线上培训等方式，引导农民工安全有序外出务工，助力复工复产有序开展。

2. 推进乡村新型基础设施建设

主要任务有：推进乡村信息基础设施建设，持续实施新一代信息基础设施建设工程，深入推进电信普遍服务试点，加快农村地区的宽带网络和4G覆盖；深入实施学校联网攻坚行动，改善学校网络接入和宽带条件，探索采用卫星通讯等多种手段实现偏远乡村学校联网覆盖；提高乡村基础设施数字化水平，深入推进信息进村入户工程，加快完成农村电网改造升级，推进智慧水利建设，加快农村物流三级节点网络建设。

3. 推动乡村数字经济发展

主要任务有：推动农业生产数字化转型，推进数字农业、重要农产品全产业链大数据建设，构建农业农村大数据平台；围绕智慧农业、智能农机装备等开展关键技术攻关和创新应用研究，促进人工智能技术与农业的深度融合；畅通农村电商物流体系，实施“互联网+”农产品出村进城工程，深入推进电子商务进农村。培育壮大乡村新业态，注重新模式、新业态对农村地区消费的拉动作用，挖掘新的消费增长点，深入挖掘乡村旅游资源，培育乡村旅游重点村；深化农村普惠金融服务，提高农村数字普惠金融覆盖面。

4. 促进农业农村科技创新

主要任务有：推进农业遥感应用，为农业农村建设提供高精度、高时

---

① 赵超．中央网信办等四部门联合印发《2020年数字乡村发展工作要点》[EB/OL]．人民网，http：//it.people.com.cn/n1/2020/0509/c1009.-31703061.html.

效性的空间遥感数据；提高农机装备智能化水平，加快实施“智能农机装备”重点专项，持续提升农机服务信息化水平；完善农业科技信息服务，推进农村创业孵化载体和农业科技社会化服务体系建设，促进科技成果向农业农村转化。

5. 推进乡村治理能力现代化

主要任务有：提升乡村治理信息化水平，推动“互联网＋”乡村治理；推进“互联网＋村级公共服务”，加快村级公共服务综合信息平台建设；完善民生保障信息化服务，依托“金民工程”项目，推进社会救助系统在全国的应用推广；依托全国农村“三留守”人员信息管理系统、残疾人两项补贴信息系统，开展精准帮扶、发放补贴等关爱工作；扎实推进乡村教育信息化，完善国家数字教育资源公共服务体系；深化“互联网＋医疗健康服务”，加快建立健全统一权威、互联互通的全面健康平台，加快推进全国统一标准的医保信息系统建设。

6. 建设绿色智慧乡村

主要任务有：完善农业生产经营监测能力，完善农业投入品电子追溯监管体系，完善农药、种子质量追溯系统与肥料登记审批系统；强化土壤墒情监测；推进快递行业绿色发展；完善农村生态环境监管能力，建立国家永久基本农田数据库；加快生态保护和修复信息化应用体系建设。

7. 激发乡村振兴内生动力

主要任务有：巩固和提升网络扶贫成效，开展网络扶贫深度行活动，推进网络扶贫东西部协作，加大对网络扶贫项目的信贷支持力度；打造乡村网络文化阵地，全面推进县级融媒体中心建设；加快建设中国历史文化名镇、名村数字博物馆，构建乡村文物资源数据库；继续推进非遗记录工程，运用数字化手段加强成果利用；加强乡村文化网络宣传，营造良好氛围；积极培育高素质农民，加强农村实用人才信息技术和电商技能培训。

8. 加强数字乡村发展的统筹协调

主要任务有：健全数字乡村建设发展统筹协调机制，加强部门协同和上下联动，组织实施《数字农业农村发展规划（2019—2025 年）》；开展国家数字乡村试点，加强统筹规划和分类指导，创新建设发展模式，整合运用已有设施资源，探索形成可持续发展机制；推动涉农信息服务资源整合与共享，研究编制农村信息服务资源整合共享规范，推动集约化建设和应用。

（二）未来中国数字乡村发展展望

实施乡村振兴战略最根本的目标就是要按照产业兴旺、生态宜居、乡风文明、治理有效、生活富裕的总要求，建立健全城乡融合发展体制机制和政策体系，推进农业农村现代化。推进数字乡村建设，就是要进一步加快信息化发展，助力乡村振兴，整体带动和提升农业农村现代化发展；进一步解放和发展数字化生产力，注重构建以知识更新、技术创新、数据驱动为一体的乡村经济发展政策体系，注重建立层级更高、结构更优、可持续性更好的乡村现代化经济体系，注重建立灵敏高效的现代乡村社会治理体系，开启城乡融合发展和现代化建设新局面。为此，《中国数字乡村发展报告（2019）》对农业发展、农村公共服务、农村生态建设等方面对未来中国数字乡村的发展提出了三点展望①，仅供参考。

1. 现代农业将实现新跨越

——随着遥感监测、物联网、5G等技术的普及和应用，“天空地”一体化的立体化农业资源监测系统将构建完成，国家宏观监测、预警、服务和宏观决策能力将有大幅度提升。

——随着土地规模化的推进和农村劳动力转移以及物联网、5G、大数据、人工智能等新一代信息技术的熟化、完善，数字农田、数字果园、数字草场、数字温室、数字畜牧、数字水产系统的实用化程度将进一步加强，范围会进一步扩大，由点向面展开，不少地方盆景逐渐成为一道亮丽的风景。

——随着物联网、5G和区块链技术日益成熟和完善，主要农产品全产业链的大数据系统将逐步建成，农产品生产、加工、流通、销售、消费等全环节、全过程、全要素、全领域的质量安全追溯系统将基本完成，农产品、农民的信息化信用体系将构建起来。

---

① 农业农村部市场与信息化司．中国数字乡村发展报告（2019）[EB/OL]. 中华人民共和国农业农村部网站，http：//www.moa.gov.cn/xw/bmdt/201911/t20191119_6332027.htm.

——数字化技术打通数据链、重构供应链、提升价值链，促进农村一二三产业融合发展，以数据驱动农业高质量发展，现代农业将跨越一个新的台阶。

2. 城乡公共服务将实现均等化

——随着“互联网+党建”工作的推进，基层组织信息化治理能力将大大加强，党务、村务、财务将实现网上公开，社情民意畅通，地方政府和基层党组织的服务能力将有大幅度提升，决策效率和效力显著增强。

——随着“互联网+教育”“互联网+医疗”“互联网+便民服务”等工作的推进，农民盼望已久的信息社会将深入民生领域，互联网、大数据、人工智能在乡村就业、社保、文化、旅游、社会治安等领域广泛应用。

——随着“天空地”立体监测技术在智慧绿色乡村建设工作的实施，乡村山水林田湖草数字化监管将成为现实，乡村人居环境将进一步数字化、绿色化，数字美丽乡村将成为城市居民向往的美丽家园。

3. 传统农民将实现惊艳靓丽转身

随着数字农业的发展，数字美丽乡村的建设，农业的集约化水平大幅度提高，手机将成为“新农具”，农业机械将实现自主作业，无人农场、猪场、鸡场、渔场将成为现实，农业的劳动生产率、资源利用率、土地产出率将大幅度提升，农民平均收入水平将可能达到或超过城市居民。农业将成为有奔头的产业，农民将成为体面向往的职业，农村将成为安居乐业的美丽家园。

第八章　加强农村基层党组织建设，为乡村振兴提供坚强有力的政治保障

实施乡村振兴战略，是党的十九大作出的重大决策部署，是决胜全面建成小康社会、全面建设社会主义现代化国家的重大历史任务，是新时代做好“三农”工作的总抓手。2021 年 1 月，中共中央、国务院在《关于全面推进乡村振兴加快农业农村现代化的意见》中强调，加强党对“三农”工作的全面领导，全面推进乡村振兴，把它“作为实现中华民族伟大复兴的一项重大任务，举全党全社会之力加快农业农村现代化，让广大农民过上更加美好的生活”[①]。推进乡村振兴，组织振兴是根本保障。2018 年 3 月 8 日，习近平同志在参加十三届全国人大一次会议山东代表团审议时指出，实施乡村振兴战略是一篇大文章，要统筹谋划，科学推进，“要推动乡村组织振兴，打造千千万万个坚强的农村基层党组织，培养千千万万名优秀的农村基层党组织书记，深化村民自治实践，发展农民合作经济组织，建立健全党委领导、政府负责、社会协同、公众参与、法治保障的现代乡村社会治理体制，确保乡村社会充满活力、安定有序。”[②] 农村基层党组织是农村各种组织和各项工作的领导核心，农村各项工作的组织和开展都有赖于党的领导。农村基层党组织强不强，基层党组织书记行不

① 中共中央，国务院．关于全面推进乡村振兴加快农业农村现代化的意见［N］．人民日报，2021－02－22：01.

② 新华社．习近平：乡村振兴战略是一篇大文章［EB/OL］．新华每日电讯，http：//www.xinhuanet. com/mrdx/2018－03/09/c _ 137025846. htm.

行，直接关系乡村振兴战略的实施效果好不好。①

一、加强农村基层党组织建设是新时期加强党对农村工作全面领导的需要

《中国共产党农村基层组织工作条例》指出，党的农村基层组织是党在农村全部工作和战斗力的基础，全面领导乡镇、村的各种组织和各项工作。② 党的十八大以来，以习近平同志为核心的党中央高度重视党的农村基层组织建设，推动各级党组织认真落实党要管党、全面从严治党要求，大抓农村党支部、建强战斗堡垒，取得明显成效。在新的时期，推动乡村全面振兴，不断满足农民群众日益增长的美好生活需要，必须把党的农村基层组织建设摆在更加突出的位置来抓，充分发挥党组织战斗堡垒作用和党员先锋模范作用，为农村改革发展稳定提供坚强政治和组织保证。

（一）加强农村基层党组织建设，有利于夯实党的执政之基

加强农村基层党组织建设是推动全面从严治党向基层延伸，巩固党在农村的执政基础的必然要求。中国共产党自成立至今，已成为拥有 9 000 多万名党员、460 多万个基层党组织的世界第一大执政党，形成了包括党的中央组织、地方组织、基层组织在内的严密组织体系③。基层党组织便是这一体系的根基。九层之台，起于垒土；求木之长者，必固其根本。治国安邦，也重在基层。基础不牢，地动山摇；基础牢固，大厦坚固。只有每一个基层党组织都健全而充满活力，整个党的组织才能坚强有力、朝气蓬勃，党才有其坚实的执政基础。正如习近平同志所说："基层是党的执政之基、力量之源。只有基层党组织坚强有力，党员发挥应有作用，党的

① 学习中国．习近平要求乡村实现"五个振兴"［EB/OL］．中国青年网，http：//news.youth.cn/sz/201807/t20180716_11670367.htm.

② 新华社．中共中央印发《中国共产党农村基层组织工作条例》［N］．人民日报，2019-01-11：01.

③ 丁薛祥．完善坚定维护党中央权威和集中统一领导的各项制度［N］．人民日报，2019-11-18：06.

根基才能牢固，党才能有战斗力。”① 农村基层党组织是党的基层组织的重要组成部分，是党在农村的全部工作和战斗力的基础。对其加强建设，将它建设成为“宣传党的主张、贯彻党的决定、领导基层治理、团结动员群众、推动改革发展的坚强战斗堡垒”就成为夯实党的执政基础、巩固党的执政地位的内在必然要求。

我们党自成立以来，就十分重视党的自身建设。回顾党的百年发展史，就是一部不断自我革新、自我建设的奋斗史、成长史。不断加强自我革新、自我建设，是我们党克敌制胜的法宝。党的十九大报告中提出，在新时代我们要进行伟大斗争、建设伟大工程、推进伟大事业、实现伟大梦想。“伟大斗争，伟大工程，伟大事业，伟大梦想，紧密联系、相互贯通、相互作用，其中起决定性作用的是党的建设新的伟大工程。”② 正是因为我们党敢于直面自己的问题并勇于“刮骨疗毒”，驰而不息地自我革命，我们党和国家的事业才会发生根本性的变化，我们才能解决许多长期想解决而没有解决的问题，办成了许多过去想办而没有办成的大事，才能离中华民族的伟大复兴更近了一步。而在推进党的建设伟大工程中，必须加强基层党组织建设。党的基层组织是党肌体的“神经末梢”，它是否健康有力对党的建设工程至关重要。只有党的农村基层组织坚强有力，党的根基才会牢固。新时代，世情、国情和党情都发生了重大变化，对党提出了更高的要求，对党的建设也提出了更高的要求和目标。而只有真正把党的基层组织建设好、建设硬，党才能更加具有创造力、凝聚力和战斗力，党的建设新的伟大工程也才能有坚固的基础。

（二）加强农村基层党组织建设，有助于密切联系群众

中国共产党是中国特色社会主义事业的领导核心。“党政军民学，东西南北中，党是领导一切的。”③ 在中国共产党的带领下，中国人民迎来了从站起来、富起来到强起来的伟大历史飞跃，我们不断从胜利走向新的胜利。但在党的事业推进的过程中，从来都离不开广大人民群众。土地革

① 本书编辑组．习近平谈治国理政（第2卷）[M]．北京：外文出版社，2017.

②③ 习近平．决胜全面建成小康社会　夺取新时代中国特色社会主义伟大胜利——在中国共产党第十九次全国代表大会上的报告［N］．人民日报，2017-10-28：01.

命战争时期，“三湾改编”将“支部建在连上”，确保党的方针政策能直接下到部队，提高了部队的行动力、战斗力；抗日战争时期，提出“从群众中来，到群众中去”，“组织千百万群众进入抗日民族统一战线”，抗战队伍得以扩大，抗战力量得以增强；解放战争时期，“发动群众创造战场”，“放手发动群众，团结一切可以争取的力量”；社会主义革命建设改革时期，“调动一切积极因素，团结一切可以团结的力量”，坚持“用坚定的信念，把人民团结起来”并将其作为提高党的战斗力的法宝，等等。可以说，没有人民的奋斗，就没有党所领导的革命、建设和改革事业的成功，就没有不断发展的中国。什么时候党同群众的关系密切了，党的事业就容易取得成功；党同人民群众的关系疏远了，党的事业就会遭到失败。正如习近平同志所说，“密切联系群众，是党的性质和宗旨的体现，是中国共产党区别于其他政党的显著标志，也是党发展壮大的重要原因；能否保持党同人民群众的血肉联系，决定着党的事业的成败。”① 因此，必须密切我们党同广大人民群众的联系。

党在农村的基层组织是党的执政之基、力量之源，它直接面对广大农民群众，担负着组织农民、服务农民、宣传农民群众的重要责任，担负着打通党的路线、方针、政策同村民的“最后一公里”，带领广大农民群众切实贯彻落实党的方针政策的重任。党在农村的力量强不强，决定了党的事业能不能成。农村基层党组织加强自我建设，强化党员的责任意识，优化党员的工作作风，密切同广大村民的关系，提升自己为民服务的意识和能力，对于增强广大农民对党的信任与支持、团结奋进在党所领导的中国特色社会主义事业中并取得胜利有着重要意义。

（三）加强农村基层党组织建设，事关乡村振兴战略能否顺利推进

1. 组织振兴为乡村振兴提供政治和组织保障

乡村振兴战略是党立足于我国的国情、农情而提出的促进农业农村现

① 李章军．深入扎实开展党的群众路线教育实践活动　为实现党的十八大目标任务提供坚强保证［N］．人民日报，2013-06-19：01.

代化，推动中国特色社会主义现代化建设顺利实现的重大战略，是新时代我国解决“三农”问题的总抓手。民族要复兴，乡村必振兴。乡村振兴战略的方向正不正确、效果好不好，关键在于基层党组织行不行。农村基层党组织作为推进乡村振兴战略的领导者、组织者和实施者，加强对它的建设，使之政治正确、活力旺盛、战斗力强大，才能保证乡村振兴战略稳步推进，不断取得实效。首先，只有强调组织振兴，加强农村基层党组织建设，提升党员干部的理论政策水平，强化广大党员、干部的使命感、责任感和担当意识，才能使基层党组织更加自觉、主动地贯彻落实党的“三农”政策，发挥出基层党组织的政治引领作用。其次，强调组织振兴，增强基层党组织的服务本领，才能更有效地实施乡村振兴战略，顺利开展富民兴农、振兴乡村的各项工作。最后，只有加强农村基层党组织建设，增强党组织的凝聚力和感召力，我们党才能赢得农民群众的拥护和支持，党的政治保障作用也才能够充分地发挥和显现出来。

2. 组织振兴是乡村振兴战略的“主心骨”和“总抓手”

实现乡村全面振兴，就是要“实现乡村产业振兴、人才振兴、文化振兴、生态振兴、组织振兴，推动农业全面升级、农村全面进步、农民全面发展”。产业、人才、文化、生态和组织振兴这五个方面并非是单独、孤立存在的，而是相互耦合与拉动，形成了一个联系紧密、逻辑缜密的有机统一整体，是乡村振兴战略的破题之处与着力点。组织振兴作为这一有机统一体的重要一环，是“五大振兴”的内容，也是做好乡村振兴工作的“主心骨”和“总抓手”。产业振兴是要“推动农业生产全环节升级，加快形成从田间到餐桌的现代农业全产业链格局，形成一二三产业融合发展的现代农业产业体系”。人才振兴就是要通过各种渠道打造一支强大的知农、懂农、爱农、兴农的队伍，为乡村振兴提供人才保障。文化振兴就是要“激活文化、提振精神，繁荣兴盛农村文化。要把乡村文化振兴贯穿于乡村振兴的各领域、全过程，为乡村振兴提供持续的精神动力。”生态振兴就是各方面齐抓共管，“把乡村建设成为生态宜居、富裕繁荣、和谐发展的美丽家园”，“让良好生态成为乡村振兴支撑点”。这四大振兴作为乡村振兴的子集项，在乡村振兴战略中不可或缺。但无论哪一项，都离不开组织振兴。农村产业的转型升级与融合发展，农村现代化农业产业体系的构建，农村经济的发展，农民增收致富，离不开党在农村的基层组织的正确领导。农村人力资源的开发、培养与引进，离不开农村基层党组织的筹谋与实施。乡村文化的建设，农民思想道德素质的提高，也需要农村基层党组织的宣传、实施和教育。宜居乡村的打造与生成，离不开基层党组织的规划贯彻与落实。可以说，没有一支强有力的基层党组织，乡村振兴便无法有效实现。基层党组织软弱涣散，乡村振兴将步履维艰；基层党组织坚强有力，乡村振兴便会蹄疾步稳。正因如此，习近平总书记强调，“要推动乡村组织振兴，打造千千万万个坚强的农村基层党组织。”①

3. 组织振兴是新形势下推进乡村全面振兴的现实需要

党的十九届五中全会在对我国经济社会发展进行综合研判的基础上，提出当前我国进入了新的发展阶段。在新发展阶段之下，经济社会发展必然面临新的形势与任务，广大农村腹地也不例外。一方面，伴随着国家经济的发展和城乡一体化进程，城市辐射带动农村的能力将进一步增强；另一方面，我国乡村差异显著，多样性分化的趋势仍将延续，农村空心化和农村老龄化的现象短期内也不会得到缓解。“治国安邦重在基层，党的工作最坚实的力量支撑在基层，最突出的矛盾和问题也在基层，必须把抓基层、打基础作为长远之计和固本之举。”② 实施乡村振兴战略是关系全面建设社会主义现代化国家的全局性、历史性任务，是今后长时间内需要坚持的农村改革发展方向，具有持久性的特点。伴随着我国经济社会的发展，农村的社会结构、组织形式、经营方式必然会产生变化，农民的需求也会呈现新的特点，这对于党所领导的乡村振兴战略来说势必会提出巨大挑战。面对复杂艰巨和需久久为功的乡村战略任务，农村基层党组织只有加强自身建设，才能成为乡村振兴坚强的领导力量和重要保障，推进农村农业“短腿”“短板”问题的有效解决。因此，“要充分发挥好乡村党组织的作用，把乡村党组织建设好”。

---

① 学习中国．习近平要求乡村实现“五个振兴”[EB/OL]．中国青年网，http：//news.youth.cn/sz/201807/t20180716_11670367.htm.

② 新华社．以习近平同志为核心的党中央抓基层强基础纪实[N]．人民日报，2017-06-29：01.

二、党的十九大以来加强农村基层组织建设取得的成效

党的十九大报告指出："党的基层组织是确保党的路线方针政策和决策部署贯彻落实的基础"①。2018 年 1 月颁布的《中共中央国务院关于实施乡村振兴战略的意见》进一步强调，要"加强农村基层党组织建设。扎实推进抓党建促乡村振兴，突出政治功能，提升组织力，抓乡促村，把农村基层党组织建成坚强战斗堡垒"②。之后为指导各地区各部门分类有序地推进乡村振兴，党中央、国务院又颁布了《乡村振兴战略规划（2018——2022）》，其中指出："加强农村基层党组织对乡村振兴的全面领导。以农村基层党组织建设为主线，突出政治功能，提升组织力，把农村基层党组织建成宣传党的主张、贯彻党的决定、领导基层治理、团结动员群众、推动改革发展的坚强战斗堡垒。"③ 在党中央的领导下，各地认真开展和落实相应工作，农村基层党组织建设取得了显著成效。

（一）农村基层党组织扩大了覆盖面

农村基层党组织是实施乡村振兴战略的"主心骨"，是乡村振兴战略的领导者、组织者和重要实施者。为保障乡村振兴的发展原则、发展方向及发展目标始终朝着正确的方向进行，党组织对农村工作的领导作用只能加强而不能减弱。实现党的农村基层组织有效覆盖便是加强党的农村基层组织建设、发挥党组织和党员作用的前提和基础。为"确保党在农村工作中始终总揽全局、协调各方，为乡村振兴提供坚强有力的政治保障"④，一些农村基层党组织灵活创设组织设置，打破和改革原有的"一村一支部"的党组织架构，探索有效的组织建构做法。如邻近村联合成立党支部、邻近社区联合成立"大党委"等，村社极大程度地扩大了农村基层党

① 习近平．决胜全面建成小康社会　夺取新时代中国特色社会主义伟大胜利——在中国共产党第十九次全国代表大会上的报告［N］．人民日报，2017－10－28：01.

②④ 中共中央国务院关于实施乡村振兴战略的意见［N］．人民日报，2018－02－05：01.

③ 中共中央，国务院．乡村振兴战略规划（2018——2022）［N］．人民日报，2018－09－27：01.

组织的覆盖面。据中共中央组织部统计资料表明，截至 2019 年 12 月 31 日，全国 31 602 个乡镇、105 257 个社区（居委会）、533 824 个行政村已建立党组织，覆盖率均超过 99%。[①] 农村基层党组织覆盖面的扩大，在极大程度上确保了党对农村工作、对党在农村的战略安排的领导。

（二）加强了农村基层党组织的干部队伍建设

“农村富不富，关键看支部；支部强不强，全看领头羊”。农村基层党组织是党的战斗力的基础，是实施乡村振兴战略的“主心骨”。农村基层党组织强不强，直接决定了乡村振兴的效果好不好。基层党组织带头人的能力素质如何，又直接影响着基层党组织的凝聚力、战斗力和工作实效。选优配强基层党组织带头人，能有力夯实基层党组织基础，激发基层党组织活力，使基层党组织更加坚强有力。因此，在乡村振兴过程中，必须抓“关键少数”，选优配强基层党组织带头人，加强基层党组织的干部队伍建设。

首先，选好配强农村基层党组织带头人。在择优配强政治过硬、业务精湛、作风正派、敢于担当的党支部书记方面，许多地方做了有益的探索。如广东省从 2018 年开始，启动开展了针对软弱涣散基层党组织的动态排查、整顿，截至 2019 年 10 月底，动态排查出软弱涣散村（社区）党组织 1 880 个，撤换调整“四不”村（社区）书记 600 多名。在配好配强基层党支部书记的基础上，还开展经常性的教育培训，提高他们做好群众工作的能力。同时，健全完善日常管理监督和考核评价机制，从严约束管理，强化激励保障，让基层党支部书记知敬畏、有干劲。[②] 江西省宜春市着力选优配强村干部，扎实推进村党组织带头人建设，突出政治标准，扩大视野范围，采取回请一批、吸纳一批、选拔一批、储备一批等“四个一批”方式，选优配强村支部书记。为优化村干部队伍结构，统一组织招聘大学生专职村干，力求实现大学生专职村干全覆盖，激发了乡村振兴的

---

① 新华社．2019 年中国共产党党内统计公报［EB/OL］．中国政府网，http：//www.gov.cn/xinwen/2020-06/30/content_5522981.htm.

② 王李彬．抓紧抓实基层党组织建设［EB/OL］．党建网，http：//www.dangjian.cn/djw2016sy/djw2016djlt/201911/t20191115_5319594.shtml.

“原动力”①。

其次，重视基层党组织干部的思想理论建设。乡村振兴过程中，基层党组织切实地担负着宣传群众、动员群众、组织群众、服务群众的重任，要把广大农民群众号召起来，凝聚在党的领导下戮力同心地进行乡村治理建设，需要基层的广大党员尤其是党员干部认真领会党中央的路线方针和政策，并向村民说得清楚、解释得明白。这就对基层党员干部的政治站位、理论水平提出了一定的要求，需要基层党组织干部能对党中央及省市制定的路线方针政策学懂弄通，学深悟透。然而实际中，由于各种各样的原因，农村基层党组织的党员干部普遍理论水平不高。为此，各地为提高农村基层党员干部的思想政治和理论水平采取了一系列措施。如，强化对党员干部和带头人的理想信念教育和红色政治教育，教育引导基层党组织带头人切实增强“四个意识”，坚定“四个自信”，做到“两个维护”，强化政治纪律和政治规矩。加强基层党员干部对习近平新时代中国特色社会主义思想的认真学习和忠实践行，加强他们对党的基本理论、基本路线、基本方略的学习。在一系列务实工作的展开下，基层党组织干部队伍的思想理论水平有了一定提高。

（三）加强了农村基层党组织党员队伍的建设

一方面，扩大农村基层党员数量，加强队伍保障。由于经济社会的发展和我国现代化进程的加快，农村劳动力逐渐向城市转移。大量青壮年农民党员常年在外地务工，留守在农村的多是“38、61、99”部队，尤其以老人居多；部分村庄人口数量减少，农村“空心化”、党员老龄化现象严重，党员后备力量严重缺乏。而党员数量的缺乏给党在农村工作的开展带来了极为不利的影响，因此，扩大农村基层党员数量，增加党在农村基层的后备军，扩充党肌体的“细胞”便是实施乡村振兴的必然要求。党的十九大以来，各地根据本村实际发展了新党员，壮大了党在农村的队伍。据统计，截至 2017 年 12 月 31 日，中国共产党党员总数为8 956.4万名，比上年净增 11.7 万名，增幅为 0.1%。其中，农牧渔民2 549.9 万名。全年

---

① 余正琨．打造乡村振兴红色引擎［N］．中国组织人事报，2020－12－18：06.

共发展党员 198.2 万名，其中农牧渔民 35.8 万名。[①] 截至 2018 年年底，中国共产党党员总数为9 059.4 万名，比上年净增 103.0 万名，其中，农牧渔民 2 544.3 万名。全年共发展党员 205.5 万名，比上年增加 7.2 万名，其中，农牧渔民38.2 万名。[②] 到 2019 年年底，中国共产党党员总数为 9 191.4 万名，比上年净增 132.0 万名。其中，农牧渔民 2 556.1 万名。全年共发展党员 234.4 万名，比上年增加 28.9 万名，其中，农牧渔民党员 42.4 万名。[③] 中国共产党党员队伍持续发展壮大，党在农村的工作队伍进一步壮大，力量进一步增强。

另一方面，重视质量强党。在强调对党员干部加强培育的基础上，党员队伍建设也没有落下。除了干部及带头人，广大党员也认真学习和践行习近平新时代中国特色社会主义思想，推进“两学一做”学习教育常态化制度化，学习党的基本理论、基本路线、基本方略，学习形势政策、科学文化、市场经济、党内法规和国家法律法规等知识。如河北省深入推进“两学一做”学习教育常态化制度化，广泛开展“书记讲党课”“我到基层讲党课”活动，通过“大喇叭”“小马扎”“微信群”“村夜校”等方式，向党员群众宣讲党的最新理论成果，增强他们的政治认同、思想认同、理论认同、情感认同。此外，还充分运用“四个重要法宝”，开展主题党日、警示教育等活动，使广大党员在党内政治生活大熔炉中得到严格的党性锻炼。[④]

（四）加强了农村基层党组织建设的顶层设计

党的十九大以来，党中央对加强农村基层党组织建设工作进行了一系列的部署和安排，制定和修订了相关制度，以确保农村基层党组织建设的科学化、规范化和制度化。2017 年 10 月，党的十九大提出实施乡村振兴

---

① 中共中央组织部．2017 年中国共产党党内统计公报［EB/OL］．共产党员网，http：//news.12371.cn/2018/06/30/ARTI1530343889643695.shtml.

② 中共中央组织部．2018 年中国共产党党内统计公报［EB/OL］．共产党员网，http：//www.12371.cn/2019/06/30/ARTI1561868612553677.shtml.

③ 新华社．2019 年中国共产党党内统计公报［EB/OL］．中国政府网，http：//www.gov.cn/xinwen/2020-06/30/content_5522981.htm.

④ 梁田庚．全面提升基层党组织组织力［J］．党建研究，2018（7）.

战略。2018 年 2 月，《中共中央国务院关于实施乡村振兴战略的意见》发布，把坚持党管农村工作作为实施乡村振兴战略的第一条基本原则，要"毫不动摇地坚持和加强党对农村工作的领导，健全党管农村工作领导体制机制和党内法规，确保党在农村工作中始终总揽全局、协调各方，为乡村振兴提供坚强有力的政治保障"，明确到 2020 年，"以党组织为核心的农村基层党组织建设要进一步加强，乡村治理体系进一步完善，党的农村工作领导体制机制进一步健全"。① 为了实现这些目标，《意见》还规定了新时期加强农村基层党组织建设的十项具体工作：

（1）扎实推进抓党建促乡村振兴，突出政治功能，提升组织力，抓乡促村，把农村基层党组织建成坚强战斗堡垒；

（2）强化农村基层党组织领导核心地位，创新组织设置和活动方式，持续整顿软弱涣散村党组织，稳妥有序开展不合格党员处置工作，着力引导农村党员发挥先锋模范作用；

（3）建立选派第一书记工作长效机制，全面向贫困村、软弱涣散村和集体经济薄弱村党组织派出第一书记；

（4）实施农村带头人队伍整体优化提升行动，注重吸引高校毕业生、农民工、机关企事业单位优秀党员干部到村任职，选优配强村党组织书记；

（5）健全从优秀村党组织书记中选拔乡镇领导干部、考录乡镇机关公务员、招聘乡镇事业编制人员制度；

（6）加大在优秀青年农民中发展党员力度；

（7）建立农村党员定期培训制度；

（8）全面落实村级组织运转经费保障政策；

（9）推行村级小微权力清单制度，加大基层小微权力腐败惩处力度；

（10）严厉整治惠农补贴、集体资产管理、土地征收等领域侵害农民利益的不正之风和腐败问题。

为了保证《关于实施乡村振兴战略的意见》的细化和实施，2018 年 9 月，中共中央、国务院又印发了《乡村振兴战略规划（2018—2022 年）》。

① 中共中央国务院关于实施乡村振兴战略的意见［N］. 人民日报，2018-02-05：01.

《规划》在总体延续《意见》指导思想、基本原则和总体目标任务的基础上，对乡村振兴做了更为细化的安排。在加强党对农村工作的领导方面提出，“加强农村基层党组织对乡村振兴的全面领导”，“以农村基层党组织建设为主线，突出政治功能，提升组织力，把农村基层党组织建成宣传党的主张、贯彻党的决定、领导基层治理、团结动员群众、推动改革发展的坚强战斗堡垒。”① 并指出了加强农村基层党组织建设重点要在健全以党组织为核心的组织体系、加强农村基层党组织带头人队伍建设、加强农村党员队伍建设和强化农村基层党组织建设责任与保障等四个方面下功夫。2021 年 2 月，中共中央、国务院又印发《关于全面推进乡村振兴加快农业农村现代化的意见》，对新发展阶段全面推进乡村振兴做出了部署。提出要“加强党的农村基层组织建设和乡村治理，充分发挥农村基层党组织领导作用，持续抓党建促乡村振兴”②。在党中央这一系列的部署规划下，农村基层组织建设工作进一步明确了工作方向和目标。

（五）加强了农村基层党组织建设的制度保障

党的十八大以来，以习近平同志为核心的党中央坚持全面从严治党、依规治党，高度重视党的制度建设工作，党的组织制度建设取得重大进展和显著成效。党中央先后制定和修订了党内政治生活若干准则、党组工作条例、地方党委工作条例、党的工作机关条例、支部工作条例以及农村、国企、机关、高校基层党组织工作条例等一系列组织建设方面的党内法规，着力从主体上解决各级各类党组织的产生、职责和运行问题，党的组织建设领域有规可依的问题基本得到解决，巩固党的集中统一的组织制度更加完善。党的十九届四中全会把健全维护党的集中统一的组织制度作为坚持和完善党的领导制度体系的重要内容，纳入国家制度和国家治理体系之中，这意味着我们党一如既往地坚持国家各项制度建设与制度治党依规治党统筹推进、一体建设，并将着力推动党的组织制度优势更好转化为治国理政的实际效能。

---

① 中共中央，国务院．乡村振兴战略规划（2018—2022）[N]．人民日报，2018-09-27：01.

② 中共中央，国务院．关于全面推进乡村振兴加快农业农村现代化的意见 [N]．人民日报，2021-02-22：01.

党的农村基层组织是党在农村全部工作和战斗力的基础，全面领导乡镇、村的各种组织和各项工作。党的十八大以来，以习近平同志为核心的党中央高度重视党的农村基层组织建设，推动各级党组织认真落实党要管党、全面从严治党要求，大抓农村党支部、建强战斗堡垒，取得明显成效。随着农村改革不断深化，为进一步加强党对农村工作的领导，加强和改进党的农村基层组织建设，2019 年 1 月，中共中央修订了 1999 年 2 月印发的《中国共产党农村基层组织工作条例》，明确提出，“必须把党的农村基层组织建设摆在更加突出的位置来抓，充分发挥党组织战斗堡垒作用和党员先锋模范作用，为农村改革发展稳定提供坚强政治和组织保证。”① 新修订的《条例》在农村基层党组织的组织设置、职责任务、经济建设、精神文明建设、乡村治理、领导班子和干部队伍建设、党员队伍建设、领导和保障等方面都与乡村振兴这一新时代战略安排相衔接。如明确了乡镇党委的主要职责包括“讨论和决定本乡镇经济建设、政治建设、文化建设、社会建设、生态文明建设和党的建设以及乡村振兴中的重大问题”，村党组织的主要职责为“讨论和决定本村经济建设、政治建设、文化建设、社会建设、生态文明建设和党的建设以及乡村振兴中的重要问题并及时向乡镇党委报告”。②

为深入实施乡村振兴战略，提高新时代党全面领导农村工作的能力和水平，坚持和加强党对农村工作的全面领导，中共中央还根据《中国共产党章程》，制定了《中国共产党农村工作条例》并于 2020 年 8 月印发。该条例提出“各级党委特别是县级党委应当认真履行农村基层党建主体责任，坚持抓乡促村，选优配强村党组织书记，整顿软弱涣散村党组织，加强党内激励关怀帮扶，健全以财政投入为主的稳定的村级组织运转经费保障制度，持续加强基本队伍、基本活动、基本阵地、基本制度、基本保障建设”，“坚持农村基层党组织领导地位不动摇，乡镇党委和村党组织全面领导乡镇、村的各类组织和各项工作。村党组织书记应当通过法定程序担任村民委员会主任和村级集体经济组织、合作经济组织负责人，推行村

①② 中共中央．中国共产党农村基层组织工作条例［N］. 人民日报，2019－01－11：01.

‘两委’班子成员交叉任职。”① 并在制度建设、保障措施与考核监督方面做了一系列规定。《中国共产党农村基层组织工作条例》《中国共产党农村工作条例》两个文件的制定与实施，为实施乡村振兴战略，加强农村基层党组织建设提供了基本遵循、制度保障和支持。

三、新时期农村基层党组织建设存在的问题

虽然在中共中央和各地的努力下，组织振兴工作取得了明显的成效，但在实际中也暴露出许多不足。比较集中地体现在农村基层党组织的覆盖力不佳、队伍建设疲软乏力、政治站位不高、民主建设不力、相关配套制度不健全等。

（一）农村基层党组织的覆盖力不佳

中共共产党的领导是中国特色社会主义的本质要求，是中国特色社会主义制度的优势所在。任何时候，都要确保党能发挥总揽全局、协调各方的作用。这也就需要强化党的组织覆盖。虽然自党的十九以来，农村基层党组织加强了自身组织体系建设，截至2019年年底，全国农村基层党组织的覆盖率超过了99%，基层党组织的覆盖面有所扩大。但覆盖面的扩大并不能同覆盖的有效性增强画等号。在实际工作中，农村基层党组织仍然存在覆盖率需扩大以及有效覆盖还需加强的问题。

首先，农村基层党组织的覆盖率还需扩大。一方面，虽然现在农村基层党组织的覆盖率超过了99%，但还有将近1%的地方没有被纳入到党组织的管理中，这1%的存在也会影响到乡村振兴战略实施的效果。另一方面，农村基层党组织在新型社会组织中覆盖率不够，还存在“盲点”。农村新型社会组织，如新农村建设理事会等形式的村民自治组织，是全国各类社会组织的重要组成部分，也是农村传统组织在现代化转型过程中形成的，是参与农村社会治理和促进乡村振兴的新生力量。但在现

① 新华社．中共中央印发《中国共产党农村工作条例》［EB/OL］．中国政府网，http://www.gov.cn/zhengce/2019-09/01/content_5426319.htm?tdsourcetag=s_pcqq_aiomsg.

实情况下，农村新型社会组织领域不仅党组织难以覆盖，就连党员人数都很稀缺，党的领导很难渗透其中，从而严重影响了农村基层党组织作用的发挥。①

其次，农村基层党组织的有效覆盖还需加强。现如今，我国大部分农村的基层党组织能根据所在村（社区）实际情况进行领导，覆盖力有所增强。但部分农村（社区）还是存在党的有效覆盖不强的情况。如前文提到的农村新型社会组织。即使一些地方因地制宜，创设性地创制了党组织设置。但由于一些历史的和现实的因素，党组织也无法真正融入到这些新型社会组织当中，其政治引领作用更无法得到发挥。

（二）部分农村基层党组织队伍建设疲软乏力

首先，部分农村党组织干部队伍建设不尽如人意。近几年，虽然各地都在农村基层党组织的领导班子、带头人方面做了努力和探索，各地也不断有驻村第一书记和大学生村官及时纳入农村基层党组织队伍中，但总体来说，村“两委”班子仍然存在年龄结构偏大、知识水平偏低、专业能力不足、后备力量匮乏等问题。一是“选人难”“人难选”。据统计，截至2018年年底，全国545 189个行政村已建立党组织，54.3万名村党组织书记中，大专及以上学历的占20.7%，45岁及以下的占29.2%。② 由于各种因素，留在农村的党员年龄总体偏大、文化程度不高、能力较弱，整体质量不高。因此在选班子成员过程中只能采取“矮个中找高个”的办法。他们理论水平不足、政治站位不高，对新形势把握不敏锐，对新事物、新知识接受速度慢，思想观念转变难甚至有些领导干部排斥新事物新思维新方法，难以有效引领乡村振兴。二是不想干、不作为。部分农村基层党组织领导班子“等靠”心理严重，在为农民和农村社会发展提供优质公共服务上不作为、少作为，甚至出现侵害群众利益，与群众争抢低保名额、争当贫困户的现象；③ 部分农村基层党组织带头人公仆意识和服务意

① 赵洁，陶忆连．乡村振兴中提升农村基层党组织组织力研究［J］．北京航空航天大学学报（社会科学版），2021（1）．

② 李胜，郭丽．以“五力”为抓手，切实提升农村基层党组织组织力［J］．党建，2020（1）．

③ 王同昌．新时代农村基层党组织建设的四大难题［J］．人民论坛，2019（10）．

识淡薄，不愿亲近村里百姓，也不愿走近群众、了解百姓诉求，只愿坐在办公室里“谈党建”，他们缺乏工作应有的激情和热情，只是“看摊子、守位子、推着干、看着干”[①]，这样的干部队伍严重削弱了党对人民群众的号召力。三是不会干，干不成。部分农村基层党组织班子由于年龄大、文化水平不高，其综合素质和工作能力已难以适应新时代新形势的需要，大多数仅停留于简单地“上传下达”，却不清楚“为什么”以及“怎样为”，在处理实际事务中就显得力不从心，农村基层党组织的服务力严重不足。此外，部分村党组织书记还存在官僚主义、贪污腐败、强占掠夺等不正之风，影响了党在农村各领域的工作开展和融入，导致部分农村尤其是贫困农村在推进乡村振兴的过程中发展缓慢。[②]

其次，部分农村地区党员队伍建设也无法满足现时代要求。如前所述，由于广大的党员队伍是党的肌体的细胞，是推进实现党的事业的中坚力量和中流砥柱，因此广泛地吸纳、培育新党员，壮大组织力量便是结果使然。自实施乡村振兴战略的号角吹响以来，广大农村基层党组织队伍持续发展壮大，但部分农村地区党员队伍建设也存在诸多困境。一是部分农村地区党员发展质量不高。具体表现在：①部分地方存在“无人可选”“无人可用”的情况。这在贫困农村地区尤为常见。由于历史的和现实原因，大多青年人选择离开农村，外出务工拼搏，留在村里的多是老人、小孩。无论从年纪还是能力方面考虑，他们都无法吸纳入党，进而导致有的农村基层党组织多年发展不到合适的党员，农村党员整体上呈现老化的状态。②党员发展的数量增长与质量提升不同步。自党的十九大以来，由于党的发展和事业的需要，广泛吸纳了一批党员，农村党员不断增多。但由于留在农村的多是文化程度不高、年龄较大的人，其综合素质与能力难以达到新形势对党员的要求，致使党组织“量”与“质”严重不匹配，出现“大而不强”的情况。[③] ③有的村党支部存在“乱发展党员”现象，抱着

---

① 易新涛．基层党组织三化问题及应对之策［J］．理论探索，2019．(4)．

② 赵洁，陶忆连．乡村振兴中提升农村基层党组织组织力研究［J］．北京航空航天大学学报(社会科学版)，2021 (1)．

③ 栗智宽，俞良早．新时代党的组织建设：逻辑进路、原则导向和实践要求［J］．中国特色社会主义研究，2019 (2)．

“不浪费指标”的原则，发展亲戚党员、关系党员或者违规发展党员，这种情况下发展的党员质量可想而知。[①] 二是部分地区党员管理质量不高。一方面，留村党员管理不规范。主要体现在村级党组织在“三会一课”、支部大会等方面管理质量不高。按照党章规定，“三会一课”是最基本的管理制度，但是农村由于居住分散、缺乏中心工作目标等原因，对于“三会一课”、日常管理等方面落实不到位。如部分农村基层党组织中“三会一课”制度在形式上如同摆设，敷衍塞责、被动应付，上级党组织没有布置就不组织，有布置就组织，但组织形式局限于念报纸、读文件，公式化地传达上级讲话；在内容上陈旧老套，脱离乡村振兴中基层党组织最亟待解决的问题，漠视忽视群众的关切和呼声。[②] 这些使得党组织管理呈现弱化、虚化的趋势。另一方面，流动党员管理不规范。流动党员由于外出务工地点、行业不一致，进行日常管理的难度可想而知。目前多是靠 QQ 群、微信群、短信息等方式的管理和学习方式，很难发挥实效。[③] 此外，部分农村基层党员党性不强、信念不牢、立场不稳、纪律观念淡薄等现象仍然较为严重。

（三）部分农村基层党组织民主建设需要进一步加强

党内民主是党的生命，是党的生机与活力的源泉。党的十九大以来，党内基层民主建设得到进一步加强完善，党内民主更加广泛，但也不同程度地存在一些问题。如部分基层党组织民主集中制执行不规范，有的负责人搞家长制和“一言堂”，把集体领导当陪衬，把集体讨论当形式，将个人凌驾于组织之上；部分基层党组织强调集中多，发挥民主少，强调组织意图多，尊重党员意愿少，党员义务要求多，党员权利落实得少；民主透明度不够高，党务公开不到位，民主氛围不太浓厚，对广大党员的意见和建议不够重视；有的基层党组织负责人官僚主义作风严重，个人说了算，党员的主体地位得不到充分体现；有的党员行使权利的主人翁意识不强，

---

①③　吴成林，于晓．乡村振兴视域下提高党的农村基层组织建设质量研究［J］．党政干部学刊，2020（7）．

②　赵洁，陶忆连．乡村振兴中提升农村基层党组织组织力研究［J］．北京航空航天大学学报（社会科学版），2021（1）．

参与度不高等，妨碍了基层党组织作用的发挥。[①]

（四）相关配套制度建设不够健全

制度建设是农村基层党组织建设的重要内容，部分农村地区的基层党组织还存在着相关配套制度的“笼子”扎得不够紧、不够密等问题。第一，激励机制不健全。部分担任职务的农村党员干部认为自己的付出与回报不成正比，为村里做事的收入甚至不如外出打工人员的收入高，心态失衡，造成了他们消极怠工、被动应付的工作状态；一些农村党员干部认为晋升空间小，导致他们中的一部分“一年看、二年干、三年等着换”，难以连选连任，甚至在任期中就主动辞职；即使有些干部继续留任，也逐步丧失了对工作的热情和积极性，失去了为人民服务的动力；个别老年党员在生产生活中遇到种种困难，而农村基层党组织受财力所限未能给予足够的关心和帮扶，因而心生不满，很少参加党组织的各种活动，更谈不上发挥模范带头作用。[②] 第二，考核监督机制不健全。目前，部分农村基层党组织缺乏有效的考核监督机制，存在“宽松软”的情况，制度约束流于形式，在执行方面大打折扣，更有甚者压根不执行。

四、加强农村基层党组织建设，以组织振兴引领乡村振兴

（一）以加强农村基层党组织的政治建设为价值引领，突出政治功能

政党是运用政治规律从事政治活动的政治组织，这就决定了任何政党都必须讲政治。政治性便是政党的根本属性和独特标识，它是否葆有、它是否鲜明，直接关系到政党的存亡成败。因而，在政党的自身建设过程中就必须重视和加强其政治建设。对于中国共产党来说，“旗帜鲜明讲政治是我们党作为马克思主义政党的根本要求”，必须把“党的政治建设摆在

① 刘靖北．全面激发基层党组织生机活力［J］．中国党政干部论坛，2019（6）．

② 魏宁，桂文龙，等．乡村战略背景下苏中部分地区农村党员干部队伍建设状况分析与对策［J］．农业农村部管理干部学院学报，2020（2）．

首位"①。重视自身的政治建设也是我们党自成立以来，在革命、建设和改革过程中的经验总结。民主革命时期，毛泽东结合中国实际国情，总结出"党的建设过程，党的布尔什维克化的过程，是这样同党的政治路线密切地联系着"，②"党更加布尔什维克化，党就能、党也才能更正确地处理党的政治路线"。③ 1957年7月，毛泽东提出："我们的目标，是想造成一个又有集中又有民主，又有纪律又有自由，又有统一意志又有个人心情舒畅、生动活泼，那样一种政治局面。"④ 这就是著名的"六有政治局面"，为这一时期党的奋斗目标指明了方向。20世纪90年代，由于世界共产主义遭受到严重挫折，国际国内形势异常严峻，党的政治建设的重要地位更加凸显。江泽民同志在1995年9月召开的党的十四届五中全会召集人会议上指出："我们的高级干部一定要讲政治。我这里所说的政治，包括政治方向、政治立场、政治观点、政治纪律、政治鉴别力、政治敏锐性。在政治问题上，一定要头脑清醒。"⑤ 随后开展的"三讲"教育中，也重点突出了政治要求。历史告诉我们，什么时候党重视并加强了自身政治建设，其方向就会明朗，旗帜就会坚定，事业就容易取得成功；反之，方向就会偏航，旗帜就会歪斜，事业就会走向失败。重视并加强党的政治建设，是中国共产党立足于自身发展的方向自觉。只有政治上的先进性才有党的先进性和纯洁性，讲政治是我们党补钙壮骨、强身健体的根本保证，是我们党培养自我革命勇气、增强自我净化能力、提高排毒杀菌政治免疫力的根本途径。

党的十八大以来，以习近平同志为核心的党中央直面党内自身存在的突出问题，坚定不移推进全面从严治党，以零容忍态度惩治腐败，规范党内政治生活、加强党内监督，消除了党和国家内部存在的严重隐患，党风政风社会风气焕然一新，极大地增强了党的向心力和凝聚力。实践证明，

① 习近平．决胜全面建成小康社会 夺取新时代中国特色社会主义伟大胜利——在中国共产党第十九次全国代表大会上的报告［N］．人民日报，2017-10-28：01．

② 中共中央文献编辑委员会．毛泽东选集（第二卷）［M］．北京：人民出版社，1991．

③ 中共中央文献编辑委员会．毛泽东选集（第一卷）［M］．北京：人民出版社，1991．

④ 中共中央文献编辑委员会．建国以来毛泽东文稿（第6册）［M］．中央文献出版社，1992．

⑤ 中共中央文献编辑委员会．江泽民文选（第一卷）［M］．北京：人民出版社，2006．

我们党之所以能历经磨难而更加生机勃勃、能够面对各种风险挑战而更加具有磅礴伟力，同我们党始终注重政治建设密不可分。① 中国特色社会主义进入新时代后，中国共产党对自身建设规律的认识进一步深化，形成了"5+2"党的建设的总体布局，即"以党的政治建设为统领，全面推进党的政治建设、思想建设、组织建设、作风建设、纪律建设，把制度建设贯穿其中，深入推进反腐败斗争。"② 党的政治建设被独立地纳入党建新布局，并在党的建设中起统领作用，"不抓党的政治建设或背离党的政治建设的指引，党的其他建设就难以取得成效"。③ 党的政治建设是党的根本性的建设，决定着党的建设方向和效果。作为党的执政根基"大厦"的基层党组织，也就必然要巩固和加强自身政治建设。也只有农村基层党组织严葆政治性，突出政治功能，彰显政治引领，农村基层党组织才能成为"宣传党的主张、贯彻党的决定、领导基层治理、团结动员服务群众、推动改革发展的坚强战斗堡垒"④，才能保证乡村振兴战略方向明、路子正，根基稳。

巩固和加强农村基层党组织的政治建设，要以健全和严肃党内政治生活为主要内容和重要抓手。这是由党内政治生活的属性和地位决定的。党的政治建设是党为加强自身建设在政治方面所做的工作，其内容包括确立正确的政治原则和制定正确的政治路线。但正确政治原则和政治路线的制定都要依托一定的平台和活动载体，这就是党内政治生活。历史一再表明，党内政治生活是否具备基本规范，直接关系党的事业的成败。什么时候党内政治生活规范化、正常化，党的事业就兴旺发达，否则，党的生命及党的事业就会遭受严重危机。⑤ "文革"的历史就是有力的证明。"文革"结束后，为了医治党组织及党内政治生活不正常造成的巨大创伤，1980 年党的十一届五中全会通过了《关于党内政治生活的若干准则》，这

① 庄文城．加强党的政治建设彰显中国共产党人崇高品质［N］．光明日报，2018-10-15：07.

② 习近平．决胜全面建成小康社会　夺取新时代中国特色社会主义伟大胜利——在中国共产党第十九次全国代表大会上的报告［N］．人民日报，2017-10-28：01.

③ 习近平．把党的政治建设作为党的根本性建设　为党不断从胜利走向胜利提供重要保证［N］．人民日报，2018-07-01：01.

④ 中共中央，国务院．乡村振兴战略规划（2018—2022）［N］．人民日报，2018-09-27：01.

⑤ 杜艳华．中国共产党政治建设的几个历史经验［J］．红旗文稿，2019（8）.

个准则的实施，“对于当时恢复和健全党内民主、维护党的集中统一、严肃党的纪律、促进党的团结，实现政治上、思想上、组织上、作风上的拨乱反正，实现全党工作中心的转移，发挥了重要历史作用。”①

习近平同志指出，“加强思想教育和理论武装，是党内政治生活的首要任务，是保证全党步调一致的前提”。② 由此，农村基层党组织要健全和严肃党内政治生活，首先，得加强自身党员队伍的思想和理论教育。具体来说，要深入学习马克思主义理论尤其是习近平新时代中国特色社会主义思想并力求学深悟透，以马克思主义中国化的最新理论成果武装头脑，认真学习党规党章，不断提高广大农村党员的马克思主义思想觉悟和理论水平；常抓“不忘初心、牢记使命”主题工作，使其坚定理想信念，补足精神“之钙”；树牢“四个意识”、坚定“四个自信”、做到“两个维护”，始终同以习近平总书记为核心的党中央保持高度一致，始终拥护以习近平总书记为核心的党中央的正确领导；认真学习“党史”“新中国史”“改革开放史”“社会主义发展史”，深刻理解中国共产党为什么“能”、马克思主义为什么“行”、中国特色社会主义为什么“好”，从而使广大基层党员的政治立场更加坚定；认真学习中央制定的关于乡村振兴战略的系列文件，领悟乡村振兴对于中国特色社会主义的现代化建设、对于中华民族的伟大复兴所具有的重大战略意义，知晓乡村振兴战略的目标、任务、路径等，使党组织及广大农村党员知晓自身使命与责任，提高其政治站位，增强其责任意识。

其次，“组织生活是党内政治生活的重要载体”③，对党员所展开的理论学习、思想建设都要通过组织生活这一途径和渠道，因此，要健全和严肃农村基层党组织党内政治生活，就要严格基层党组织的组织生活制度。具体来说，农村基层党组织要认真推进、全面落实“三会一课”制度，党员必须参加党员大会、党小组会和上党课，党支部要定期召开支部委员会会议；“三会一课”要突出政治学习和教育，突出党性锻炼，坚决防止表

① 习近平．关于《关于新形势下党内政治生活若干准则》和《中国共产党党内监督条例》的说明［N］．人民日报，2016-11-03：02.

② 本书编辑组．习近平谈治国理政（第2卷）［M］．北京：外文出版社，2017.

③ 新华社．关于新形势下党内政治生活若干准则［M］．人民日报，2016-11-03：05.

面化、形式化、娱乐化。要认真推进、全面落实民主生活会和组织生活会制度，鼓励广大党员在会上要敢于摆问题、勇于剖根源，勤于找方法。要认真从严务实地落实谈心谈话、民主评议党员和主题党日等制度，坚持和完善重温入党誓词、党员过“政治生日”等政治仪式，使党内生活庄重、严肃、规范，提升农村党员的政治归属感、政治责任感，从而强化农村基层党组织的政治建设。

再次，“民主集中制是党的根本组织原则，是党内政治生活正常开展的重要制度保障。”① 民主集中制能否得到正确地贯彻执行，关系到党的政治路线和政治原则是否能正确制定、是否能得到良好地遵守和执行，关系到党和国家的政治生活的全局，关系到党和国家的前途命运。我们党历史上的几次重大挫折和重新奋起，都与民主集中制的执行状况有关。正如邓小平所指出的那样：“民主集中制执行得不好，党是可以变质的，国家也是可以变质的，社会主义也是可以变质的。干部可以变质，个人也可以变质。”②

因此，乡村振兴战略背景下，要健全和严肃农村基层党组织，就要坚决地正确地执行党的根本组织原则。具体来说，就是要坚持做到凡属重大问题，按照“集体领导、民主集中、个别酝酿、会议决定”的原则，由集体讨论、按少数服从多数作出决定，不允许用其他形式取代党委及其常委会（或党组）的领导；就是要求党组织领导班子成员必须发扬民主、善于集中，在研究讨论问题时要把自己当成班子中平等的一员，充分发扬民主，严格按程序决策、按规矩办事，注意听取不同意见，正确对待少数人意见，坚决抵制“一言堂”甚至“家长制”，坚决防止也反对“集体当陪衬”的不良现象出现；同时，也支持党组织班子成员在职责范围内独立负责开展工作，坚决防止和克服名为集体领导、实际上个人或少数人说了算，坚决防止和克服名为集体负责、实际上无人负责。

最后，“法与时转则治，治与世宜则有功。”尽管我们党在规范和健全党内政治生活方面有许多的经验可供借鉴，但新的时代呈现出许多新的特

① 新华社．关于新形势下党内政治生活若干准则［N］．人民日报，2016－11－03：05.

② 中共中央文献编辑委员会．邓小平文选（第一卷）［M］．北京：人民出版社，1994.

点，我们党也面临一些新的问题，尤其在农村这个既有着深厚农耕文明底蕴、又被现代化严重冲击的地方，矛盾更多也更为复杂，因而，新时代健全和加强农村基层党组织的党内政治生活，还要增强其时代性。要主动适应信息时代新形势和党员队伍新变化，积极运用互联网、大数据等新兴技术，创新党组织活动内容方式，推进“智慧党建”。如建立“党组织云平台”，探索在网络云端中通过各种途径和方式对本村党员进行思想和理论教育、宣传党的路线方针政策等，通过方式创新使党内政治生活始终充满活力。

（二）以加强党在农村的组织体系建设、提升党组织的覆盖力为前提

实现党的农村基层组织有效覆盖是加强党的农村基层组织建设、发挥党组织和党员作用的基础和前提。[①] 然而如前文所述，当前党在农村的组织还存在覆盖率不够、有效覆盖不佳的情况，针对此，必须进一步严密党在农村的组织体系建设，提升基层党组织的覆盖力，以切实保障基层党组织能够发挥引领乡村振兴的作用。一方面，要进一步扩大农村基层党组织的覆盖率。既要延续围绕以行政村为基本单元的治理架构来设置党组织的传统形式，也要适应农村改革发展新变化，按照有利于加强党的领导、有利于开展党的组织生活、有利于党员教育管理监督、有利于密切联系群众的原则，探索创新党组织设置方式。如深入探索村村联建、村社联建、村企联建和街道“大工委”、社区“大党委”等党组织设置形式，深入探索把党组织建在产业链上、建在合作社中、建在养殖基地里等农村社会组织的形式，及时跟进建立党组织，实现对农村各领域的组织覆盖和工作覆盖。总而言之，要使农村基层党组织的覆盖范围进一步扩大延伸：对于符合组建党组织条件的，做到应建尽建；对于暂不具备组建条件的，加强党的工作，切实做到哪里有群众哪里就有党的工作，哪里有党员哪里就有党的组织，哪里有党的组织哪里就有党组织作用的充分

① 毛强．以农村组织振兴引领乡村全面振兴［EB/OL］．人民论坛网，http：//www.rmlt.com.cn/2021/0126/606374.shtml.

发挥。[①] 另一方面，党组织要坚持以村民需要和利益的实现为导向，设置组织机构、定位自身功能，发挥相应作用，使党组织能有效嵌入和融入到农村各类社会基层组织，提升党组织在农村的覆盖效度。通过以上两点，使农村基层党组织在组织覆盖的基础上强化工作覆盖，在有形覆盖的基础上强化有效覆盖。

（三）以提升农村基层党组织的组织力为重点

乡村振兴战略，是中国共产党立足于我国基本国情，为实现农业农村现代化、为实现中华民族伟大复兴而着手实施的战略工程。它能否成功，关键在党。农村基层党组织是中国共产党在农村全部工作和战斗力的基础，也是贯彻和推进乡村振兴战略的前沿力量和重要政治保障。党的十九大报告强调“要以提升组织力为重点”，将基层党组织建设成“宣传党的主张、贯彻党的决定、领导基层治理、团结动员群众、推动改革发展的坚强战斗堡垒”。[②]《中共中央国务院关于实施乡村振兴战略的意见》中也强调要“扎实推进抓党建促乡村振兴，突出政治功能，提升组织力，抓乡促村，把农村基层党组织建成坚强战斗堡垒”[③]。提升组织力是新时代农村基层党组织建设的着眼点和侧重点，也是实施乡村振兴战略的重要内容。农村基层党组织的组织力是指农村基层党组织在其职权范围内，宣传党的主张、贯彻党的决定、领导基层治理、团结动员群众时，运用各种不同能力的合力。[④] 包括能始终坚守政治方向、廓清各种思想迷雾的政治和思想领导力，有效提升党组织合力的凝聚力，强化政策执行意识、在准确把握党的路线方针政策和决策部署精神的基础上使之落地生根的执行力，在为人民群众服务中提升的服务力，在切实为人民排忧解难过程中增强的对人民群众的号召力。

---

① 李小新．全面提升基层党组织组织力［N］．光明日报，2017－11－27：02.

② 习近平．决胜全面建成小康社会　夺取新时代中国特色社会主义伟大胜利——在中国共产党第十九次全国代表大会上的报告［N］．人民日报，2017－10－28：01.

③ 中共中央国务院关于实施乡村振兴战略的意见［N］．人民日报，2018－02－05：01.

④ 林星，王宏波．乡村振兴背景下农村基层党组织的组织力：内涵、困境与出路［J］．科学社会主义，2019（5）.

农村基层党组织的组织力是该组织的生命力，是它履行职能、发挥功能的关键凭借，其强弱直接关系到它所领导的农村各项事业能否取得成功，关系到它的前途与发展。自党的十九大提出“提升组织力，促进乡村振兴”以来，在党中央的有力领导、系统安排、统筹推进下，在各地的着手实施下，农村基层党组织的组织力有了极大的提升，但部分农村基层党组织仍然存在政治引领力不高、党内凝聚力式微、政策执行力不佳、为民服务能力不够、对民号召力不强的情况。这些组织力不足的状况，严重削弱了党组织的战斗力，严重削弱了党的根基。由此，持续整顿软弱涣散基层党组织，推动基层党组织全面进步、全面过硬，必须着力提升其组织力。要坚持问题导向和目标导向，通过科学合理有效的方式，逐步对之予以纠正，切实保障农村基层党组织能有效引领乡村振兴。具体可以从以下几个方面来推进。

1. 加强对广大农村党员尤其是党员干部的思想政治教育和理论教育，提高政治领导力和思想引领力

中国共产党是中国特色社会主义的领导核心，政治领导力是党的执政能力的重要和首要内容，其核心要义就是通过系列思想政治工作教育全党，使全体党员坚定做到“两个维护”。农村基层党组织的政治领导力就是党的农村组织坚定做到“两个维护”，并根据上级党组织的决策部署，把控农村事业发展方向和大局，领导农村一切工作的能力和本领。党的思想引领力是指党用不断创新发展的理论来武装头脑，抵制各种错误思潮，进而统一全党思想、凝聚共识，以指导中国特色社会主义伟大实践的能力。[①] 落实到农村，就是“加强宣传教育，做好农民群众的思想工作，宣传党的路线方针和强农惠农富农政策，引导农民听党话、感恩党、跟党走”。[②]

党在农村的组织力强不强，根本要看组织的政治领导力、思想引领力高不高。长期以来，我们党都非常重视这“两力”建设，也取得了显著成效，如通过开展“两学一做”主题学习教育活动等形式积极宣传党的理论主张，为农村发展提供了政治和思想保证。但也要看到，部分农村基层党

---

① 李长学．新时代农村基层党组织组织力现状与提升［J］．理论导刊，2019（7）．

② 中共中央，国务院．关于坚持农业农村优先发展做好“三农”工作的若干意见［N］．人民日报，2019－02－20：01．

组织的政治领导力和思想引领力呈弱化倾向。一是“四个意识”不强，缺乏大局观，对于党的政策不能很好地把握其中蕴含的深厚意义，也不能将党的决策与本村发展对接起来，对于“脱贫攻坚”与“乡村振兴”之间的关系不能做好衔接，甚至对于本村发展缺乏规划，“等”“靠”思想较为严重。二是少数农村基层党组织和党员干部抱着“不求有功，但求无过”的心态，遇事不积极不主动，缺乏政治担当。三是阵地意识较弱，对于农村社会中一些对党持否定意见的思想不重视，不作为。四是部分党员干部对党的指导思想一知半解，并没有学懂弄通。五是同错误思想、愚昧思想做斗争的能力不足，甚至有时候还被“低级红”“高级黑”牵着鼻子走。①而这些现象的出现，大多与组织内党员同志尤其是党员干部的思想和理论建设不足有关。由此，必须加强对广大农村党员尤其是党员干部的思想政治教育和理论教育。

“如果我们党有一百个至二百个系统地而不是零碎地、实际地而不是空洞地学会了马克思列宁主义的同志，就会大大地提高我们党的战斗力量。”② 要充分运用“三会一课”、党校培训等传统方式以及创新理论学习方式，加强用马克思主义，尤其是马克思主义中国化的最新理论成果教育全党、武装全党，并力戒形式主义，要让广大党员真学真懂、学深悟透，提升其思想和理论水平，并自觉同农村社会中各种错误思想作斗争，帮助广大群众澄清认识、廓清思想迷雾；要继续深入推进学党规党章、学习近平系列讲话、做合格党员的教育学习，提升党员党性修养、坚定党员政治立场、谨守党内政治纪律；要深入学习党的路线方针政策，提高其政治领悟力、政治判断力。通过以上措施，使党在农村基层的组织能树牢“四个意识”、坚定“四个自信”、自觉做到“两个维护”，政治引领力和思想领导力得到显著提升，真正成为农村的“旗帜”和“方向”。

2. 以加强队伍建设为抓手构建党内良好政治生态，提升成员的凝聚力

农村基层党组织是乡村振兴战略的领导核心，其坚固与否，直接关系

① 李长学．新时代农村基层党组织组织力现状与提升［J］．理论导刊，2019（7）．

② 中共中央文献编辑委员会．毛泽东选集（第二卷）［M］．北京：人民出版社，1991．

着乡村振兴战略是否能成功实现。加强党内凝聚力，将农村基层党组织建设成为坚强战斗堡垒是乡村振兴的必然逻辑结果与现实要求。党的十九大提出乡村振兴战略、党的建设伟大工程以来，党内自上而下进行了自我革新，党内政治生态日益良好，内部凝聚力明显增强。但在部分农村基层，党组织的凝聚力还存在弱化甚至缺乏的现象。如部分村干部素质能力偏低，党性修养、宗旨意识不强，依法依规办事能力不高，在组织内产生不了号召力。部分农村党组织内部个人主义、自由主义、山头主义盛行。在村改社区、合村并组中，有的基层党组织由几个建制村党支部简单组合而成，隶属关系不明，运行不畅，各拿各的号、各吹各的调、各说各重要、各搞各一套，出现多头管理、分散管理、无人管理的现象。[①] “中国要出问题，还是出在共产党内部”[②]，党组织的凝聚力关系到党的生死存亡，必须加以重视。

办好中国的事情，实现中华民族的伟大复兴，“关键在党，关键在人”[③]。队伍建设好了，才能汇聚起磅礴伟力，才能取得不断的胜利。一方面，要加强农村基层党组织的干部队伍建设，持续实施、抓实推进“头雁”工程，选优配强基层党组织带头人。“用一贤人则群贤毕至，见贤思齐就蔚然成风”[④]。选优配强基层党组织带头人，能有力夯实基层党组织基础，激发基层党组织活力，使基层党组织更加坚强有力。要拓宽渠道，严格筛选，下大力选出一批讲政治、有能力、敢担当、善治理的村（社区）党组织书记。注重对本村致富能手、外出务工经商返乡人员、本乡本土大学毕业生、退役军人中的党员进行培养与选拔。根据工作需要或当地实际情况，上级党组织可以向村党组织选派第一书记。同时，落实好村党支部书记县级党委备案管理制度，每个村至少要储备 1～2 名后备干部力量。在加强村党组织带头人选拔培育的基础上，加大农村基层党组织干部

---

① 易新涛．基层党组织三化问题及应对之策［J］．理论探索，2019（4）．

② 中共中央文献编辑委员会．邓小平文选（第三卷）［M］．北京：人民出版社，1993．

③ 习近平．在全国组织工作会议上的讲话［EB/OL］．中国青年网，https：//qnzz.youth.cn/zhuanti/shzyll/fzyjs/201811/t20181107_11777929.htm.

④ 习近平．在全国组织工作会议上的重要讲话［EB/OL］．新华网．http：//www.gov.cn/ldhd/2013-06/29/content_2437094.htm? 2013-06-29.

队伍的整体优化提升。优化党员干部队伍结构，通过内培、外引等多种方式使优秀党员扩充到干部队伍中来，提升组织活力。厚待农村党员干部，在政策、制度方面予以倾斜，探索并努力形成农村一线工作经历为干部晋升的重要途径的激励机制，使农村党员干部有甜头、有想头、有奔头。加大党员干部培训力度，通过校地联合、基层党校培训等多种渠道开展思想政治理论学习，通过专家下乡实际指导进行技术培训，通过外出实地考察学习先进经验技术等，提升党员干部思想政治素质和引领发展能力。加大对村党员干部的监督考核力度，防止“微腐败”“灯下黑”。

另一方面，要加强农村基层党组织党员队伍建设。要严把“入口”关，扩大队伍力量，对于在农村中适合发展为党员的群众要积极将其吸纳入组织，注重从青年农民、农村致富能人、农民企业家、新乡贤中发展党员；要加强对广大农村党员的教育和培训，引导农村基层党员学习思想政治理论、党史党建、精准脱贫、乡村振兴战略等综合内容，增强教育培训的实用性和有效性，发挥农村基层党员的先锋模范和战斗堡垒作用；要认真落实制度的刚性约束，从严抓好农村基层党组织生活，切实增强对在村党员的管理，同时利用现代信息技术，通过建立党建云平台实现对流动党员的管理和教育；对于不合格的党员进行稳妥有序地处置。

3. 加强作风建设，在作风建设中增强为民服务的能力

党的十九大报告中指出：“我们党来自人民、植根人民、服务人民，一旦脱离群众，就会失去生命力。”“党支部要担负好直接教育群众、宣传群众、凝聚群众、服务群众的职责，引导广大党员发挥先锋模范作用。”[①] 服务农民、服务农村社会是党组织的一项基本职责，也是我们党组织的生命力所在。在乡村振兴战略实施过程中，农村基层党组织只有贴近群众、关心群众、力所能及地服务群众，党组织的组织力才能得到提升和拓展，党组织才能赢得广大村民的认可和支持，也才能真正成为人民拥护和爱戴的领导核心。党的十九大以来，我们党深入推进作风建设，以“不忘初心、牢记使命”为主题进行系列教育和学习，深化了广大党员同志的群众

① 习近平．决胜全面建成小康社会夺取新时代中国特色社会主义伟大胜利——在中国共产党第十九次全国代表大会上的报告［N］．人民日报，2017-10-28：01.

观，广大党员为民服务的意识和能力有所增强，但也不能不看到，还有部分党员的服务群众的意识和能力不强，具体到农村，就表现为前文所述的部分党组织带头人公仆意识和服务意识淡薄，不愿亲近村里百姓，也不愿走近群众、了解百姓诉求，在为农民和农村社会发展提供优质公共服务上不作为、少作为，甚至侵害群众利益。由此，要加强农村基层党组织的作风建设，在作风建设中不断提高农村党员为民服务的能力。一是增强广大党员为民服务的意识。要切实加强马克思主义群众观教育，继续推进“牢记使命、不忘初心”的主题教育，使广大农村党员深刻认识到“党除了工人阶级和最广大人民群众的利益，没有自己特殊的利益。党在任何时候都要把群众利益放在第一位，同群众同甘共苦，保持最密切的联系”，[①] 引导农村基层党组织和党员干部站稳群众立场，深化初衷和责任意识，始终保持对人民群众的赤子之心，把群众当亲人当家人，与群众一块过一块干。二要立足于农民需求和农村社会发展实际不断提升自己的服务能力。一方面，农村基层党组织要深入了解群众诉求。只有掌握了农民具体需求方向，才能为农民提供精准服务。各地农村基层党组织可根据本地实际情况，或利用现代信息技术为农民群众搭建利益诉求平台，或实际调研农民在生产和生活中遇到的困难问题，将农民多样化的需求信息收集起来，作为下一步开展工作和提供服务的依据，以提高服务的针对性。另一方面，要建立服务农民的长效机制。如在农村开设便民窗口、组建农村党员志愿服务队、制定民情走访制度等，以此为农民和农村社会提供优质公共服务，推动农村社会不断向前发展。[②] 三要在为民服务的实践中不断提升自己的服务能力。认真落实党的各项惠民政策，着力解决群众生产生活中的困难和问题，扎实做好服务群众工作，切实维护群众切身利益。

4. 大力发展壮大农村集体经济和深入推进农村反腐工作，增强农村基层党组织对人民群众的号召力

“得人心者得天下”，民心是最大的政治。农村基层党组织要切实做好农村各项工作和事物的领导者，带领广大农村群众为实现“农业强、农村

---

① 中国共产党．中国共产党章程［M］．北京：人民出版社，2017.10.

② 甘守义，李桂秋．乡村振兴必须着力提升基层党组织组织力［J］．党建，2019（2）.

美、农民富”而勠力奋斗，就要最大程度地组织和动员群众，就要最大程度地凝聚民心。“广大人民对美好生活的向往，就是我们的奋斗目标。”[①]对农村人民来说，“美好生活”首先就要生活富裕。为此，农村党组织要大力发展农村集体经济，帮助农民群众实现共同富裕。也唯有发展好农村集体经济，农村基层党组织的领导核心地位才能得到认可和保障。发展壮大农村集体经济，需要农村基层党组织充分担负起领导推动农村集体经济发展的责任，提供智力支持，积极探索发展集体经济的新路子、好法子；需要引导各地因地制宜，发挥各地资源优势，在比较优势的基础上，遵循市场规律，广开发展思路，发展多种经营，突出特色产业，壮大特色经济，提升农业产业化水平，提高农村集体经济综合竞争力；[②] 要结合新时代新形势下市场特点，帮助各地开发新型销售模式，增加集体收入，如充分利用互联网信息平台，采取“走出去、请进来”的方式主动联系相关企业、商家，做好农产品销售的服务工作。在帮助农民群众增收致富的过程中，增强自身对农村居民的号召力。

当前，基层党组织存在的腐败问题也是严重损耗基层党组织号召、阻碍动员人民群众的重要因素之一。由于脱贫攻坚和乡村振兴的实施，党和国家对农村实行了人、财、物、策等一系列的支持，为脱贫攻坚的如期完成、乡村振兴的有力实施提供了重要的支持和保障，但也在一定程度上造成了农村党组织权力的异化和腐败问题，如冒领、虚报、套取、侵占、克扣、骗取、私分各类救济金、补助款和集体资金等。基层党组织的腐败严重侵害了农村群众的切身利益，严重削弱了党的向心力、号召力，严重啃噬着党的健康肌体。大力、深入地推进农村基层反腐，刻不容缓。要建立并推行村级小微权力清单制度，让基层干部明晰“可为”“不可为”“能为”“不能为”；建立健全农村权力运行监督制度，乡镇党委、乡镇政府、乡镇纪委和村监委开展四级严管，共同对村级“小微权力”运行进行监督、检查及整改，促使村组干部廉洁履职。要加大基层小微腐败惩处力度，严厉整治在惠农补贴、集体资产管理、土地征收等领域侵害农民利益

① 中共中央文献编辑委员会．十八大以来重要文献选编（上）[M]．北京：中央文献出版社，2014.

② 李胜，郭丽．以“五力”为抓手切实提升农村基层党组织组织力 [J]．党建，2020（1）.

的不正之风和腐败问题。同时，“村霸”和黑恶势力是附着在农村的毒瘤，不仅严重侵犯广大农民的切身利益，也危及基层党组织的正常有序工作，破坏党在乡村基层的权威地位，干扰党的政策贯彻落实，是实施乡村振兴战略的“拦路石”。而它的存在，也与当地农村基层党组织不作为和腐败有关。因此，各地要遵循中央精神，严厉打击“村霸”和黑恶势力，打击涉黑涉恶腐败及“保护伞”，惩治乡村基层腐败行为。在深入推进农村基层反腐的过程中，使农村政治环境清明，百姓安宁，也使百姓对农村基层党组织重塑信心，增强农村基层党组织的号召力。

(四) 以加强、完善相关配套政策、制度为保障

制度规约具有保根本、利全局、促稳定、谋长远的重要作用①。要确保农村基层党组织建设科学化、规范化、有效化，确保乡村振兴战略推动有序、行稳致远，需要制度为党组织建设赋能。针对当前农村基层党组织存在的相关配套制度不完善问题，需要花力气加以解决。

1. 坚持和完善党的领导机制

坚持和健全农村重大事项、重要问题、重要工作由党组织讨论决定的机制，完善党组织实施有效领导、其他各类组织按照法律和各自章程开展工作的运行机制。坚持和完善党的领导机制，重点是抓好党的制度的贯彻落实。要加强政治监督和政治巡查，坚决防止村级党组织弱化、虚化、边缘化现象，使农村基层党组织能理直气壮干事创业、引领发展。

2. 进一步完善政策关怀和激励保障机制

加强对农村基层党员干部的关心关怀，对他们予以政策、待遇上的倾斜。合理提升广大农村基层党员干部的待遇，实施地区附加津贴制度，落实农村党员体检、休假制度；给奋斗在振兴乡村一线的党员尤其是党员干部以理解和支持，主动排忧解难，为遇到困难的党员尽力解决后顾之忧，做到生活上帮扶、政治上关爱、待遇上有保障，让他们能安身、安心和安业。强化表彰激励、政策激励，在广大党员中开展“评优评先”活动，对

① 栗智宽，俞良早．新时代党的组织建设：逻辑进路、原则导向和实践要求［J］．中国特色社会主义研究，2019（2）．

于那些在乡村振兴战略实施过程中，工作突出、群众认可度高、甘于奉献、带动作用强的党员及党员干部予以表彰并在本村中大力进行宣传。在给予其物质和精神双重奖励的同时，也畅通他们的职务晋升渠道，让想办事、能办事、办成事的这部分党员能加入到干部队伍当中来。支持优秀村干部和党员报考事业人员岗位和公务员，为那些想有为、能有为的党员干部打通基层“天花板”。这样，既能激发起广大党员的内生动力，激发他们在乡村振兴等各项基层工作中干事创业、担当作为的激情和热情，也能在党员队伍中树立起先进典型，让其他党员学有标杆、行有示范，整个组织形成一股强大的合力。

3. 建立健全科学有效的容错纠错机制

“干事业总是有风险的，不能期望每一项工作只成功不失败”。[①] 2018年5月，中共中央办公厅印发了《关于进一步激励广大干部新时代新担当新作为的意见》，强调要“建立健全容错纠错机制，宽容干部在改革创新中的失误错误”[②]，这无疑为真正想干事的干部吃了“定心丸”。乡村振兴是新时代为推进农业农村现代化而实施的一项战略，新形势下新问题只会更多而绝不会少，这就决定了它是一项需“不断试错”的工程。并且它是一项系统工程，需要各环节、各要素共同发力，这中间千头万绪，不出错绝无可能。因此，农村基层党组织必须进一步对容错纠错机制进行健全和完善，使这一项好机制能发挥其应有功能和效应，使广大农村党员干部能“卸下包袱、轻装上阵”铆劲干。一要根据“三个区分开来”科学划定“可容”和“不容”的界限，构建容错纠错参考标准，做到“可容的大胆容错，不该容的坚决不容”。二要澄清认识，厘清“容错纠错”与“执纪问责”的关系。容错纠错不是不问责追责，而是严格执纪问责前提下的容错纠错，没有从严执纪问责，也就不存在容错纠错问题，容错纠错只是从严执纪过程中应该考虑和把握的一个特殊情况和问题。正如列宁所说：

① 仲祖文．不放过有问题的干部，也不耽误没问题的干部［EB/OL］．中青在线，http：//news.cyol.com/content/2018－05/25/content_17225953.htm.

② 中共中央办公厅关于印发《关于进一步激励广大干部新时代新担当新作为的意见》［EB/OL］．新华网，http：//www.xinhuanet.com/politics/2018－05/20/c_1122859959.htm.

"但错误终究是错误，必须对它进行批评，必须为纠正它而进行斗争。"[①] 三要建立健全容错纠错评估机制。评估机制是容错纠错机制的关键环节，关系着容错和纠错的生成条件，关系着整个机制的运行。只有正确地评估责任，才能正确地确定责任。四要统一"容错"和"纠错"的关系。"容错"和"纠错"是干部干事创业保障机制的"一体两翼"，二者有机统一、相辅相成。因此，要容错，也要纠错。纠错要做到"三严三禁"，即严格遵守政治纪律、政治规矩，禁止上纲上线、"矫枉过正"；严格实事求是，禁止"揪辫子""扣帽子""下绊子"；严格管理教育，禁止"拉闸泄洪"。

4. 进一步完善党员考核评价机制

当前，部分农村基层党组织对党员的考核机制还存在"宽松软"的现象。或为了保持一团和气不做等级区分，或出于"情理""事理"的需要将"优秀"直接定在某人头上，有的地方甚至长期搞独断，而罔顾实际工作中的真实情况。这样的考核，害了团体，也害了个人，容易使得党所领导的基层组织工作失了人心、没了干劲，缺了凝聚力，损了战斗力。由此，要以组织振兴引领乡村振兴，必须加强和完善党员考核机制。一是要着力构建、认真落实党内考核与群众评价相结合的先进性考评制度，做到以党员责任目标管理为基础、定性考核和定量考核相结合、党内考核与群众评价相结合。二是要实行"阳光考核"，公开考核的相关流程与具体制度，考核的过程以及最终结果面向全体党员公开。三是要建立并坚持考评后征求意见和提供建议的机制，向党员反馈和征求本人意见。四是要建立并强化考评结果运用机制，坚持将考核结果与经济利益挂钩、与政治前途相连，将它作为评先奖优、干部选拔任用、问责追责的重要依据，使政治坚定、奋发有为的干部得到褒奖和鼓励，使慢作为、不作为、乱作为的干部受到警醒和惩戒。

5. 建立健全多方位协同的监督机制

党要管党，还需从严治党。锻造一支能力过硬的队伍离不开对农村基层党组织的全方位监督。要完善党内监督体系，要进一步健全和规范党员

---

① 中共中央马克思恩格斯列宁斯大林著作编译局．列宁全集（第 37 卷）［M］．北京：中央文献出版社，1986.

信访举报、党内民主询问、民主评议等制度，规范党内监督程序，确保党员正常行使监督权、批评权、检举权，在党内形成积极倡导监督、大胆实施监督、支持保护监督的局面；[①] 将监督重点放在“村两委”一把手上，充分发挥村务监督委员会的作用。要深入推进群众监督，实行党务、村务、财务“三公开”，将党务工作、村里财务收支、行政规划等各项涉及群众切身利益的事务，依法依规地及时公开，坚决防止和纠正不公开、不及时公开和假公开的问题。要探索农村舆论监督。有效利用互联网搭建村民舆情平台，让农村群众能多渠道发声，多途径参与，驱动农村基层党组织积极推动自身建设、自身振兴。

---

① 刘靖北．全面激发基层党组织生机活力［J］．中国党政干部论坛，2019（6）．

主要参考文献

REFERENCES

安德鲁·多布森.2005. 绿色政治思想［M］. 济南：山东大学出版社.

大卫·皮尔斯.1997. 绿色经济蓝皮书［M］. 北京：北京师范大学出版社.

丹尼尔·A·科尔曼.2002. 生态政治：建设一个绿色社会［M］. 梅俊杰，译. 上海：上海译文出版社.

费尔巴哈.2010. 宗教的本质［M］. 北京：商务印书馆.

费孝通.2011. 乡土中国　生育制度　乡土重建［M］. 北京：商务印书馆.

国家质量监督检验检疫总局，国家标准化管理委员会.2015. 关于批准发布《美丽乡村建设指南》国家标准的公告［EB/OL］. 中国国家标准化管理委员会网站，http://www.sac.gov.cn/gzfw/ggcx/gjbzgg/201511/.

韩俊.2018. 实施乡村振兴战略五十题［M］. 北京：人民出版社.

亨廷顿.2008. 变化社会中的政治秩序［M］. 王冠华，等，译. 上海：人民大学出版社.

加里·S. 贝克尔.1987. 家庭经济分析［M］. 北京：华夏出版社.

克莱夫·W.J. 格兰杰.2005. 经济学中的经验建模：设定与评价［M］. 北京：中国人民大学出版社.

蕾·切尔·卡逊.1997. 寂静的春天［M］. 吕瑞兰，李长生，译. 长春：吉林人民出版社.

李克强.2021. 政府工作报告——二〇二一年三月五日在第十三届全国人民代表大会第四次会议上［N］. 人民日报，03-13.

卢梭.1980. 社会契约论［M］. 北京：商务印书馆.

洛克.2020. 政府论（下编）［M］. 叶启芳，瞿菊农，译. 北京：商务印书馆.

牛文元.2010. 中国科学发展报告2010［M］. 北京：科学出版社.

农业农村部市场与信息化司.2019. 中国数字乡村发展报告（2019）［OL］. 中华人民共和国农业农村部网站，http://www.moa.gov.cn/xw/bmdt/201911/t20191119_6332027.htm.

习近平.2018. 习近平谈治国理政（第一卷）［M］. 北京：外文出版社.

习近平.2017. 习近平谈治国理政（第二卷）［M］. 北京：外文出版社.

习近平.2020. 习近平谈治国理政（第三卷）［M］. 北京：外文出版社.

习近平.2017. 决胜全面建成小康社会　夺取新时代中国特色社会主义伟大胜利——在中

国共产党第十九次全国代表大会上的报告［N］. 人民日报，10－28.
新华社 . 2015. 中办、国办印发《关于加快构建现代公共文化服务体系的意见》. 中国政府网，http：//www.gov.cn/xinwen/2015－01/14/content_2804240.htm.
新华社 . 2015. 中共中央关于制定国民经济和社会发展第十三个五年规划的建议［N］. 人民日报，11－04.
新华社 . 2015. 中共中央国务院印发《生态文明体制改革总体方案》［N］. 人民日报，09－22.
新华社 . 2016. 关于新形势下党内政治生活若干准则［N］. 人民日报，11－03.
新华社 . 2018. 中共中央国务院印发《乡村振兴战略规划（2018—2022 年）》［N］. 人民日报，09－27.
新华社 . 2019. 中共中央办公厅国务院办公厅印发《关于加强和改进乡村治理的指导意见》［N］. 人民日报，06－24.
新华社 . 2019. 中共中央办公厅国务院办公厅印发数字乡村发展战略纲要［N］. 人民日报，05－17.
新华社 . 2019. 中共中央印发《中国共产党农村工作条例》. 中国政府网，http：//www.gov.cn/zhengce/2019－09/01/content_5426319.htm？tdsourcetag＝s_pcqq_aiomsg.
新华社 . 2020. 中共中央关于制定国民经济和社会发展第十四个五年规划和二〇三五年远景目标的建议［N］. 人民日报，11－04.
新华社 . 2021. 中共中央国务院关于全面推进乡村振兴加快农业农村现代化的意见［N］. 人民日报，02－22.
徐勇 . 1997. 中国农村村民自治［M］. 武汉：华中师范大学出版社.
亚里士多德 . 1985. 政治学［M］. 吴寿彭，译 . 北京：商务印书馆.
俞可平 . 1998. 全球化时代的“社会主义”［M］. 北京：中央编译出版社.
张雷声 . 2010. 马克思主义基本原理概论［M］. 北京：中国人民大学出版社.
张禧，毛平，朱雨欣，等 . 2020. 乡村振兴背景下的农村基本公共服务问题研究［M］. 北京：中国农业出版社.
郑家栋 . 2001. 断裂中的传统［M］. 北京：中国社会科学出版社.
中共中央，国务院 . 2014. 关于全面深化农村改革加快推进农业现代化的若干意见［OL］. 中国政府网，http：//www.gov.cn/jrzg/2014－01/19/content_2570454.htm.
中共中央，国务院 . 2015. 关于加大改革创新力度加快农业现代化建设的若干意见［OL］. 中国政府网，http：//www.gov.cn/zhengce/2015－02/01/content_2813034.htm.
中共中央，国务院 . 2008. 关于切实加强农业基础建设进一步促进农业发展农民增收的若干意见［OL］. 中央政府门户网站，http：//www.gov.cn/jrzg/2008－01/30/content_875066.htm.
中共中央，国务院 . 2012. 关于促进农民增加收入若干政策的意见［OL］. 中国政府网，

http：//www. moa. gov. cn/ztzl/yhwj/wjhg/201202/t20120214 _ 2481181. htm.

中共中央，国务院 . 2012. 关于推进社会主义新农村建设的若干意见 [OL]. 中华人民共和国农业农村部网站，http：//www. moa. gov. cn/ztzl/yhwj/wjhg/201202/t20120214 _ 2481239. htm.

中共中央，国务院 . 2013. 关于加快发展现代农业 进一步增强农村发展活力的若干意见 [OL]. 中国政府网，http：//www. gov. cn/gongbao/content/2013/content _ 2332767. htm.

中共中央，国务院 . 2016. 关于落实发展新理念加快农业现代化 实现全面小康目标的若干意见 [OL]. 中国政府网，http：//www. gov. cn/zhengce/2016 - 01/27/content _ 5036698. htm.

中共中央，国务院 . 2017. 关于加强和完善城乡社区治理的意见 [OL]. 中国政府网，http：//www. gov. cn/zhengce/2017 - 06/12/content _ 5201910. htm.

中共中央，国务院 . 2018. 关于实施乡村振兴战略的意见 [N]. 人民日报，02 - 05.

中共中央，国务院 . 2018. 乡村振兴战略规划（2018—2020 年）[N]. 人民日报，09 -27.

中共中央，国务院 . 2019. 关于坚持农业农村优先发展做好“三农”工作的若干意见 [N]. 人民日报，02 - 20.

中共中央，国务院 . 2020. 关于抓好“三农”领域重点工作 确保如期实现全面小康的意见 [OL]. 中国政府网，http：//www. gov. cn/zhengce/2020 - 02/05/content _ 5474884. htm.

中共中央，国务院 . 2021. 关于全面推进乡村振兴加快农业农村现代化的意见 [N]. 人民日报，02 - 22.

中共中央 . 2007. 关于加强农村基层组织建设的通知 [OL]. 中国经济网，http：//www. ce. cn/xwzx/gnsz/szyw/200706/17/t20070617 _ 11789532. shtml.

中共中央 . 2007. 当前农村经济政策的若干问题 [OL]. 中国经济网，http：//www. ce. cn/xwzx/gnsz/szyw/200706/07/t20070607 _ 11633455. shtml.

中共中央 . 2007. 关于加快农业发展若干问题的决定 [OL]. 中国经济网，http：//www. ce. cn/xwzx/gnsz/szyw/200706/07/t20070607 _ 11631290. shtml.

中共中央 . 2007. 关于进一步加强和完善农业生产责任制的几个问题 [OL]. 中国经济网，http：//www. ce. cn/xwzx/gnsz/szyw/200706/13/t20070613 _ 11735658. shtml.

中共中央 . 2008. 关于农业和农村工作若干重大问题的决定 [OL]. 资讯凤凰网，http：//news. ifeng. com/mainland/special/zgsqjszqh/others/200810/1006 _ 4778 _ 818648. shtml.

中共中央 . 2008. 关于推进农村改革发展若干重大问题决定 [OL]. 中央政府门户网站，http：//www. gov. cn/jrzg/2008 - 10/19/content _ 1125094. htm.

中共中央 . 2014. 关于全面推进依法治国若干重大问题的决定 [N]. 人民日报，10 - 29.

中共中央 . 2019. 关于坚持和完善中国特色社会主义制度推进国家治理体系和治理能力现代化若干重大问题的决定 [N]. 人民日报，11 - 06.

中共中央 . 2019. 中国共产党农村基层组织工作条例 [N]. 人民日报，01 - 11.
中共中央 . 2020. 关于制定国民经济和社会发展第十四个五年规划和二〇三五年远景目标的建议 [N]. 人民日报，11 - 04.
中共中央办公厅，国务院办公厅 . 2006. 关于进一步加强农村文化建设的意见 [OL]. 中国政府网，http://www.gov.cn/gongbao/content/2006/content _ 161057.htm.
中共中央办公厅，国务院办公厅 . 2019. 关于加强和改进乡村治理的指导意见 [OL]. 中国政府网，http://www.gov.cn/zhengce/2019 - 06/23/content _ 5402625.htm.
中共中央办公厅，国务院办公厅 . 2019. 转发《中央农办、农业农村部、国家发展改革委关于深入学习浙江“千村示范、万村整治”工程经验扎实推进农村人居环境整治工作的报告》的通知 [OL]. 中国政府网，http://www.gov.cn/zhengce/2019 - 03/06/content _ 5371291.htm.
中共中央办公厅 . 2018. 关于印发《关于进一步激励广大干部新时代新担当新作为的意见》[OL]. 新华网，http://www.xinhuanet.com/politics/2018 - 05/20/c _ 1122859959.htm.
中共中央办公厅国务院办公厅 . 2017. 关于建立健全村务监督委员会的指导意见 [N]. 人民日报，12 - 05.
中共中央党史和文献研究室 . 2019. 习近平关于“三农”工作论述摘编 [M]. 北京：中央文献出版社.
中共中央，国务院 . 2019. 关于坚持农业农村优先发展做好“三农”工作的若干意见 [N]. 人民日报，02 - 20.
中共中央马克思恩格斯列宁斯大林著作编译局 . 1995. 马克思恩格斯选集（第 1 卷）[M]. 北京：人民出版社.
中共中央马克思恩格斯列宁斯大林著作编译局 . 1995. 马克思恩格斯选集（第 3 卷）[M]. 北京：人民出版社.
中共中央马克思恩格斯列宁斯大林著作编译局 . 1995. 马克思恩格斯选集（第 4 卷）[M]. 北京：人民出版社.
中共中央马克思恩格斯列宁斯大林著作编译局 . 1986. 列宁全集（第 37 卷）[M]. 北京：中央文献出版社.
中共中央文献编辑委员会 . 1991. 毛泽东选集（第一卷）[M]. 北京：人民出版社.
中共中央文献编辑委员会 . 1991. 毛泽东选集（第二卷）[M]. 北京：人民出版社.
中共中央文献编辑委员会 . 1991. 毛泽东选集（第三卷）[M]. 北京：人民出版社.
中共中央文献编辑委员会 . 1992. 建国以来毛泽东文稿（第 6 册）[M]. 中央文献出版社.
中共中央文献编辑委员会 . 1994. 邓小平文选（第一卷）[M]. 北京：人民出版社.
中共中央文献编辑委员会 . 1994. 邓小平文选（第二卷）[M]. 北京：人民出版社.
中共中央文献编辑委员会 . 1993. 邓小平文选（第三卷）[M]. 北京：人民出版社.
中共中央文献编辑委员会 . 2006. 江泽民文选（第一卷）[M]. 北京：人民出版社.

中共中央文献编辑委员会 . 2006. 江泽民文选（第三卷）[M]. 北京：人民出版社.

中共中央文献编辑委员会 . 2016. 胡锦涛文选（第二卷）[M]. 北京：人民出版社.

中共中央文献编辑委员会 . 2016 胡锦涛文选（第三卷）[M]. 北京：人民出版社.

中共中央文献研究室 . 2013. 习近平关于实现中华民族伟大复兴的中国梦论述摘编 [M]. 北京：中央文献出版社.

中共中央文献研究室 . 2014. 十八大以来重要文献选编（上）[M]. 北京：中央文献出版社.

中共中央文献研究室 . 2014. 十八大以来重要文献选编（中）[M]. 北京：中央文献出版社.

中共中央文献研究室 . 2014. 习近平关于全面深化改革论述摘编 [M]. 北京：中央文献出版社.

中共中央文献研究室 . 2017. 习近平关于社会主义生态文明建设论述摘编 [M]. 北京：中央文献出版社.

中共中央宣传部 . 2014. 习近平总书记系列重要讲话读本 [M]. 北京：学习出版社，人民出版社.

中央网信办信息化发展局，等 . 2020. 中国数字乡村发展报告（2020 年）[OL]. 中国政府网，http：//www.gov.cn/xinwen/2020-11/28/content_5565616.htm.

图书在版编目（CIP）数据

乡村振兴背景下的农村社会思想教育研究 / 张禧，毛平，朱雨欣著. —北京：中国农业出版社，2022.6
ISBN 978-7-109-29576-6

Ⅰ.①乡… Ⅱ.①张… ②毛… ③朱… Ⅲ.①农村—思想政治教育—研究—中国 Ⅳ.①D422.62

中国版本图书馆 CIP 数据核字（2022）第 107865 号

中国农业出版社出版
地址：北京市朝阳区麦子店街 18 号楼
邮编：100125
责任编辑：赵 刚
版式设计：杨 婧　　责任校对：沙凯霖
印刷：北京中兴印刷有限公司
版次：2022 年 6 月第 1 版
印次：2022 年 6 月北京第 1 次印刷
发行：新华书店北京发行所
开本：720mm×960mm　1/16
印张：17.5
字数：272 千字
定价：78.00 元
